国家示范性高等职业院校课程改革教材

Qiaoliang Shangbu Jiegou Yuzhi yu Anzhuang Shigong

桥梁上部结构预制与安装施工

（道路桥梁工程技术专业用）

张　辉　主编
吴清伟　主审

人民交通出版社

内 容 提 要

本书是国家示范性高等职业院校课程改革教材。全书共设置六个学习情境,以任务驱动的方式,把学习内容和工作过程、技术理论知识和技术实践知识、专业能力、方法能力和社会能力进行整合。这六个学习情境是:识读施工图,核算工程量;原材料试验及混凝土配合比设计;施工场地规划与设计;施工方案组织设计的编制;上部结构预制与安装;上部构件预制及安装质量检验与评定。

本书是高职高专院校道路桥梁工程技术专业教学用书,也可供从事桥梁施工、监理、管理的人员学习参考。

图书在版编目(CIP)数据

桥梁上部结构预制与安装施工 / 张辉主编. —北京:人民交通出版社,2010.3

ISBN 978-7-114-08223-8

Ⅰ.桥… Ⅱ.张… Ⅲ.①桥梁结构:上部结构:预制结构②桥梁结构:上部结构-建筑安装工程-工程施工 Ⅳ.U443.3

中国版本图书馆 CIP 数据核字(2010)第 035609 号

国家示范性高等职业院校课程改革教材

书　　名:桥梁上部结构预制与安装施工(道路桥梁工程技术专业用)
著 作 者:张　辉
责任编辑:周往莲
出版发行:人民交通出版社
地　　址:(100011)北京市朝阳区安定门外外馆斜街3号
网　　址:http://www.ccpress.com.cn
销售电话:(010)59757969,59757973
总 经 销:人民交通出版社发行部
经　　销:各地新华书店
印　　刷:北京交通印务实业公司
开　　本:787×1092　1/16
印　　张:15
字　　数:366千
版　　次:2010年 3 月第 1 版
印　　次:2010年 8 月第 2 次印刷
书　　号:ISBN 978-7-114-08223-8
定　　价:38.00元

道路桥梁工程技术专业课程改革教材
编审委员会

序　言

教育部《关于全面提高高等职业教育教学质量的若干意见》（教高[2006]16号）明确指出："高等职业教育作为高等教育发展中的一个类型，肩负着培养面向生产、建设、服务和管理第一线需要的高技能人才的使命。"探索类型发展道路、构建高技能人才培养模式、开发特色教学资源，是高职院校的历史责任。

2006年，辽宁省交通高等专科学校进入国家首批高等职业教育示范院校建设行列，道路桥梁工程技术专业是重点建设专业之一。几年来，该专业团队积极在"类型"概念下探索高等职业教育教学资源建设模式和"高技能人才"培养规格及培养模式。通过对公路建设工程整个过程的各阶段的职业岗位和典型工作任务的调研、分析、论证，确定了面向施工一线的道路桥梁工程技术专业高技能人才的专业能力规格，即工程勘察与初步道桥设计、工程概算与招投标、材料试验与检测、道桥工程施工与组织、质量验收与评定"五项能力"规格，并结合北方地域气候特点，构建了教学安排与施工季节相结合，教学内容与施工过程相结合，校内实训与企业顶岗实习相结合的"三个结合"人才培养模式。针对"五项能力"，按照"三个结合"，着眼于实际操作、技术跟踪和综合素质的提高，系统开展课程体系、课程内容改革，并进行相应的教学资源建设，力图通过"在学习中工作，在工作中学习"的教学过程，实现高技能人才的培养目标。

本次出版的系列教材，是专业课程改革和教学资源建设的阶段性成果，是国家示范性建设成果的组成部分，也是全体专业教师、一线工程技术人员共同的智慧结晶和劳动成果。

在教材的开发过程中，得到教育部、国家示范性高等职业院校建设工作协作委员会、辽宁省教育厅等各级领导和诸多专家的关心指导，得到众多企业、行业及兄弟院校的大力支持，在此一并致以崇高的谢意！

由于开发时间短，教学检验尚不充分，错误和不当之处难免，敬请专家、同行指教！

道路桥梁工程技术专业教材开发组

二〇〇九年四月

前　　言

《桥梁上部结构预制与安装施工》是高等职业技术院校道路桥梁工程技术专业的核心课程之一。本书以国家和交通运输部颁发的有关专业技术标准、规范等为依据，以职业岗位工作目标为切入点，紧紧围绕桥梁上部结构预制与安装的施工过程来编写。在编写过程中，注重理论联系实际，强化实用性和可操作性，重点突出行业岗位对从业人员知识结构和职业能力的要求，充分体现高等职业教育的特点。

需要说明的是，教师在具体授课时，应根据授课对象的不同，依据大纲的要求选择相关内容进行讲授。对于识读施工图、核算工程量部分，建议将学生分成若干小组，结合具体桥梁施工图讲授，以后各教学情景的讲授亦应以该施工图为例进行讲授。本教材案例部分将另编辑成册（活页教材）。

本书共分六个学习情境，其中引言、学习情境1、学习情境5（任务三、四、五）由辽宁省交通高等专科学校张辉编写，学习情境2、学习情境6由辽宁省交通高等专科学校张永丹编写，学习情境3、学习情境4由辽宁省交通高等专科学校唐玉勃编写，学习情境5（任务一、二）由辽宁科杰公路工程监理有限公司李铁强编写。

全书由辽宁省交通高等专科学校张辉担任主编并负责统稿，吴清伟担任主审。

在本书编写过程中，参考和引用了大量有关文献资料，在此对原作者顺致谢意。

由于时间仓促，水平有限，书中内容难免存在缺点和错误，敬请读者批评指正。

编　者

2010年2月

目　　录

引　言

一、本课程的性质与研究对象

本课程是道路桥梁工程技术专业核心课程，目标是让学生掌握桥梁上部结构构件的构造、预制与安装施工技术。

本课程的教学主要围绕“装配式桥梁上部结构施工图校核”与“桥梁上部结构预制与安装施工方案设计”两个项目进行，并在每个学习情境中安排一个阶段项目。学生可通过完成阶段项目来学习相关的知识，训练相应的技能，实现能力培养的目标。

二、桥梁工程发展简介

桥梁是道路的组成部分。从工程技术的角度来看，桥梁发展可分为古代、近代和现代三个时期。

● **古代桥梁**　人类在原始时代，跨越水道和峡谷时，是利用自然倒下来的树木，自然形成的石梁或石拱，溪涧突出的石块，谷岸生长的藤萝等来实现。古代桥梁在17世纪以前，一般是用木、石材料建造的，并按建桥材料把桥分为石桥和木桥。石桥的主要形式是石拱桥。在罗马时代，欧洲建造的拱桥较多，如公元前200年～公元200年间，在罗马台伯河上共建造了8座石拱桥。其中，建于公元前62年的法布里西奥石拱桥，共有2孔，每孔跨径为24.4m。拱桥除圆拱、割圆拱外，还有椭圆拱和坦拱。公元1542～1632年，法国建造的皮埃尔桥为7孔不等跨椭圆拱，最大跨径约32m。当时椭圆拱曾盛行一时。1567～1569年，在佛罗伦萨的圣特里尼塔建成了3跨坦拱桥，其矢高与跨度之比为1:7。11世纪至17世纪建造的桥，有的在桥面两侧设商店，如意大利威尼斯的里亚尔托桥。

举世闻名的河北省赵县的赵州桥（又称安济桥），是我国古代石拱桥的杰出代表（图0-1-1）。该桥在隋大业初年（公元605年左右）为李春所创建，是一座空腹式的圆弧形石拱桥，净跨37.02m，宽9m，拱矢高度7.23m。在拱圈两肩各设有2个跨度不等的腹拱，这样既能减轻桥身自重、节省材料，又便于排洪、增加美观。赵州桥的设计构思和精巧的工艺，不仅在我国古代桥梁中首屈一指，据对世界桥梁的考证，像这样的敞肩拱桥，欧洲到19世纪中叶才出现，比我国晚了1 200多年。赵州桥的雕刻艺术，包括栏板、望柱和锁口石等上的雕刻，狮象龙兽形态逼真，琢

图0-1-1　赵州桥

工精致秀丽,不愧为文物宝库中的艺术珍品。

石梁桥是石桥的又一形式。中国陕西省西安附近的灞桥原为石梁桥,建于汉代,距今已有2 000 多年。公元 11 世纪至 12 世纪,南宋泉州地区先后建造了几十座较大型石梁桥,其中有洛阳桥、安平桥。安平桥(五里桥)原长 2 500m,共 362 孔,现长 2 070m,共 332 孔。英国达特穆尔现存的石板桥,有的已有 2 000 多年的历史。

早期木桥多为梁桥,如秦代在渭水上建的渭桥,即为多跨梁式桥。木拱桥出现较早,公元104 年在匈牙利多瑙河上建成的特拉杨木拱桥,共有 21 孔,每孔跨径为 36m。中国在河南开封修建的虹桥,净跨约为 20m,亦为木拱桥,建于公元 1032 年。

中国西南地区有用竹篾缆造的竹索桥。著名的竹索桥是四川灌县珠浦桥,共 8 孔,最大跨径约 60m,总长超过 330m,建于宋代以前。

古代桥梁基础,在罗马时代开始采用围堰法施工,即打木板桩成围堰,抽水后在其中修筑桥梁基础和桥墩。1209 年建成的英国泰晤士河拱桥,其基础就是用围堰法修筑的,但是,那时只能用人工打桩和抽水,基础较浅。11 世纪初,我国著名的洛阳桥在修建时,先在桥址江中遍抛石块,再在其上养殖牡蛎,两三年后胶固而成筏形基础,这是一个创举。

● **近代桥梁**　近代桥梁按建桥材料划分,除木桥、石桥外,还有铁桥、钢桥、钢筋混凝土桥。

18 世纪铁的生产和铸造,为桥梁提供了新的建造材料。但铸铁抗冲击性能差,抗拉性能也低,易断裂,并非良好的造桥材料。19 世纪 50 年代以后,随着转炉炼钢和平炉炼钢技术的发展,钢材成为重要的造桥材料。钢的抗拉强度大,抗冲击性能好,尤其是 19 世纪 70 年代出现的钢板和矩形轧制断面钢材,为桥梁部件在厂内组装创造了条件,使钢材应用日益广泛。

18 世纪初,发明了用石灰、黏土、赤铁矿混合烧成的水泥。19 世纪 50 年代,开始采用在混凝土中放置钢筋以弥补混凝土抗拉性能差的缺点。此后,于 19 世纪 70 年代出现了钢筋混凝土桥。

近代桥梁建造,促进了桥梁科学理论的兴起和发展。1857 年,由圣沃南在前人对拱的理论、静力学和材料力学研究的基础上,提出了较完整的梁理论和扭转理论。这个时期连续梁和悬臂梁的理论也建立起来了,桥梁桁架分析(如华伦桁架和豪氏桁架的分析方法)也得到解决。19 世纪 70 年代后,结构力学获得很大的发展,能够对桥梁各构件在荷载作用下发生的应力进行分析。这些理论的发展,推动了桁架、连续梁和悬臂梁的发展。19 世纪末,弹性拱理论已较完善,促进了拱桥发展。20 世纪 20 年代土力学的兴起,推动了桥梁基础的理论研究。

铁桥包括铸铁桥和锻铁桥。铸铁性脆,宜于受压,不宜受拉,适宜作拱桥建造材料。世界上第一座铸铁桥是英国科尔布鲁克代尔厂所造的塞文河桥,建于 1779 年,为半圆拱,由 5 片拱肋组成,跨径 30.7m。中国于 1705 年修建了四川大渡河泸定铁链悬索桥,桥长 100m,宽2.8m,至今仍在使用。世界上第一座不用铁链而用铁索建造的悬索桥,是瑞士的弗里堡桥,建于1830 ~ 1834 年,桥的跨径为 233m。这座桥用 2 000 根铁丝就地放线,悬在塔上,锚固于深 18m 的锚碇坑中。1937 年,美国建成的旧金山金门桥(主孔长 1 280m,边孔长 344m,塔高 228m),是采用加劲梁的悬索桥。

美国密苏里州圣路易市密西西比河上的伊兹桥,建于 1867 ~ 1874 年,是早期建造的公路铁路两用无铰钢桁拱桥,跨径为 153m + 158m + 153m。19 世纪末,弹性拱理论已逐步完善,促进了 20 世纪 20 ~ 30 年代较大跨钢拱桥的修建。如著名的澳大利亚悉尼港桥,建成于 1932

年，跨径 503m，为双铰钢桁拱桥。19 世纪中期，出现了根据力学原理设计的悬臂梁。1896 年，比利时工程师菲伦代尔发明了空腹桁架桥。

1875 ~ 1877 年，法国园艺家莫尼埃建造了一座人行钢筋混凝土桥，跨径 16m，宽 4m。

关于桥梁基础施工，在 18 世纪开始应用井筒，英国在修威斯敏斯特拱桥时，木沉井浮运到桥址后，先用石料装载将其下沉，而后修基础及墩。1851 年，英国在肯特郡的罗切斯特处修建梅德韦桥时，首次采用压缩空气沉箱。1845 年以后，蒸汽打桩机开始用于桥梁基础施工。

● **现代桥梁**　20 世纪 30 年代，预应力混凝土和高强度钢材相继出现，材料塑性理论和极限理论的研究，桥梁振动的研究和空气动力学的研究，以及土力学的研究等获得了重大进展，从而为节约桥梁建筑材料，减轻桥重，预计基础下沉深度和确定其承载力提供了科学的依据。现代桥梁按建桥材料可分为预应力钢筋混凝土桥、钢筋混凝土桥和钢桥。

1928 年，法国弗雷西内工程师经过 20 年的研究，用高强钢丝和混凝土制成预应力钢筋混凝土，克服了钢筋混凝土易产生裂纹的缺点，使桥梁可以用悬臂安装法、顶推法施工。随着高强钢丝和高强混凝土的不断发展，预应力钢筋混凝土桥的结构不断改进，跨度不断提高。

1974 年建成的法国博诺姆桥，主跨径为 186.25m，是目前最大跨径预应力混凝土刚架桥。预应力钢筋混凝土悬索桥是将预应力梁中的预应力钢丝索作为悬索，并同加劲梁构成自锚式体系。1963 年建成的比利时根特的梅勒尔贝克桥和玛丽亚凯克桥，主跨径分别为 56m 和 100m，就是预应力钢筋混凝土悬索桥。斜拉桥的梁是悬在拉索形成的多弹性支承上，这样能减少梁高，且能提高桥的抗风和抗扭转震动性能，并可利用拉索安装主梁，有利于跨越大河，因而应用广泛。如 1971 年利比亚建造的瓦迪库夫桥，主跨径为 282m；1977 年法国建造的塞纳—马恩省河布罗东纳桥，主跨为 320m。我国已建成十多座预应力混凝土斜拉桥，其中 1982 年建成的山东济南黄河桥主跨为 220m。

第二次世界大战以后，世界上修建了多座较大跨径的钢筋混凝土拱桥，如 1963 年通车的葡萄牙亚拉达拱桥，跨径为 270m，矢高 50m；1964 年完工的澳大利亚悉尼港的格莱兹维尔桥，跨径为 305m。我国 1964 年创造钢筋混凝土双曲拱桥。桥由拱肋和拱波组成，纵向和横向均有曲度，横向也用拱波形式。拱肋和拱波分段预制，因此可用轻型吊装设施安装。这样，在缺乏重型运输工具和重型吊装机具条件下，也可以修建较大跨径拱桥。

钢板梁和箱形钢梁同混凝土相结合的桥型，以及把正交异性板桥面同箱形钢梁相结合的桥型，在大、中跨径的桥梁上广泛运用。1968 年中国建成的南京长江大桥（图 0-1-2），是一座公路铁路两用的连续钢桁架桥，正桥为 128m + 9 × 160m + 128m，全桥长 6km。1972 年日本建成的大阪港的港大桥为悬臂梁钢桥，桥长 980m，由 235m 锚孔和 162m 悬臂、186m 悬孔所组成。1966 年英国建成的塞文悬索桥，主孔长 985m。这座桥根据风洞试验，首次采用梭形正交异性板箱形加劲梁，梁高只有 3.05m。1980 年英国完工的恒比尔悬索桥，主跨为 1 410m，也用梭形正交异性板箱形加劲梁，梁高只有 3m。

图 0-1-2　南京长江大桥

20 世纪 60 年代以后，钢斜拉桥逐渐发展起来。第一座钢斜拉桥是瑞典建成的斯特伦松德海峡桥，建于 1956 年，跨径为 74.7m + 182.6m + 74.7m。这座桥的斜拉索在塔的左右各布置 2 根，由钢筋混凝土板和焊接钢板梁组合作为纵梁。目前，通过对钢斜拉桥抗风抗震性能的改进，其跨径正在逐渐增大。钢桥的基础多用大直径桩或薄壁井筒建造。

2005 年 4 月 30 日建成通车的润扬长江公路大桥（图 0-1-3）是江苏省“四纵四横四联”公路主骨架和南北跨长江公路通道的重要组成部分，工程全长 35.66km，由北接线、北汊桥、世业洲互通、南汊桥、南接线和南接线延伸段 6 个部分组成。主桥（包括北引桥、北汊桥、世业洲互通、南汊桥、南引桥）长 7.21km，北接线长 12.01km，南接线及其延伸段长 16.44km，其中，南汊桥为主跨 1 490m 单孔双铰钢箱梁悬索桥；北锚碇矩形地下连续墙工程，创造了当时国内特大深基坑支护结构嵌岩最深和体量最大的纪录；南锚碇基础排桩冻结工程，首次实现排桩和冻结两大工艺的完美结合，在世界建桥史上开创了先例；全桥应用低碱水泥，提高了混凝土的耐久性，有利于大桥使用寿命的延长；用自平衡法测试 12 万吨桩基承载力的静荷载试验，达到了国际领先水平；特大吨位全自动液压式跨缆吊机的研制成功，填补了国内特大跨径悬索桥钢箱梁吊装设备的空白。

苏通长江大桥（图 0-1-4）位于江苏东部的南通市和苏州（常熟）市之间，是国家高速公路沈阳至海口通道、江苏省规划的公路主骨架“纵一”线的跨江通道工程。苏通大桥路线全长 32.4km，跨江大桥工程采用了主跨 1 088m 双塔双索面斜拉桥设计，是目前世界上最大跨径的斜拉桥，创造了 4 项世界纪录。最深基础：大桥主墩基础由 131 根长约 120m、直径 2.5 ~ 2.8m 的群桩组成，承台长 114m、宽 48m，面积有一个足球场大，是世界规模最大、入土最深的群桩基础。最大主跨：苏通大桥跨径 1 088m，是世界最大跨径的斜拉桥。最长拉索：苏通大桥最长拉索长达 577m，比日本多多罗大桥斜拉索长 100m，为世界上最长的斜拉索。最高桥塔：苏通大桥采用高 300.4m 的混凝土塔，为世界最高的桥塔。

图 0-1-3 润扬长江公路大桥

图 0-1-4 苏通长江大桥

学习情境1

识读施工图,核算工程量

情境导入:对于道桥施工承包人,在接到工程中标通知书后,应组织人员对设计图纸进行认真地复核,计算桥梁工程的工程量,为组织施工和计量支付提供依据。

学习目标

【知识目标】 完成本学习情境的学习,学生能够熟练掌握桥梁的基本概念,结合实训场地及某个具体工程,理解施工图纸所代表的具体意义。

【能力目标】 学生能够对施工图纸进行校核,并根据施工图纸,准确地计算桥梁上部结构的工程量。通过训练,熟练地掌握施工图纸的校核方法及工程量计算的方法。

情境设计

【实施时间】 (1)投标时,利用工程量清单编制商务标;
(2)开工前,进行施工图校核;
(3)施工过程中,根据工程量清单进行计量。

【实施地点】 项目部、施工现场。

【实施人员】 计量员、预算员、施工员、测量员。

【实施内容】 (1)熟悉施工图,对主要构件尺寸进行校核;
(2)计算工程量,为投标、计量与支付提供依据。

【实施内容】 (1)熟悉施工图,提取施工测量数据;
(2)计算工程量,为投标、计量与支付提供依据。

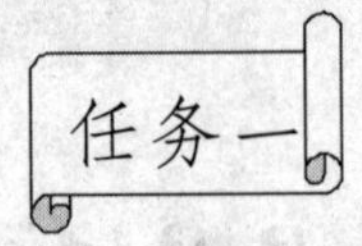

识读桥梁施工图

【知识目标】 学生掌握装配式桥梁上部结构种类、桥梁的有关术语，掌握桥梁上部结构图纸的组成。

【能力目标】 学生能够识读桥梁工程上部结构图纸，分清桥梁工程上部结构类型。

项目导入：在接到施工任务之后，作为施工技术人员，首先应熟悉施工图纸，对施工对象有个全面的了解，然后进行施工组织和施工。在熟悉图纸之前应对桥梁有足够的了解，掌握桥梁的基本概念，了解桥梁施工图的组成。

一、认识桥梁

- 什么是桥梁?

桥梁是道路路线遇到江河湖泊、山谷深沟以及其他线路（铁路或公路）等障碍时，为了保持道路的连续性，充分发挥其正常的运输能力，而专门建造的人工构造物。桥梁具有体形庞大、类型多样和地点固定等特征。桥梁一方面要保证桥上的交通运行，也要保证桥下水流的宣泄、船只的通航或车辆的通行。

1. 桥梁的组成

桥梁主要由上部结构、下部结构和附属构造物组成。

上部结构（或称桥跨结构）是在线路中断时跨越障碍的主要承载结构。当需要跨越的幅度较大，并且除结构自重（恒载）外要求安全地承受很大车辆荷载的情况下，桥跨结构的构造就比较复杂，施工也相当困难。

下部结构是支承上部结构并将结构重力和车辆等荷载传至地基的建筑物，包括桥墩、桥台和基础三部分。通常设置在桥梁两端的称为桥台，它除了上述作用外还与路堤相衔接，以抵御路堤土压力，防止路堤填土的滑坡和塌落。设置在桥梁中间的支承结构物称为桥墩。单孔桥没有桥墩。对于两端悬出的桥跨结构，则往往不用桥台而设置靠近路堤边坡的岸墩，如图1-1-1所示。桥墩和桥台中将全部荷载传至地基的底部奠基部分，通常称为基础，它是确保桥梁能否安全使用的关键。由于基础深埋于土层之中，并且需在水下施工，故也是桥梁修建中比较困难的一部分。

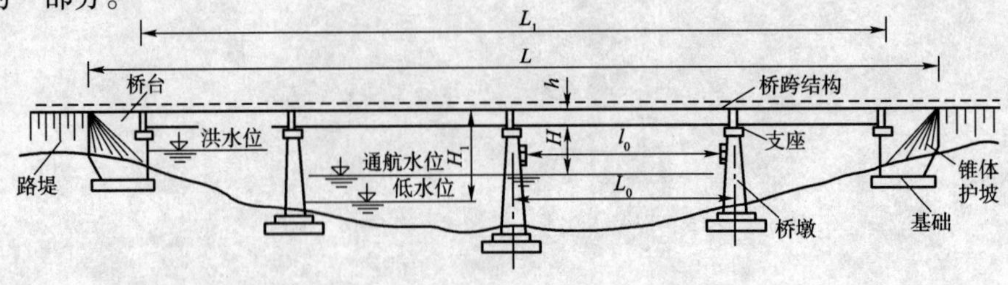

图 1-1-1　桥梁的基本组成

桥梁中在上部结构与桥墩或桥台的支承处所设置的传力装置，称为支座，它不仅传递很大的荷载，而且要保证上部结构能产生一定的变位。

附属构造物是在桥位处为了能够顺利宣泄洪水，减少水流对桥梁的冲刷及保证桥梁的稳定而修建的其他构造物，包括锥形护坡、导流结构物、护岸等。通常在路堤与桥台衔接处桥台两侧设置石砌的锥形护坡。

2. 桥梁基本尺寸及术语

下面介绍一些与桥梁布置有关的主要尺寸和术语名称。

净跨径对梁式桥是设计洪水位上相邻两个桥墩（或桥台）之间的净距，用 l_0 表示（图 1-1-1）；对于拱式桥是每孔拱跨两个拱脚截面最低点之间的水平距离（图 1-1-2）。

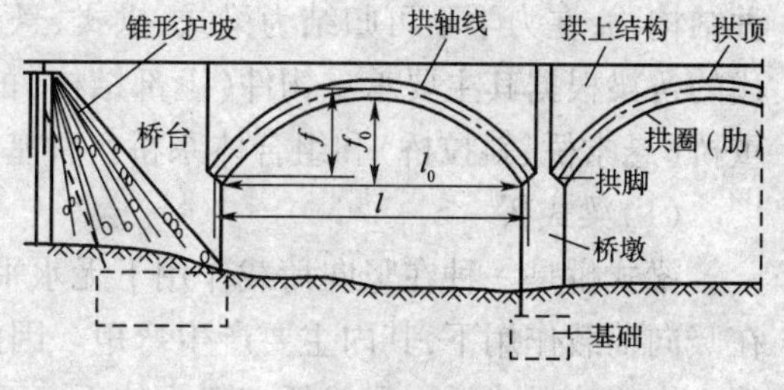

图 1-1-2 拱桥的基本组成

总跨径是多孔桥梁中各孔净跨径的总和，也称桥梁孔径（L_0），它反映了桥下宣泄洪水的能力。

计算跨径对于具有支座的桥梁，是指桥跨结构相邻两个支座中心之间的距离，用 l 表示；对于拱式桥，是两相邻拱脚截面形心点之间的水平距离。因为拱圈（或拱肋）各截面形心点的连线称为拱轴线，故也就是拱轴线两端点之间的水平距离。桥跨结构的力学计算是以 l 为基准的。

桥梁全长简称桥长，是桥梁两端两个桥台的侧墙或八字墙后端点之间的距离，以 L 表示，对于无桥台的桥梁为桥面系行车道的全长（图 1-1-1）。在一条线路中，桥梁和涵洞总长所占的比重反映它们在整段线路建设中的重要程度。

标准跨径对于梁式桥，它是指两相邻桥墩中线之间的距离，或墩中线至桥台台背前缘之间的距离；对于拱桥，则是指净跨径，用 l_b 来表示。

桥梁高度简称桥高，是指桥面与低水位之间的高差，如图 1-1-1 中的 H_1，或为桥面与桥下线路路面之间的距离。桥高在某种程度上反映了桥梁施工的难易性。

桥下净空高度是设计洪水位或计算通航水位至桥跨结构最下缘之间的距离，以 H 表示，它应保证能安全排洪，并不得小于对该河流通航所规定的净空高度。

建筑高度是桥上行车路面（或轨顶）高程至桥跨结构最下缘之间的距离（图 1-1-1 中的 h 及 h'），它不仅与桥梁结构的体系和跨径的大小有关，而且还随行车部分在桥上布置的高度位置而异。公路（或铁路）定线中所确定的桥面（或轨顶）高程，与通航净空顶部高程之差，又称为容许建筑高度。显然，桥梁的建筑高度不得大于其容许建筑高度，否则就不能保证桥下的通航要求。

净矢高是从拱顶截面下缘至相邻两拱脚截面下缘最低点之连线的垂直距离，以 f_0 表示，见图 1-1-2。

计算矢高是从拱顶截面形心至相邻两拱脚截面形心之连线的垂直距离，以 f 表示，见图1-1-2。

矢跨比是拱桥中拱圈（或拱肋）的矢高 f 与跨径 l 之比（f/l），也称拱矢度，它是反映拱桥受力特性的一个重要指标。

涵洞是用来宣泄路堤下水流的构造物，通常在建造涵洞处路堤不中断。为了区别于桥梁，《公路工程技术标准》（JTG B01—2003）中规定，凡是多孔跨径全长不到 8m 和单孔跨径不到

5m 的泄水结构物，均称为涵洞。

3. 桥梁分类

目前人们所见到的桥梁，种类繁多，它们都是在长期的生产活动中，通过反复实践和不断总结逐步创新发展起来的。为了对各种类型的桥梁结构有个概略的认识，下面先对桥梁分类加以简要的分析说明。

1）按桥梁的基本体系分类

结构工程上的受力构件，总离不开拉、压和弯 3 种基本受力方式。由基本构件所组成的各种结构物，在力学上可归结为梁式、拱式、悬吊式 3 种基本体系以及它们之间的各种组合。现代的桥梁根据其主要承重构件（上部结构）的受力性能可分为梁式桥、拱式桥、刚架桥、缆索承重桥（悬索桥、斜拉桥）和组合体系桥 5 种基本体系。

（1）梁式桥

梁式桥是一种在竖向荷载作用下无水平反力的结构（图 1-1-3）。作为主要承重构件的梁在竖向荷载作用下，其内主要产生弯矩。因此，大多选用抗弯性能好的钢筋混凝土或预应力混凝土来修建梁式桥。梁式桥按静力体系又可分为简支梁桥、悬臂梁桥和连续梁桥等。详细情况将在后续内容中介绍。

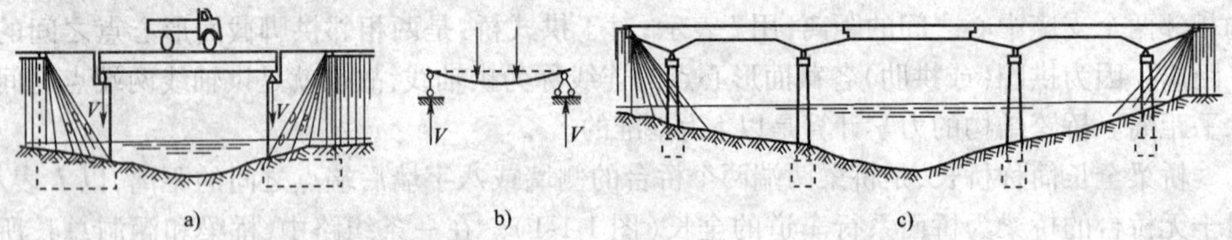

图 1-1-3　梁式桥

（2）拱式桥

拱式桥的主要承重结构是拱圈或拱肋（图 1-1-4）。在竖向荷载作用下，拱圈（拱肋）主要承受轴向力，弯矩、剪力较小，而在拱的支承处将产生很大的水平推力，即桥墩或桥台将承受水平推力［图 1-1-4b）］。同时，这种水平推力将显著抵消荷载所引起在拱圈（或拱肋）内的弯矩作用。因此，与同跨径的梁相比，拱的弯矩和变形要小得多。鉴于拱桥的承重结构以受压为主，通常就可用抗压能力强的圬工材料（如砖、石、混凝土）和钢筋混凝土等来建造。拱桥的跨越能力很大，外形也较美观，在条件许可的情况下，修建圬工拱桥往往是经济合理的。

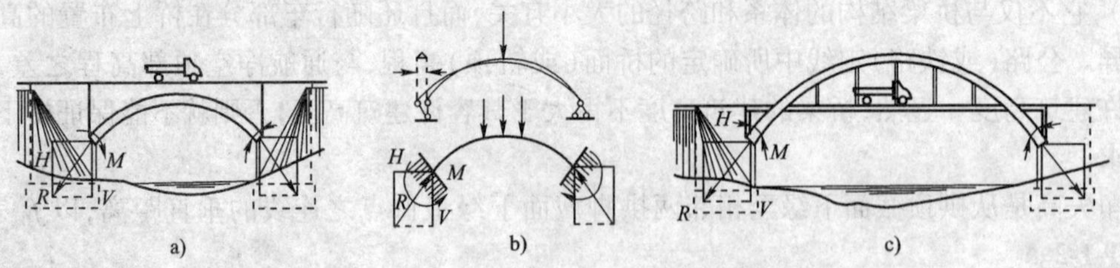

图 1-1-4　拱式桥

同时应当注意，为了确保拱桥能安全使用，下部结构和地基必须能经受住很大水平推力的不利作用。此外，拱桥的施工一般要比梁桥困难些。对于跨径很大的桥梁，有时也建造钢拱桥。

（3）刚架桥

刚架桥的主要承重结构是梁或板和立柱或竖墙整体结合在一起的刚架结构，梁和柱的连接处具有很大的刚性（图 1-1-5）。在竖向荷载作用下，梁部主要受弯，而在柱脚处也具有水平反力[图 1-1-5b)],其受力状态介于梁桥与拱桥之间。因此,对于同样的跨径,在相同的荷载作用下,刚架桥的跨中正弯矩要比一般梁桥的小。根据这一特点,刚架桥跨中的建筑高度就可以做得较小。在城市中,当遇到线路立体交叉或需要跨越通航江河时,采用这种桥型能尽量降低线路高程以改善纵坡并能减少路堤土方量。当桥面高程已确定时,采用这种桥型能增加桥下净空。这种桥的主要缺点是悬臂根部的负弯矩很大,用普通钢筋混凝土修建时不仅钢材用量大,而且控制混凝土裂缝的开展成为关键,因此跨径就不能做得太大(通常 40 ~ 50m)。

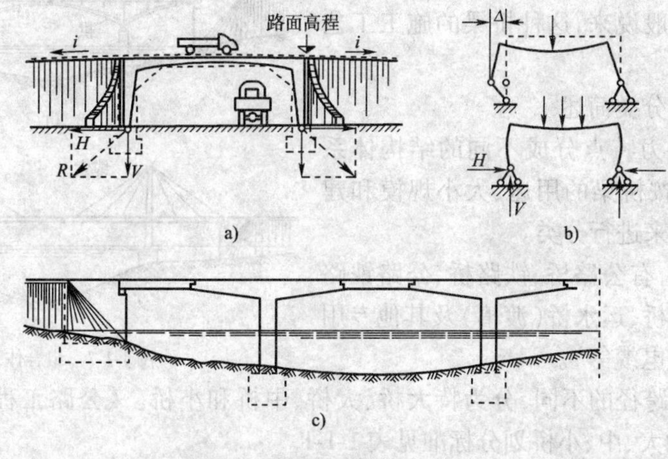

图 1-1-5 刚架桥

(4)缆索承重桥(悬索桥、斜拉桥)

缆索承重桥是用缆索作为主要承重构件。悬索桥是用悬挂在两边塔架上的强大缆索作为主要承重结构(图 1-1-6)的,在竖向荷载作用下,通过吊杆使缆索承受很大的拉力,通常需要在两岸桥台的后方修筑非常巨大的锚碇结构。悬索桥也是具有水平反力(拉力)的结构。现代悬索桥广泛采用由高强度钢丝编制而成的钢缆,以充分发挥其优异的抗拉性能,因此结构自重较小,能以较小的建筑高度达到其他任何桥型无与伦比的特大跨度。斜拉桥是用悬挂在塔柱上的被张紧的斜缆将主梁吊住,使主梁像多点弹性支承的连续梁一样工作,这样既发挥了高强材料的作用,又显著减小了主梁截面,使结构自重减小而达到很大的跨径。缆索承重桥的另一特点是:成卷的钢缆易于运输,结构的组成构件较轻,便于无支架悬吊拼装。

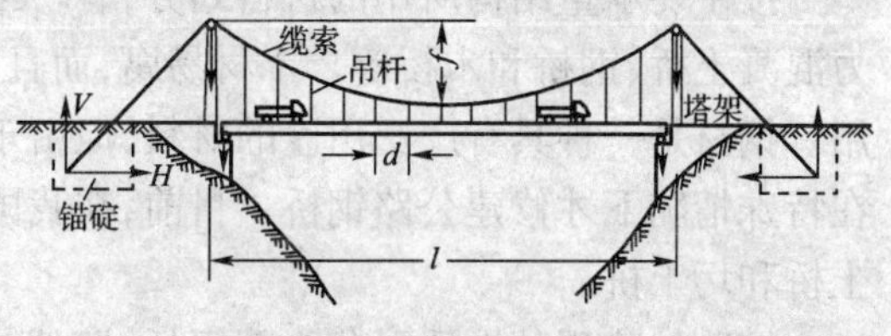

图 1-1-6 缆索承重桥

然而,相对于上述其他体系而言,悬索桥及斜拉桥的自重小,结构刚度差,在车辆动荷载和风荷载作用下有较大的变形和振动。

(5)组合体系桥

根据结构的受力特点,由几个不同体系的结构组合而成的桥梁称为组合体系桥。图 1-1-7a)所示为一种梁和拱的组合体系,其中梁和拱都是主要承重结构,两者相互配合共同受力。由于吊杆将梁向上(与荷载作用的挠度方向相反)吊住,这样就显著减小了梁中的弯矩;同时由于拱与梁连接在一起,拱的水平推力就传给梁来承受,这样梁除了受弯以外尚且受拉。这种组合体系桥能跨越较一般简支梁桥更大的跨度,而对墩台没有推力作用,因此对地基的要求就与一般简支梁桥一样。图 1-1-7b)所示为拱置于梁的下方,通过立柱对梁起辅助支承作用的组合体系桥。

近几年发展起来的由悬索桥和斜拉桥组合而成的悬吊—斜拉协作体系桥。

组合体系桥的种类很多,但究其实质不外乎利用梁、拱、索三者的不同组合,上吊下撑以形成新的结构。组合体系桥梁一般都可用钢筋混凝土来建造,对于大跨径桥以采用预应力混凝土或钢材修建为宜。一般说来,这种桥梁的施工工艺比较复杂。

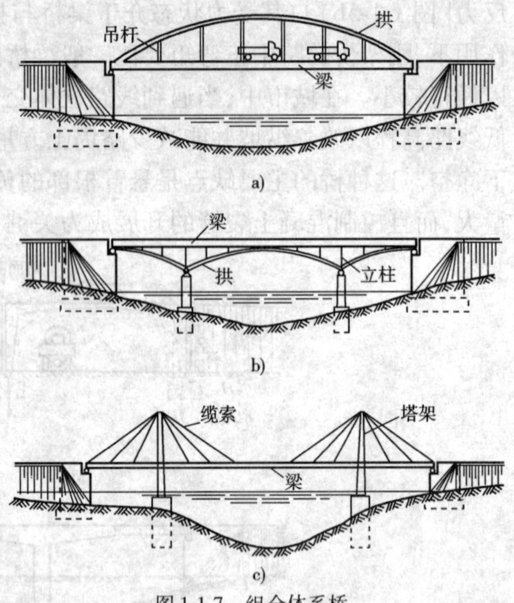

图 1-1-7 组合体系桥

2)桥梁的其他分类简述

除了上述按受力特点分成不同的结构体系外,人们还习惯地按桥梁的用途、大小规模和建桥材料等其他方面来进行分类。

按用途来划分,有公路桥、铁路桥、公路铁路两用桥、农桥、人行桥、运水桥(渡槽)及其他专用桥梁(如通过管路、电缆等)。

按桥梁全长和跨径的不同,分为特大桥、大桥、中桥和小桥。《公路工程技术标准》(JTG B01—2003)规定的大、中、小桥划分标准见表 1-1-1。

桥梁按跨径分类 表 1-1-1

桥梁分类	多孔跨径总长 L(m)	单孔跨径 L_K(m)
特大桥	$L \geq 1\,000$	$L_K \geq 150$
大桥	$100 \leq L < 1\,000$	$40 \leq L_K < 150$
中桥	$30 < L < 100$	$20 \leq L_K < 40$
小桥	$8 \leq L \leq 30$	$5 \leq L_K < 20$
涵洞	—	$L_K < 5$

按主要承重结构所用的材料划分,有圬工桥(包括砖、石、混凝土桥)、钢筋混凝土桥、预应力混凝土桥、钢桥和木桥等。木材易腐,而且资源有限,因此除了少数临时性桥梁外,一般不采用。钢材是一种具有广泛用途的材料,但由于其材料价格高,相对来讲钢桥的造价高,因此只在特殊情况下才修建公路钢桥。目前,在我国公路上应用最广的是钢筋混凝土桥、预应力混凝土桥和圬工桥。

按跨越障碍的性质可分为跨河桥、跨线桥(立体交叉)、高架桥和栈桥。高架桥一般指跨越深沟峡谷以代替高路堤的桥梁。为将车道升高至周围地面以上并使其下面的空间可以通行车辆或作其他用途(如堆栈、店铺等)而修建的桥梁,称为栈桥。

按上部结构的行车道位置,分为上承式桥、下承式桥和中承式桥。桥面布置在主要承重结构之上者称为上承式桥[图 1-1-3 的 a)和 c),图 1-1-4 的 a)等],桥面布置在承重结构之下的称为下承式桥(图 1-7),桥面布置在桥跨结构高度中间的称为中承式桥[图 1-1-4c)]。

上承式桥构造较简单,施工方便,而且其主梁或拱肋等的间距可按需要调整,以求得经济合理的布置。一般说来,上承式桥梁的承重结构宽度可做得小些,因而可节约墩台圬工数量。

此外,在上承式桥上行车时,视野开阔、感觉舒适也是其重要优点。所以,公路桥梁一般尽可能采用上承式桥。上承式桥的不足之处是桥梁的建筑高度较大。

在建筑高度受严格限制的情况下,以及修建上承式桥必须提高路面(或轨顶)高程而显著增大桥头路堤土方量时,就应采用下承式桥或中承式桥。对于城市桥梁,有时受周围建筑物等的限制，不容许过分抬高桥面高程时，也可修建下承式桥。

除了以上所述各种固定式的桥梁以外，还可按照特殊的使用条件修建开合桥、浮桥、漫水桥等。

除上述分类外，桥梁根据上部结构的施工方法可分为装配式桥梁和现场浇筑桥梁。装配式桥梁是在预制工厂或在运输方便的桥址附近设置预制场进行梁的预制工作，然后采用一定的架设方法进行安装。预制安装法施工一般是指钢筋混凝土或预应力混凝土简支梁及小跨径连续梁桥的预制安装，分预制、运输和安装 3 部分。现场浇筑桥梁是在桥位处搭设支架，在支架上浇筑桥体混凝土，达到强度后再拆除模板、支架。现场浇筑桥梁在施工时无需预制场地，而且不需要大型起吊、运输设备，梁体的主筋可不中断，桥梁整体性好。

本学习领域中只介绍装配式桥梁上部结构的预制与安装施工，桥梁下部结构和桥梁上部结构现浇施工及桥梁附属结构的施工内容，将在其他学习领域中讲授。

二、装配式桥梁上部结构类型与构造布置

对于梁式桥、拱桥、悬索桥、组合体系桥以及刚架桥某些形式均可采用装配式施工法施工。而目前对于钢筋混凝土及预应力混凝土简支梁和小跨经的连续梁桥、桁架拱桥等，采用预制拼装施工的较多，也有部分 T 形刚构桥采用预制悬臂拼装法施工。

1. 装配式桥梁的特点

(1)由于是工场生产制作，构件质量好，有利于确保构件的质量和尺寸精度，并尽可能多的采用机械化施工。

(2)上下部结构可以平行作业，因而可缩短现场工期。

(3)能有效地利用劳动力，并由此而降低了工程造价。

(4)由于施工速度快，可适用于紧急施工工程。

(5)构件预制后由于要存放一段时间，因而在安装时已有一定龄期，这样可减少混凝土收缩、徐变引起的变形。

(6)由于作为主要承重构件的上部结构为预制拼装，相对于现浇上部结构整体性差。

2. 钢筋混凝土及预应力混凝土梁式桥类型

按照承重结构的静力体系可划分为简支梁桥、连续梁桥和悬臂梁桥 3 种类型。截面形式可以分为板式(空心板或实心板)、肋梁式(Ⅱ形、T 形、工字形)、箱形等。

1)简支梁桥

简支梁桥是建桥实践中使用最广泛、构造最简单的梁式桥[图 1-1-8a)]。简支梁属静定结构，且相邻桥孔各自单独受力，故最易设计成各种标准跨径的装配式构件。鉴于多孔简支梁桥各跨的构造和尺寸可以统一，从而可简化施工管理工作，并降低施工费用。

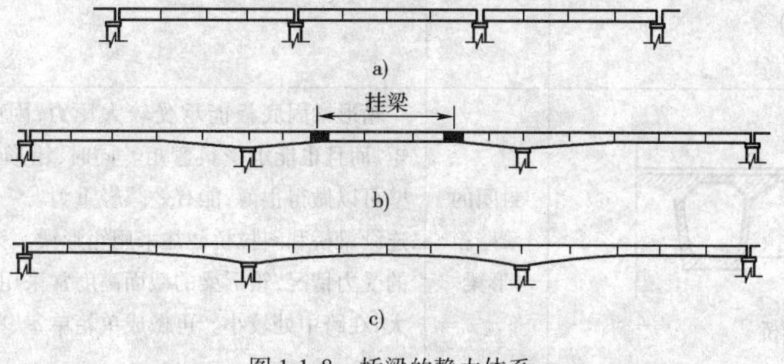

图 1-1-8　桥梁的静力体系

2)连续梁桥

这种体系梁桥的主要特点是:承重结构(板梁、T形梁或箱梁)不间断地连续跨越几个桥孔而形成一超静定结构[图1-1-8c)]。连续孔数一般不宜过多,当桥梁跨径较多时,需要沿桥长分建成几组(或称几联)连续梁。连续梁由于荷载作用下支点截面产生负弯矩,从而显著减小了跨中的正弯矩,这样不但可减小跨中的建筑高度,而且能节省钢筋混凝土数量,跨径增大时,这种节省就愈益显著。连续梁通常适用于桥基良好的场合,否则,任一墩台基础发生不均匀沉陷时,桥跨结构内会产生附加内力。

3)悬臂梁桥

这种桥梁的主体是长度超出跨径的悬臂结构。仅一端悬出者称为单悬臂梁[图1-1-8b)],两端均悬出者称为双悬臂梁。对于较长的桥,还可以借助简支的挂梁与悬臂梁一起组合成多孔桥。在力学性能上,悬臂根部产生的负弯矩减小了跨中正弯矩,所以悬臂梁也与连续梁相仿,可以节省材料用量。悬臂梁桥属于静定结构,墩台的不均匀沉陷不会在梁内引起附加内力。

3. 装配式梁桥主要承重结构截面形式(表1-1-2)

主要承重结构截面形式 表1-1-2

类　型	承重结构截面形式	设计要领
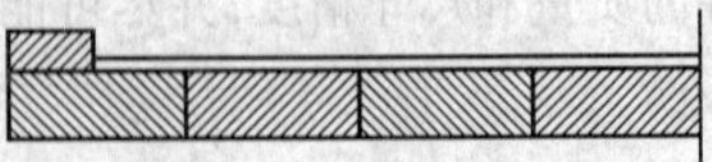 a)  b) 板桥	板	它的构造简单、施工方便、建筑高度小。但从力学性能方面来看,位于受拉区的混凝土不但不能充分发挥作用,反而增大了结构重力,当板的跨径稍大时,就显得不经济。适用于5~8m的实心板[图a)];空心板桥[图b)]的跨径普通钢筋混凝土用到10~16m;预应力混凝土用到16~32m
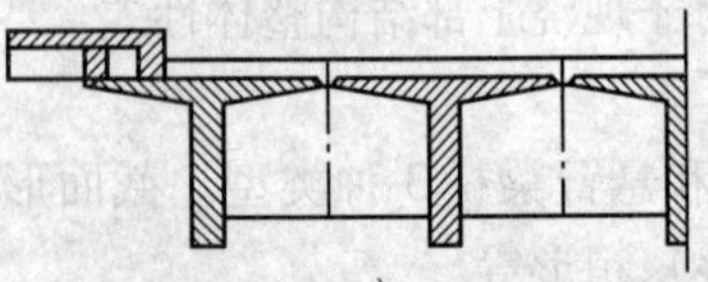 a) 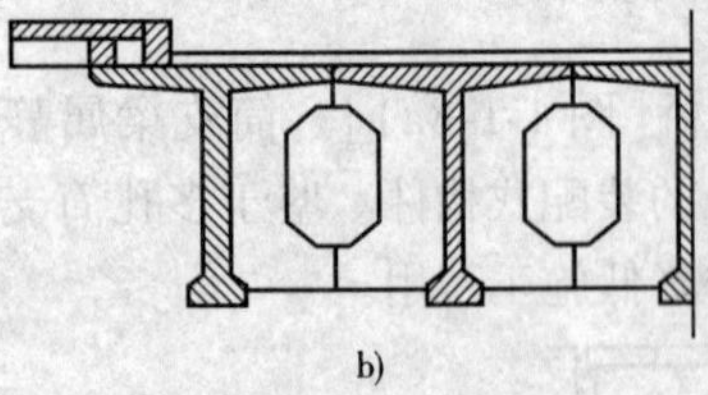 b) 肋梁桥	肋梁	肋梁与桥面板结合在一起,节省了肋与肋之间处于受拉区的混凝土,减轻了结构的重力。在保持下翼缘足够尺寸以便布置钢筋的情况下,使梁肋部分减小到可能容许的厚度,这样可以进一步减轻梁体重力。适用于跨径为13~20m的钢筋混凝土简支梁[图a)],跨径为25~50m的预应力混凝土简支或连续肋梁桥[图b)]。肋梁截面形式也可做成工字形等
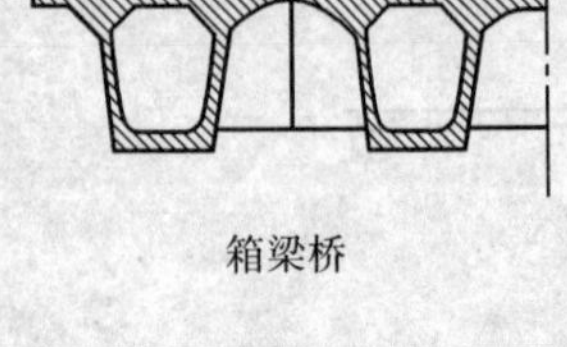 箱梁桥	封闭的薄壁箱形梁	箱形梁因底板能承受较大压力,因此,它不仅能承受正弯矩,而且也能承受负弯矩。同时,箱形梁整体受力性能好,箱壁可以做得很薄,能有效减轻重力。一般大跨径的悬臂梁桥、连续梁桥和斜拉桥往往采用箱形梁。为适应悬臂梁和连续梁的受力情况,箱形梁的截面高度常采用变高度的,在支点处较大,在跨中处较小。可做成单箱单室、单箱多室和多箱多室等形式

4. 桥面净空

为保证在公路桥梁上行驶的车辆及行人的安全，桥面上必须有一定的安全空间，这个空间我们称之为桥面净空。

在《公路工程技术标准》(JTG B01—2003)中对不同公路等级上的桥梁桥面净空规定见图1-1-9。

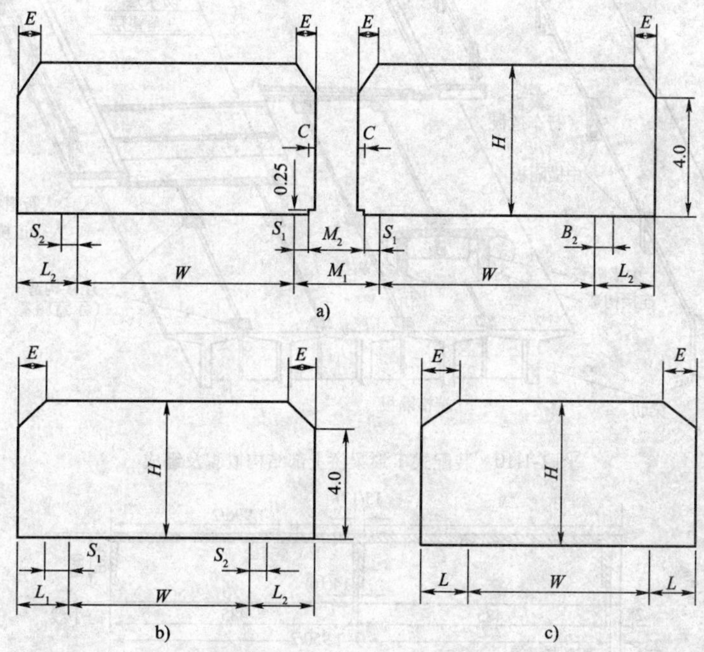

图 1-1-9 桥面净空(尺寸单位:m)

a)高速公路、一级公路(整体式);b)高速公路、一级公式(分离式);c)二、三、四级公路

注：W——行车道宽度；

L_1——左侧硬路肩宽度；

L_2——右侧硬路肩宽度；

S_1——左侧路缘带宽度；

S_2——右侧路缘带宽度；

L——侧向宽度，高速公路、一级公路的侧向宽度为硬路肩宽度(L_1或L_2)，二、三、四级公路的侧向宽度为路肩宽度减去0.25m；

C——当设计速度大于100km/h时为0.5m，等于或小于100km/h时为0.25m；

M_1——中间带宽度；

M_2——中央分隔带宽度；

J——隧道内检修道宽度；

E——建筑限界顶角宽度，当$L \leq 1$m时$E=L$，当$L>1$m时$E=1$m；

H——净空高度。

5. 装配式梁桥上部结构概貌及构件布置

国内外所建造的装配式钢筋混凝土及预应力混凝土梁式桥，通常采用板桥、肋梁桥或箱形梁桥，其中中小跨径以T形梁桥最为普遍。图1-1-10所示就是典型的装配式T形梁桥上部构造概貌，它由几片T形截面的主梁并列在一起装配连接而成。T形梁的顶部翼板构成行车道板，与主梁梁肋垂直相连的横隔梁的下部以及T梁翼板的边缘，均设焊接钢板连接构造(或将主梁相连接部分的翼板和横隔梁预留部分现浇)将各主梁联成整体，这样就能使作用在行车道板上的局部荷载分布给各片主梁共同承受。装配式T形梁纵横截面如图1-1-11所示。

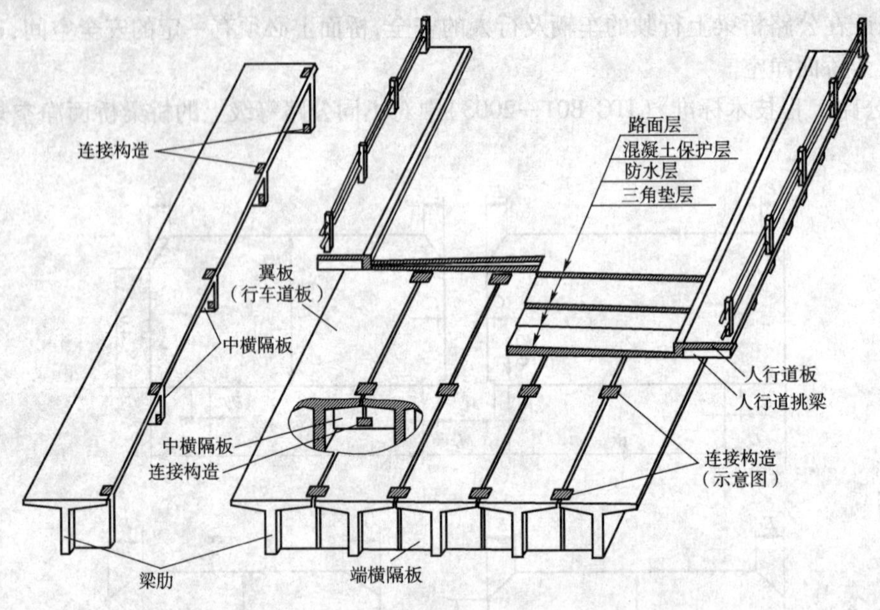

图1-1-10 装配式T形梁桥上部结构概貌及组成

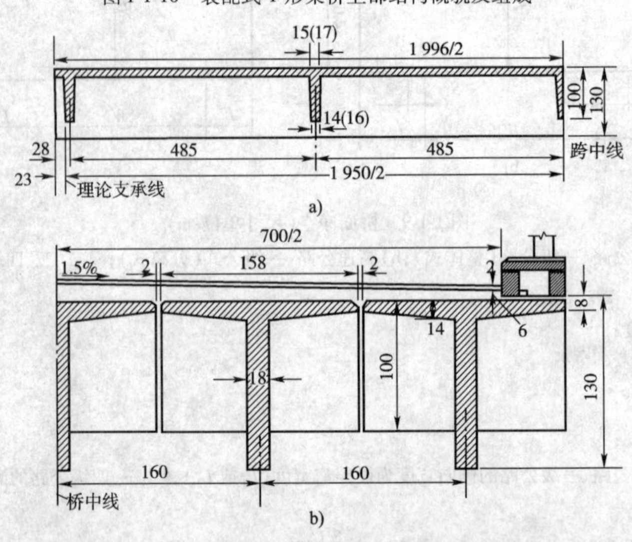

图1-1-11 装配式T形梁纵横截面（标准跨径20m）（尺寸单位：cm）

1）主梁（或主板）布置

主梁（主板）间距大小不但与钢筋和混凝土的材料用量、构件的安装重力有关，对于肋梁桥和箱形梁桥还与翼板的刚度有关。一般来说，对于跨径大一些的桥，适当地加大主梁（主板）间距，可减少钢筋和混凝土的用量。但构件重力的增大也使吊运和安装工作更加困难。肋梁桥主梁间距一般取1.5～2.2m；板桥主板的宽度一般可根据桥面净空的需要和安装重量确定；箱形截面梁桥的主梁布置可根据需要来定。

2）横隔梁布置

横隔梁在装配式肋梁桥或箱形梁桥中起着连接主梁的作用，它的刚度越大，桥梁的整体性能越好，在荷载作用下各主梁就能更好地共同受力。因此，梁的端横隔梁是必须设置的，当梁的跨径大于13m时，宜在跨内增设1～3道内横隔梁。然而，设置横隔梁使主梁模板工作稍趋复杂，横隔梁接头的焊接又往往要在设于桥下的专门的工作架上进行，施工比较麻烦。必要时可将横隔梁也做成装配式构件。

3）主梁（板）的横向联结

（1）装配式板桥横向联结

为了使装配式板块具有整体性，在外荷载作用下相邻板块能共同工作，在块件之间必须设置横向联结。常用的连接方法有企口混凝土铰联结和钢板焊接联结。

①企口混凝土铰联结

企口式混凝土铰的连接形式有圆形、菱形、漏斗形3种（图1-1-12）。它是在块件安装就位后，在企口缝内用C30或C40小石子混凝土填筑密实而成的。实践证明，这种铰确能保证传递横向剪力使各块板共同受力。如果要使桥面铺装层也参与受力，可以将预制板中的箍筋伸出，与相邻板同样伸出的箍筋互相搭接，再将其浇筑在铺装层内［图1-1-12d）］。

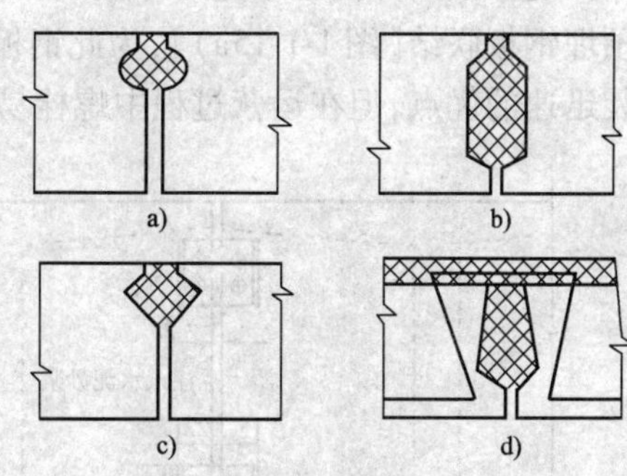

图1-1-12　企口混凝土铰联结

②钢板焊接联结

由于企口混凝土铰需要现场浇筑混凝土，并需待混凝土达到设计强度后才能通车，为了加快工程进度，亦可采用钢板联结（图1-1-13）。它的构造是：用一块钢盖板 $N1$ 焊在相邻两构件的预埋钢板 $N2$ 上。联结构造的纵向中距通常为80～150cm，根据受力特点，在跨中部分布置较密，向两端支点处逐渐减疏。

（2）装配式梁桥横向联结

通常在设有端横隔梁和中横隔梁的装配式肋梁桥中，均借助横隔梁的接头使所有主梁联结成整体。接头要有足够的强度，以保证结构的整体性，并在运营过程中不致因荷载反复作用和冲击作用而发生松动。

①钢板联结

图1-1-14所示为过去常用的主梁中横隔梁的构造形式（即如图1-1-10所示T梁的中横隔板）。在横隔梁靠近下部边缘的两侧和顶部的翼板内均埋有焊接钢板，焊接钢板则预先与横隔梁的受力钢筋焊在一起做成安装骨架。当T梁安装就位后，即在横隔梁的预埋钢板上再加

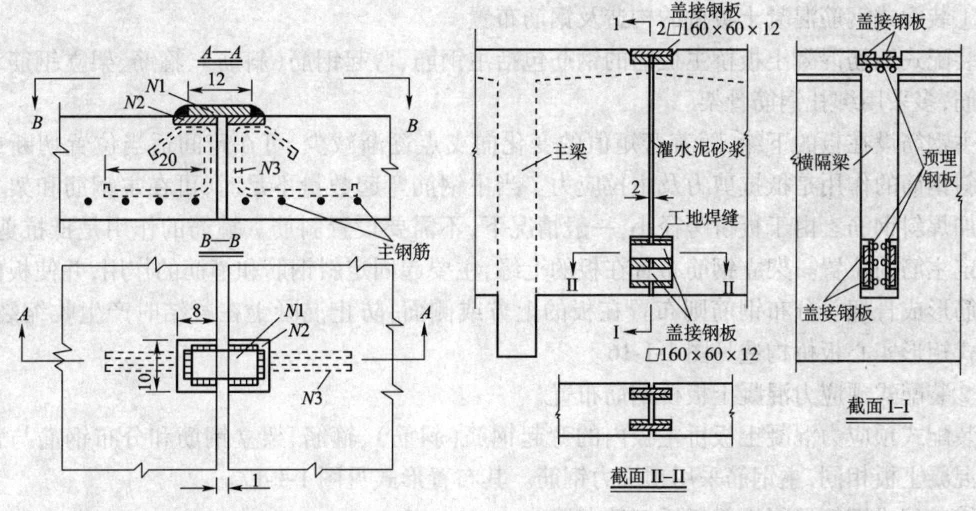

图1-1-13　钢板焊接联结（尺寸单位：cm）　　图1-1-14　钢板联结（尺寸单位：mm）

焊盖接钢板使联成整体见图 1-1-14。端横隔梁的焊接钢板接头构造与中横隔梁相同,但由于其外侧(近墩台一侧)不好施焊,故焊接接头只设于内侧。相邻横隔梁之间的缝隙最好用水泥砂浆填满,所有外露钢板也应用水泥灰浆封盖。这种接头强度可靠,焊接后立即就能承受荷载,但现场要有焊接设备,而且有时需要在桥下进行仰焊,施工较困难,运营后外露钢板的水泥灰浆封盖易脱落,钢板易锈蚀脱落,目前基本不采用。

②螺栓联结

此种接头方法基本上与焊接钢板接头相同,不同之处是盖接钢板不用电焊,而是用螺栓与预埋钢板联结[图 1-1-15a)],为此钢板上要预留螺栓孔。这种接头由于不用特殊机具而有拼装迅速的优点,但在运营过程中螺栓易于松动。

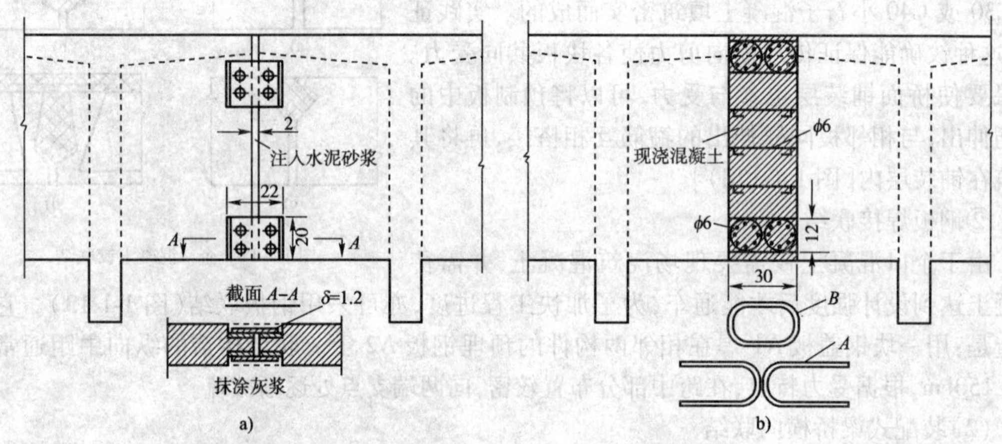

图 1-1-15　螺栓及现浇混凝土联结(尺寸单位:cm)

③现浇混凝土联结[图 1-1-15b)]

这种接头的做法是:主梁预制时,在横隔梁及翼板接缝处预留一定宽度并伸出钢筋,安装时将相邻构件的预留钢筋按图纸要求进行绑扎,支好模板后现浇混凝土封闭接缝,接缝宽度约为 0.50m 左右。这种横向联结在施工时不需要特殊机具,联结质量好,但现浇混凝土数量较多,接头施工后也不能立即承受荷载。这种联结构造目前为梁式桥所广泛采用。

4)主梁(板)构造及钢筋种类与布置

①装配式钢筋混凝土板桥的构造及钢筋布置

装配式钢筋混凝土板桥主板内的钢筋包括主钢筋、弯起钢筋(斜筋)、箍筋、架立钢筋和分布钢筋,多采用绑扎钢筋骨架。

主钢筋设在板的下缘,随着弯矩值的变化向支点逐渐减少,可在跨间适当位置切断或弯起。斜钢筋的作用是抵抗剪力及主拉应力。当主钢筋弯起数量不足时,可在主钢筋和架立钢筋上加焊斜钢筋。由于板桥跨径小,一般情况下,不需要设置斜筋。箍筋的作用是抵抗剪力,并固定主筋的位置。架立钢筋布置在板的上缘,主要起固定斜钢筋和箍筋的作用,并使板内全部钢筋形成骨架。分布钢筋则布置在板的上方或侧面,防止混凝土在凝结时产生收缩裂缝。装配式矩形实心板桥构造见图 1-1-16。

②装配式预应力混凝土板桥钢筋布置

装配式预应力混凝土板桥主板内的弯起钢筋(斜筋)、箍筋、架立钢筋和分布钢筋与普通钢筋混凝土板相同,主钢筋采用预应力钢筋。其布置形式见图 1-1-17。

③装配式钢筋混凝土斜板桥钢筋布置

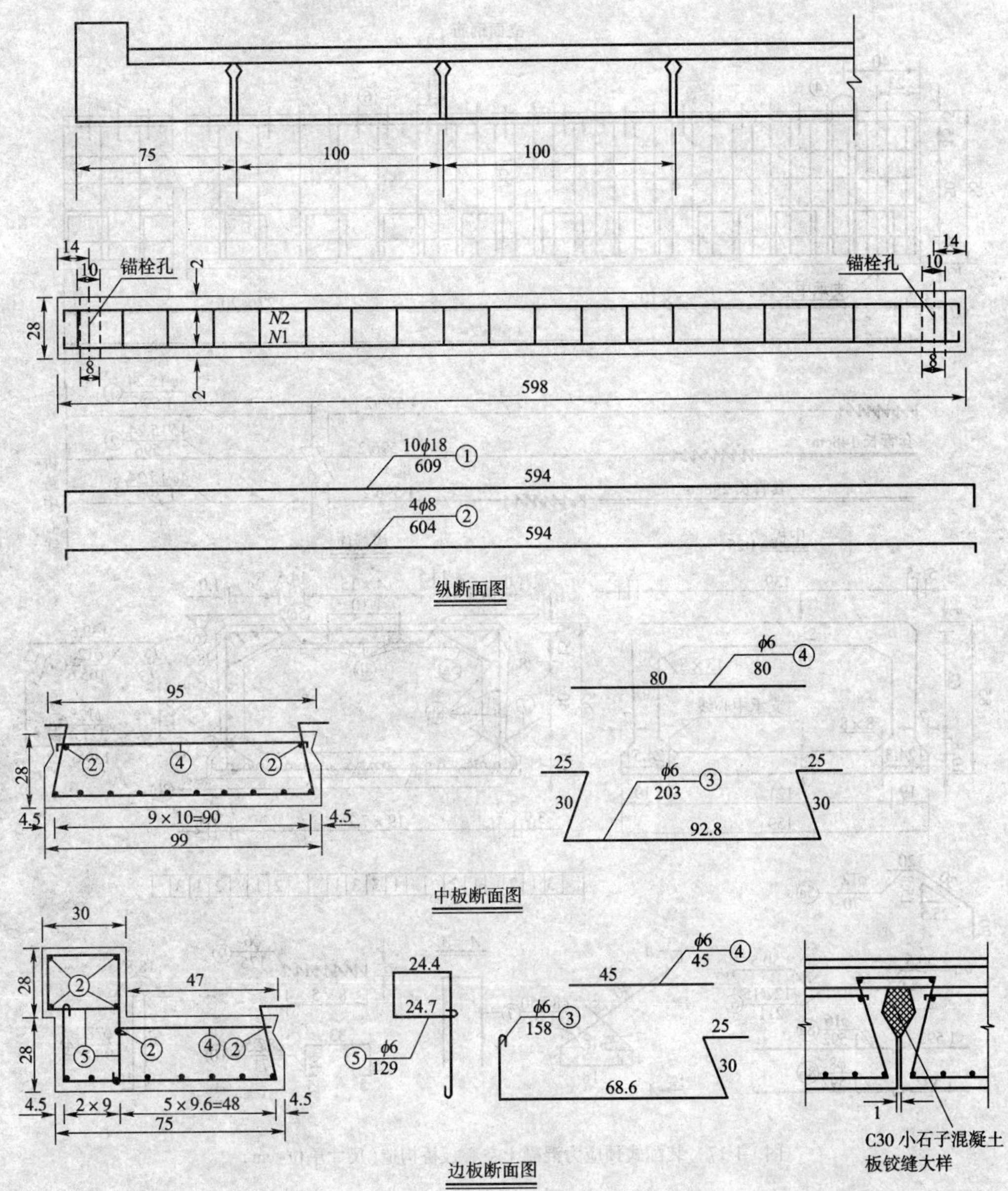

图 1-1-16　装配式矩形实心板桥构造(尺寸单位:cm)

在桥梁建设中,常常由于桥位处的地形限制,或者由于高等级公路对线形的要求而将桥梁做成斜交。

我们将桥梁轴线与水流方向的交角不是 90°的桥梁称为斜桥。桥梁轴线(以路线前进方向)与水流方向的第一象限角称为交角;锐角称为斜交角;桥梁轴线与支承线的垂线之间的夹角称为斜交角。斜交角位于桥梁轴线(以路线前进方向)左边时,称为左斜交;位于右边时,称为右斜交。

斜交板桥虽然有改善线形的优点,但它的受力状态要比正交板桥复杂得多。因此,钢筋的布置也比正板桥复杂。为了了解斜板桥的钢筋布置,首先应对斜板桥的工作性能有所了解,以便从构造上予以认识。

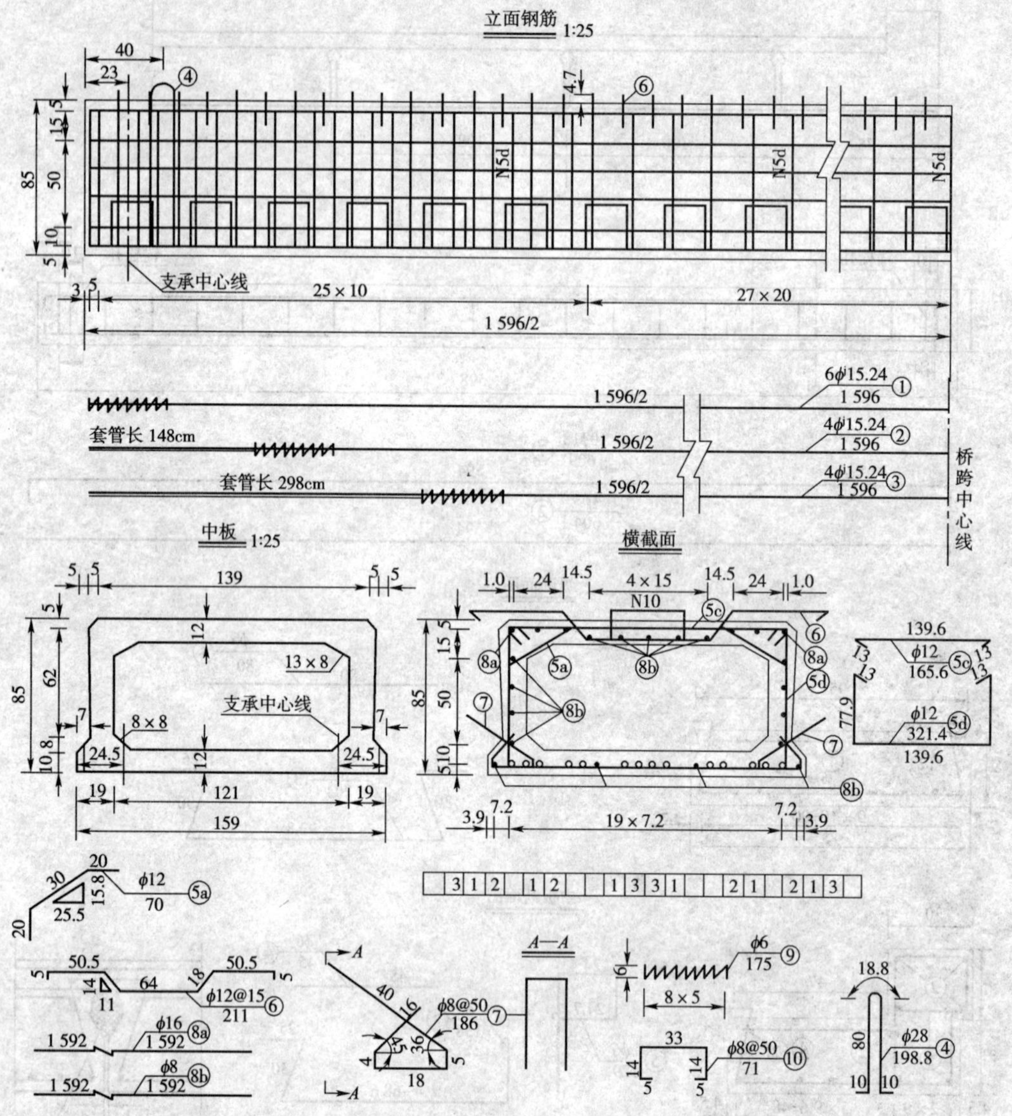

图 1-1-17 装配式预应力混凝土空心板桥构造(尺寸单位:cm)

理论和试验表明,简支的斜板在垂直荷载作用下一般具有下列特性:

a. 荷载有向两支承边之间最短距离方向传递的趋势。

如图 1-1-18 所示,在较宽的斜板中部,其最大主弯矩方向(即在垂直于该方向的截面上没有扭矩)几乎接近与支承边正交。其次,无论对宽的或者窄的斜板,其两侧的主弯矩方向虽接近平行于自由边,但仍有向支承边垂线方向偏转的趋势。

b. 各角点受力情况可以用比拟连续梁的工作情况来描述。

如图 1-1-19 所示,在斜板的"Z"形条带 $ABCD$ 上各点的受力情况,可以用三跨连续梁来比拟。在钝角 B、C 处产生较大的负弯矩,其方向垂直于钝角的平分线;同时在 B、C 点的反力也较大,锐角 A、D 点的反力较小,当斜交角度和斜跨径与板宽之比都较大时,锐角便有向上翘起的趋势,此时若固定锐角角点,势必导致板内有较大的扭矩。

c. 在均布荷载作用下,当桥轴线方向的跨长相同时,斜板桥的最大跨内弯矩比正交板桥要小，跨内纵向最大弯矩或最大应力的位置随着斜度的变大而自中央向钝角方向移动。

图 1-1-20a）表示斜板桥最大跨内弯矩 M_{ϕ} 与正板桥跨中弯矩 $M_{\phi=0}$ 的比值随斜度改变的变化曲线；图 1-1-20b）表示在满布均匀荷载时，跨内最大弯矩位置沿板宽的变化曲线。由图可知，当斜交角度在 15°以内时，可以近似地按正交板桥计算；当斜交角度大于 15°时，则应按斜交板桥进行计算，因此桥涵设计规范对此作了详细的规定。

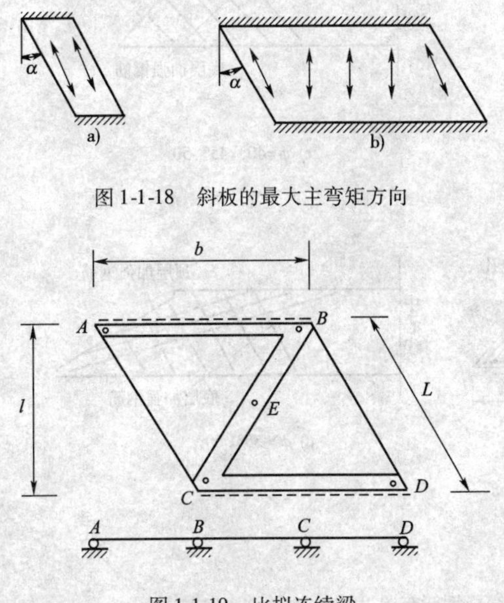

图 1-1-18　斜板的最大主弯矩方向

图 1-1-19　比拟连续梁

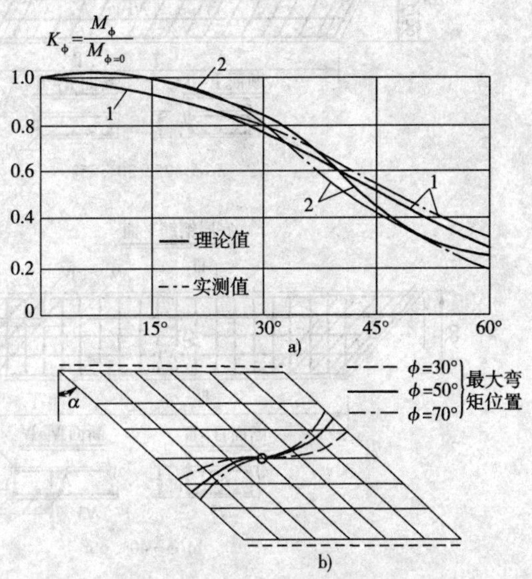

图 1-1-20　弯矩随斜度的变化

1-板跨中央；2-自由边中点

d. 在上述同样情况下，斜交板桥的跨中横向弯矩比正交板桥的要大，可以认为横向弯矩增加的量，相当于跨径方向弯矩减小的量。

熟悉了斜板的工作性能以后，就可据此配置斜板桥的钢筋。装配式斜交板桥由于每块装配式板的宽度较小，跨宽比都很大，所以斜板内的受力情况比较好。板的钢筋布置与斜度大小有关，当斜交角度为 10° ~20°时，主钢筋顺桥向布置，箍筋平行于支承线布置［图 1-1-21a）］；当斜交角度为 30° ~60°时，主钢筋顺桥向布置，箍筋垂直于主钢筋布置。另外，在块件两端支点附近各增加与主钢筋斜交且平行于支承线的箍筋［图 1-1-21b）］。

在斜板块件的钢筋布置中，当斜交角度大于 20°时，需在块件两端底层布置垂直于支承线的附加钢筋［图 1-1-21c）］，并在桥面铺装层内布置垂直于钝角平分线的附加钢筋；当斜度大于 50°时，还需在块件两端顶层布置垂直于钝角平分线的附加钢筋［图 1-1-21d）］。为了使铰接斜板支承处不翘扭以及防止发生位移，在板端部中心处预留锚栓孔，待安装完毕后，用锚栓固定。锚栓分固定锚栓和防震锚栓 2 种。固定锚栓同时限制板的水平位移和竖直位移；防震锚栓只限制板的水平位移，不限制板的竖直位移。

④装配式钢筋混凝土梁桥主梁钢筋布置

装配式梁桥的主梁钢筋包括主钢筋、弯起钢筋（斜钢筋）、箍筋、架立钢筋和防收缩钢筋。由于纵向主钢筋的数量多，常采用多层焊接钢筋骨架。

主钢筋设在梁的下缘，随着弯矩值的变化向支点逐渐减少。斜钢筋的作用是抵抗剪力及主拉应力。当主钢筋弯起数量不足时，可在主钢筋和架立钢筋上加焊斜钢筋。斜钢筋与梁的轴线一般布置成 45°。箍筋的作用也是抵抗剪力，并固定住钢筋的位置。架立钢筋布置在梁的上缘，主要起固定斜钢筋和箍筋的作用，并使梁内全部钢筋形成骨架。防收缩钢筋是防止梁肋侧面因混凝土收缩等原因而导致的裂缝，布置在梁肋两侧。

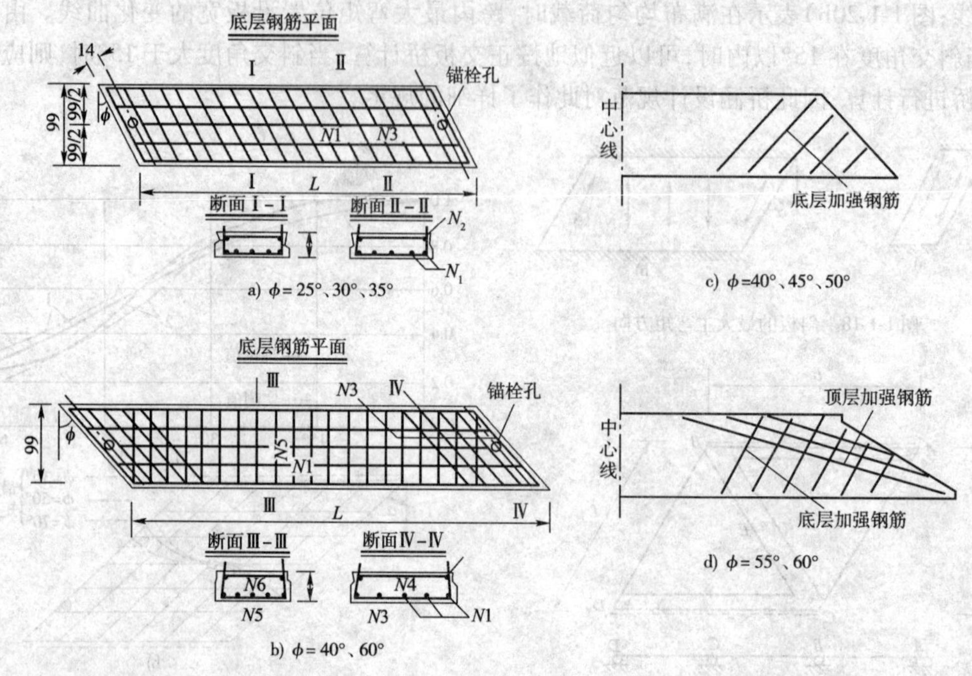

图 1-1-21　装配式斜交板钢筋布置

⑤装配式预应力钢筋混凝土梁桥主梁钢筋布置

装配式预应力钢筋混凝土梁桥主梁内钢筋主要有预应力钢筋、普通钢筋、箍筋、架立钢筋和防收缩钢筋等。其中，预应力钢筋代替普通钢筋混凝土梁中的主筋和斜筋，箍筋、架立钢筋和防收缩钢筋与普通钢筋混凝土梁的作用及布置方式相同。普通钢筋布置在梁底，对于全预应力混凝土结构只起架立作用，对于部分预应力混凝土结构要考虑部分普通钢筋受力。

三、识读施工图

在明确了桥梁的类型及主要结构构造之后，我们就可以识读桥梁施工图。桥梁施工图是设计者根据业主对工程的使用任务及技术指标要求，经过有关资料采集、方案比较和确定，然后进行结构设计计算，最后将计算所确定的桥梁结构形式及尺寸等以“图形”的形式提交的技术文件。

桥梁施工图文件主要包括目录、设计说明书、全桥工程数量表、桥位地形图、桥型布置图、桥梁各构件结构构造图、桥梁各构件钢筋布置图、桥梁各附属构件构造图及钢筋布置图等。

1. 桥梁设计说明书

桥梁施工图的设计说明书是对该桥的总体描述，通过阅读桥梁设计说明书，我们可以了解既建桥梁以下几方面的信息。

(1)桥梁所处的地理位置、桥梁的孔径及全长、与路线主线的夹角等；

(2)桥址处的自然地貌；

(3)桥位处的水文情况；

(4)桥位处的地质情况；

(5)桥梁的设计标准及引用的规范；

(6)桥梁各主要构件的结构形式；

(7)桥梁所采用的主要材料型号及规格；

(8)桥梁设计及施工要点(施工注意事项)；

(9)其他须说明的事项,如图纸中各部分的尺寸单位等。

2. 全桥工程数量表

全桥工程数量表是全桥各分项工程所需材料及用量的汇总表。在表中我们可以找出自己所承担分项工程的各部位应采用的材料规格、强度等级及工程数量,据此可以进行施工准备和核算工程初步造价。

3. 桥位地形图

桥位地形图上主要表示桥位地形、桥梁位置、墩台位置、指北针、高程系统及调治构造物、防护工程等,应标示桥头接线的路线中心线、公里及百米桩、直线或平曲线半径、缓和曲线参数、桥梁长度、桥梁中心桩号和交角等。比例尺一般为1∶500～1∶2 000。

在识读桥位地形图时,首先在图中找出桥梁所在的位置,桥梁的起点桩号和终点桩号,桥梁两端连接线路的走向,桥位附近地形的起伏情况,原有道路的等级以及距待建桥位的距离,桥位附近有无居民区以及电力、通信等情况。对桥位附近的综合情况了解之后,可以初步选定桥梁预制场、项目办公地址及施工人员的临时住地,然后再通过现场考察,进一步进行施工场地的布设。

4. 桥型布置图

桥型布置图体现桥梁总体概貌,主要包括桥梁立面、平面、横断面和各主要部位构造尺寸。在桥梁立面图上标示有河床断面(山区或地形复杂的桥梁应有3条地面线)、地质分界线、特征水位、墩台高度、钻孔位置及编号、冲刷深度、基础埋置深度及高程、桥面纵坡和横坡等。当为弯桥或斜桥时,还标示有桥轴线半径、水流方向及斜交角度。在图的下部设计要素栏内标示有里程桩号、设计高程、地面高程、坡度、坡长、竖曲线要素、直线与平曲线要素等。比例尺一般为1∶200～1∶2 000。

通过识读桥梁总体布置图,我们不但可以明确桥梁基本尺寸,同时,还可以知道桥梁的结构形式、建桥所用材料等。

5. 桥梁主要结构构造图

在采用预制与安装施工的桥梁上部结构施工图中,主要有上部结构横断面图、主梁(板)体一般构造图等。在构造图中标有各部尺寸及分部件材料数量表,图的下方附注或说明中标注有尺寸单位及图中无法表示而需说明的事项。对技术条件复杂或施工条件困难的桥梁,还应附上施工概略流程图、施工概略进度表等。

6. 钢筋布置图

钢筋布置图(或称为钢筋构造图)是对结构所采用钢筋种类、形状、数量、每根钢筋长度及布置位置的一个表述。在采用预制与安装施工的桥梁上部结构施工图中,钢筋布置图主要包括梁(板)体普通钢筋布置图、预应力钢筋布置图(预应力混凝土结构)、横隔梁钢筋布置图、桥面板(翼缘板)钢筋布置图等。

任务二

校核施工图

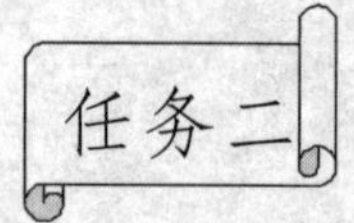

项目导入 在参与施工的工程技术人员充分地了解和掌握了设计图纸之后，应对设计图纸进行校核。主要包括：检查核对桥梁的设计标准、结构和构造细节是否满足设计规范要求；检查核对设计图纸与其各组成部分之间有无矛盾或错误；检查核对设计图纸在几何尺寸、坐标、高程、说明等方面是否一致，技术要求是否正确等。在进行研究核对的同时，要对设计文件和图纸中发现的疑问、问题或错误作详细记录。如果发现按设计要求进行施工确有在当时技术条件下难以克服的困难，或设计上确有不合理之处时，应尽早提出，及时与设计单位和监理工程师协商解决。

工序一 构造校核

为了保证桥梁结构必要的施工质量与运营阶段的结构安全，在公路桥涵设计规范中，对桥梁各组成构件的基本尺寸作了最大(最小)规定。桥梁设计人员可能因为一时疏忽，使得拟定的桥梁结构尺寸没有满足规范的要求，这就要求施工人员在施工前对施工图纸进行构造校核，发现问题及时反馈给驻地设计代表。

构造校核主要是检查桥梁的各个组成部件在结构和构造细节上，是否满足桥涵有关设计规范的要求，主要包括结构基本尺寸的校核与钢筋布置、数量及有关信息的校核两部分。

1. 结构基本尺寸的规定

(1)板

钢筋混凝土简支板桥的标准跨径不宜大于13m；连续板桥的标准跨径不宜大于16m。预应力混凝土简支板桥的标准跨径不宜大于25m；连续板桥的标准跨径不宜大于30m。

空心板桥的顶板和底板厚度，均不应小于80mm。空心板的空洞端部应予填封。

人行道板的厚度，就地浇筑的混凝土板不应小于80mm，预制混凝土板不应小于60mm。

(2)梁

钢筋混凝土T形、I形截面简支梁标准跨径不宜大于16m，箱形截面简支梁标准跨径不宜大于25m，箱形截面连续梁标准跨径不宜大于30m。预应力混凝土T形、I形截面简支梁标准跨径不宜大于50m。

T形、I形截面梁应设跨端和跨间横隔梁。当梁横向刚性连接时，横隔梁间距不应大于10m。

箱形截面梁应设箱内端横隔板。内半径小于240m的弯箱梁应设跨间横隔板，其间距对于钢筋混凝土箱形截面梁不应大于10m；对于预应力混凝土箱形截面梁，则需经结构分析确定。共同受力的多箱梁桥，梁间应设跨端横隔梁，需要时尚宜设跨间横隔梁，其设置及间距可按T形截面梁办理。

箱形截面悬臂梁桥除应设箱内端横隔板外，悬臂跨径50m及以上的箱形截面悬臂梁桥在悬臂中部尚应设跨间横隔板。条件许可时，箱形截面梁横隔板应设检查用入孔。

预制T形截面梁或箱形截面梁翼缘悬臂端的厚度不应小于100mm；当预制T形截面梁之间采用横向整体现浇连接时，或箱形截面梁设有桥面横向预应力钢筋时，其悬臂端厚度不应小于140mm。T形和I形截面梁，在与腹板相连处的翼缘厚度，不应小于梁高的1/10，当该处设有承托时，翼缘厚度可计入承托加厚部分厚度。当承托底坡大于1/3时，取1/3。

箱形截面梁顶板与腹板相连处应设置承托；底板与腹板相连处应设倒角，必要时也可设置承托。箱形截面梁顶、底板的中部厚度，不应小于板净跨径的1/30，且不应小于200mm。当箱形截面梁承受扭矩时，其箱壁厚度应满足$t \geqslant 0.1b$和$t \geqslant 0.1h$的条件（b、h分别为箱形截面宽度和高度）。

T形、I形截面梁或箱形截面梁的腹板宽度不应小于140mm；其上下承托之间的腹板高度，当腹板内设有竖向预应力钢筋时，不应大于腹板宽度的20倍，当腹板内不设竖向预应力钢筋时，不应大于腹板宽度的15倍。当腹板宽度有变化时，其过渡段长度不宜小于12倍腹板宽度差。当T形、I形或箱形截面梁承受扭矩时，对于箱形截面其箱壁厚度应满足$t \geqslant 0.1b$和$t \geqslant 0.1h$的条件（b、h分别为箱形截面宽度和高度），对于T形、I形截面其腹板应符合$b/h \geqslant 0.15$的条件（b、h分别为腹板宽度和净高）。

2. 钢筋布置、数量及有关规定

（1）一般规定

为了防止钢筋受到大气影响而锈蚀，并保证钢筋与混凝土之间的黏结力充分发挥作用，钢筋至混凝土边缘需设保护层。若保护层太薄，就不能达到以上目的；太厚则混凝土表面距钢筋太远，减小了钢筋混凝土截面的有效高度，而且容易造成混凝土剥落。因此，主钢筋外缘至混凝土表面的距离对于Ⅰ类环境条件不小于30mm；对于Ⅱ类环境条件不小于40mm；对于Ⅲ、Ⅳ类环境条件不小于45mm，且不大于5cm；当受拉区主筋的混凝土保护层厚度大于50mm时，应在保护层内设置直径不小于6mm、间距不大于100mm的钢筋网。

当计算中充分利用钢筋的强度时，其最小锚固长度应符合表1-2-1的规定。

钢筋最小锚固长度 表1-2-1

项目 \ 钢筋种类 / 混凝土强度等级		H235				HRB335				HRB400，KL400			
		C20	C25	C30	≥C40	C20	C25	C30	≥C40	C20	C25	C30	≥C40
受压钢筋		40d	35d	30d	25d	35d	30d	25d	20d	40d	35d	30d	25d
受拉钢筋	直端	—	—	—	—	40d	35d	30d	25d	45d	40d	35d	30d
	弯钩端	35d	30d	25d	20d	30d	25d	25d	20d	35d	30d	30d	25d

注：1. d——钢筋直径。

2. 对于受压束筋和等代直径$d \leqslant 28$mm的受拉束筋锚固长度，应以等代直径按表值确定，束筋的各单根钢筋在同一锚固终点截断；对于等代直径$d > 28$mm的受拉束筋，束筋内各单根钢筋，应自锚固起点开始，以表内规定的单根钢筋锚固长度的1.3倍，呈阶梯形逐根延伸后截断，即自锚固起点开始，第一根延伸1.3倍单根钢筋的锚固长度，第二根延伸2.6倍单根钢筋的锚固长度，第三根延伸3.9倍单根钢筋的锚固长度。

3. 采用环氧树脂涂层钢筋时，受拉钢筋最小锚固长度应增加25%。

4. 当混凝土在凝固过程中易受扰动时，锚固长度应增加25%。

受拉钢筋端部弯钩应符合表 1-2-2 的规定。

受拉钢筋端部弯钩形状及要求 表 1-2-2

弯曲部位	弯曲角度	形　　状	钢　　筋	弯曲直径(*D*)	平直段长度
末端弯钩	180°		R235	≥2.5*d*	≥3*d*
	135°		HRB235	≥4*d*	≥5*d*
			HRB400 KL400	≥5*d*	
	90°		HRB335	≥4*d*	≥10*d*
			HRB400 KL400	≥5*d*	
中间弯折	≤90°		各种钢筋	≥20*d*	—

(2)梁内钢筋规定

主钢筋设在梁的下缘,随着弯矩值的变化向支点逐渐减少。主钢筋可在跨间适当位置切断或弯起。为保证主梁在梁端有足够的钢筋数量,伸过支点截面的钢筋不应少于主钢筋截面积的 20%,且不少于 2 根。两外侧钢筋应延伸出端支点以外,并弯成直角顺梁端延伸到顶部与架立钢筋焊接。两侧之间的其他钢筋为弯起钢筋,伸出支点截面以外的长度不应小于 10 倍钢筋直径(环氧树脂涂层钢筋为 12.5 倍钢筋直径)。R235 钢筋端部应带半圆钩。主梁中每片骨架的纵向钢筋根数一般为 3 ~ 6 根,焊接钢筋骨架(图 1-2-1)的层数不应多于 6 层,单根钢筋直径不应大于 32mm。

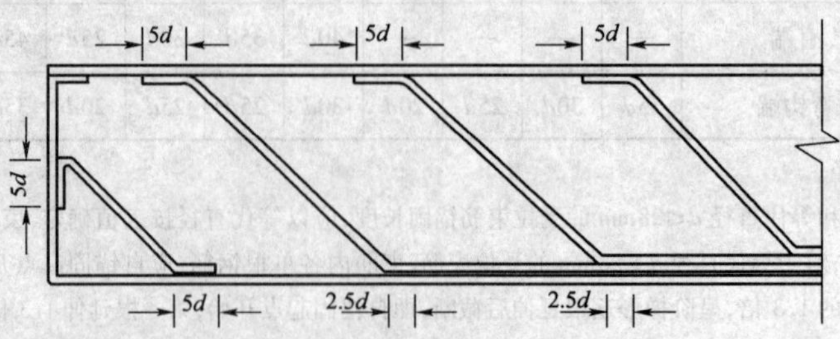

图 1-2-1　焊接骨架图

在焊接钢筋骨架中,为保证焊接质量,使焊缝处强度不低于钢筋本身的强度,焊缝长度必须满足下述要求（图 1-2-1）：

①利用主钢筋弯起的斜筋，在弯起处应与其他主钢筋相焊接。焊缝长度：双面焊为 $2.5d$，单面焊为 $5.0d$。

②附加斜筋与主钢筋或架立钢筋的焊缝长度：双面焊为 $5.0d$，单面焊为 $10d$。

③各层主钢筋相互焊接的焊缝长度：双面焊为 $2.5d$，单面焊为 $5.0d$。

弯起钢筋（斜钢筋）的作用是抵抗剪力及主拉应力。当主钢筋弯起数量不足时，可在主钢筋和架立钢筋上加焊斜钢筋。斜钢筋与梁的轴线一般布置成 45°。受拉区弯起钢筋的弯起点，应设在按正截面抗弯承载力计算充分利用该钢筋强度的截面以外不小于 $h_0/2$ 处，此处 h_0 为梁有效高度；弯起钢筋可在按正截面受弯承载力计算不需要该钢筋截面面积之前弯起，但弯起钢筋与梁中心线的交点应位于按计算不需要该钢筋的截面（图 1-2-2）之外。弯起钢筋的末端应留有锚固长度：受拉区不应小于 $20d$，受压区不应小于 $10d$，环氧树脂涂层钢筋增加 25%；R235 钢筋尚应设置半圆弯钩。

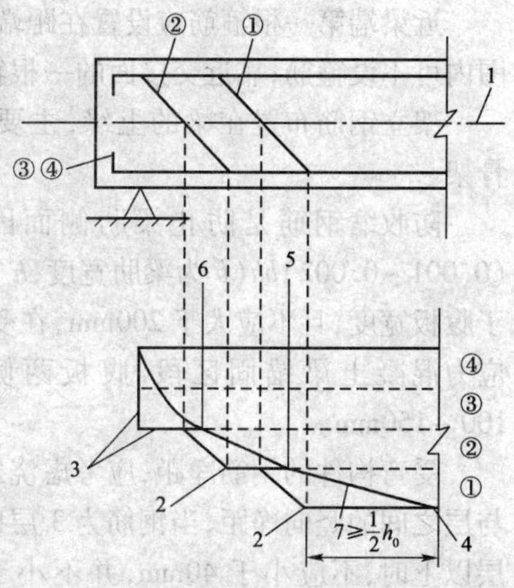

图 1-2-2　弯起钢筋弯起点位置

靠近支点的第一排弯起钢筋顶部的弯折点，简支梁或连续梁边支点应位于支座中心截面处，悬臂梁或连续梁中间支点应位于横隔梁（板）靠跨径一侧的边缘处，以后各排（跨中方向）弯起钢筋的梁顶部弯折点，应落在前一排（支点方向）弯起钢筋的梁底部弯折点处或弯折点以内。弯起钢筋不得采用浮筋。

钢筋混凝土梁采用多层焊接钢筋时，可用侧面焊缝使之形成骨架（图 1-2-1）。侧面焊缝设在弯起钢筋的弯折点处，并在中间直线部分适当设置短焊缝。

弯起钢筋应按圆弧弯折，圆弧半径（至钢筋轴线）不小于 $10d$。弯起钢筋的数量（包括根数和直径）由斜截面抗剪强度计算确定。而弯起钢筋的弯起点位置还需满足桥涵设计规范的有关要求。现行规范规定简支梁第一排（对支座而言）弯起钢筋的弯终点应位于或超过支座中心截面处，以后各排弯起钢筋的弯终点应落在或超过前一排弯起钢筋的弯起点截面。这样布置可以保证可能出现的任一条斜裂缝至少能遇到一排弯起钢筋与之相交。当纵筋弯起形成的弯起钢筋不足以承担梁的剪力时，可采用两次弯起或补充附加斜筋；当纵筋经计算不需要弯起时，其多余的纵筋可按弯矩要求在适当位置将其切断。

焊接钢筋骨架的弯起钢筋，除用纵向钢筋弯起外，亦可用专设的弯起钢筋焊接，但万不可采用不与主钢筋焊接的斜筋（浮筋）。

斜钢筋与纵向钢筋之间的焊接，宜用双面焊缝，其长度应为 $5d$，纵向钢筋之间的短焊缝应为 $2.5d$；当必须采用单面焊缝时，其长度应加倍。

箍筋的作用是抵抗剪力，其直径不小于 8mm，且不小于 1/4 主钢筋直径。其配筋率 ρ_{sv} 对于 R235 钢筋不应小于 0.18%，对于 HRB335 钢筋不应小于 0.12%。当梁中配有按受力计算需要的纵向受压钢筋或在连续梁、悬臂梁近中间支点位于负弯矩区的梁段，应采用闭合式箍筋。同时，同排内任一纵向受压钢筋，离箍筋折角处的纵向钢筋的间距不应大于 150mm 或 15 倍箍筋直径两者中较大者，否则，应设复合箍筋。相邻箍筋的弯钩接头，其位置沿纵向应交替布置。

箍筋间距不应大于梁高的 1/2 且不大于 40cm；当所箍钢筋为按受力需要的纵向受压钢筋时，不应大于所箍钢筋直径的 15 倍，且不应大于 40cm。钢筋绑扎搭接接头范围内的箍筋间距，当绑扎搭接钢筋受拉时，不应大于主钢筋直径的 5 倍，且不大于 10cm；当搭接钢筋受压时，不应大于主钢筋直径的 10 倍，且不大于 20cm。在支座中心向跨径方向长度相当于不小于 1 倍梁高范围内，箍筋间距不宜大于 10cm。

近梁端第一根箍筋应设置在距端面一个混凝土保护层距离处。梁与梁或梁与柱的交接范围内可不设箍筋；靠近交接面的一根箍筋，其与交接面的距离不宜大于 5cm。

架立钢筋布置在梁的上缘，主要起固定斜钢筋和箍筋的作用，并使梁内全部钢筋形成骨架。

防收缩钢筋是防止梁肋侧面因混凝土收缩等原因而引起开裂。其钢筋面积 $A_g = (0.001 \sim 0.002)bh$（$b$ 为梁肋宽度，h 为梁高）。钢筋直径为 6 ~ 8mm，其间距在受拉区不应大于腹板宽度，且不应大于 200mm，在受压区不应大于 300mm。在支点附近剪力较大区段和预应力混凝土梁锚固区段，腹板两侧防收缩钢筋截面面积应予以增加，钢筋间距宜为 100 ~ 150mm。

受弯构件的钢筋净距，应考虑浇筑混凝土时，振捣器可以顺利插入。各主钢筋间横向净距与层之间的竖向净距，当钢筋为 3 层以下时，不应小于 30mm，并不小于钢筋直径；当钢筋为 3 层以上时，不应小于 40mm，并不小于钢筋直径的 1.25 倍。对于束筋，此处直径采用等效直径。

在装配式 T 形梁中，钢筋数量多，如按钢筋最小净距要求（在高度方向钢筋的净距也要满足≥3cm 或≥$1.25d$ 的要求）排列就有困难，在此情况下可将钢筋叠置，并与斜筋、架立钢筋一起焊接成钢筋骨架（图 1-2-1）。试验证明，焊接钢筋骨架整体性好，能保证钢筋与混凝土共同工作，其钢筋重心位置较低，梁肋混凝土体积也较小，此外可避免大量就地绑扎工作，入模安装很快，是装配式 T 形梁桥最常用的钢筋构造形式。然而，焊接钢筋骨架的主筋与混凝土的黏结面积较小，一般说来抗裂性能稍差，因此，在实践中采用表面呈螺纹形或竹节形的钢筋，并选用较小直径的钢筋，有条件时还可将箍筋与主筋接触处点焊固结，以增大其黏结强度，从而改善其抗裂性能。

翼缘板内的受力钢筋沿横向布置在板的上缘，以承受悬臂的负弯矩。在顺桥向还应设置分布钢筋。板内主钢筋的直径不小于 10mm，间距不宜大于 200mm。分布钢筋直径不小于 8mm，间距不大于 200mm，且单位板宽内分布钢筋截面积不小于主钢筋截面积的 15%。在有横隔梁部位，分布钢筋面积应增至主钢筋面积的 30%，以承受集中轮载作用下的局部弯矩，所增加的分布钢筋每侧应从横隔梁轴线伸长 $L/4$（L 为板的跨径）的长度。

（3）板内钢筋规定

行车道板内主钢筋直径不应小于 10mm，人行道板内的主钢筋直径不应小于 8mm。在简支板跨中和连续板支点处，板内主钢筋间距不应大于 200mm，各主钢筋间横向净距与层之间的竖向净距，当钢筋为 3 层以下时，不应小于 30mm，并不小于钢筋直径；当钢筋为 3 层以上时，不应小于 40mm，并不小于钢筋直径的 1.25 倍。

行车道板内主钢筋可在沿板高中心纵轴线的 1/4 ~ 1/6 计算跨径处按 30° ~ 45°弯起。通过支点的不弯起的主钢筋，每米板宽内不应少于 3 根，并不应少于主钢筋截面面积的 1/4。

行车道板内应设置垂直于主钢筋的分布钢筋。分布钢筋设在主钢筋的内侧，其直径不应小于 8mm，间距不应大于 200mm，截面面积不宜小于板的截面面积的 0.1%。在主钢筋的弯折处，应布置分布钢筋。人行道板内分布钢筋直径不应小于6mm，其间距不应大于200mm。

布置四周支承双向板钢筋时，可将板沿纵向及横向各划分为3部分，靠边部分的宽度均为板的短边宽度的l/4。中间部分的钢筋应按计算数量设置，靠边部分的钢筋按中间部分的半数设置。钢筋间距不应大于250mm，且不应大于板厚的2倍。

斜板的钢筋可按下列规定布置(图1-2-3)：

①当整体式斜板的斜交角(板的支座轴线的垂直线与桥纵轴线的夹角)不大于15°时，主钢筋可平行于桥纵轴线方向布置。当整体式斜板斜交角大于15°时，主钢筋宜垂直于板的支座轴线方向布置，此时，在板的自由边上下应各设一条不少于3根主钢筋的平行于自由边的钢筋带，并用箍筋箍牢。在钝角部位靠近板顶的上层，应布置垂直于钝角平分线的加强钢筋，在钝角部位靠近板底的下层，应布置平行于钝角平分线的加强钢筋，加强钢筋直径不宜小于12mm，间距100～150mm，布置于钝角两侧1.0～1.5m边长的扇形面积内。

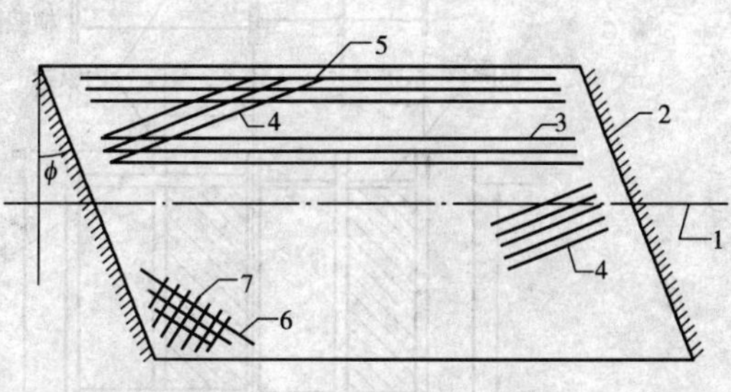

图1-2-3　斜板桥钢筋布置

1-桥纵轴线；2-支承轴线；3-顺桥纵轴线钢筋；4-与支承轴线正交钢筋；5-自由边钢筋带；6-垂直于钝角平分线的钝角钢筋；7-平行于钝角平分线的钝角钢筋

②斜板的分布钢筋宜垂直于主钢筋方向设置，其直径、间距和数量与行车道板要求相同。在斜板的支座附近宜增设平行于支座轴线的分布钢筋，或将分布钢筋向支座方向呈扇形分布，过渡到平行于支承轴线。

工序二　强度校核

项目1　简支梁桥上部结构强度校核

在施工之前，为了杜绝设计中的纰漏，要对图纸进行强度校核，检查图纸上给定的结构尺寸以及钢筋的配置能否满足受力需求。

简支梁桥上部结构强度校核计算包括桥面板(行车道板)、主梁、横隔梁、结构变形计算等。

一、行车道板的强度校核

(一)行车道板内力计算的基本概念

1. 行车道板的类型

在具有主梁和横隔梁的简单梁格[图1-2-4a)]以及具有主梁、横隔梁和内纵梁(或称副纵梁)的复杂梁格[图1-2-4b)]体系中，行车道板实际上都是周边支承的板。

根据理论研究可知，当板跨中央有作用时，如果板的长边与短边之比$l_a/l_b \geqslant 2$，则沿长边跨径方向所传递的荷载不足6%，而作用效应绝大部分沿短边跨径方向传递。因此，可以把$l_a/l_b \geqslant 2$的周边支承板看作是短边受力的单向受力板(简称单向板)来设计，而在长跨方向只要适当配置一些分布钢筋即可。对于长宽比小于2的板，则称双向板，需按两个方向的内力分别配置受力钢筋。

对于常见的$l_a/l_b \geqslant 2$的装配式T形梁桥，也可能遇到两种情况。一种是翼缘板端边为自由边[图 1-2-4c)],实际是三边支承的板,可作为沿短跨一端嵌固而另一端为自由的悬臂板来设计;另一种是相邻翼缘板端部互相做成铰接接缝的情况[图 1-2-4d)],则行车道板应按一端嵌固一端铰接的铰接悬臂板来设计。

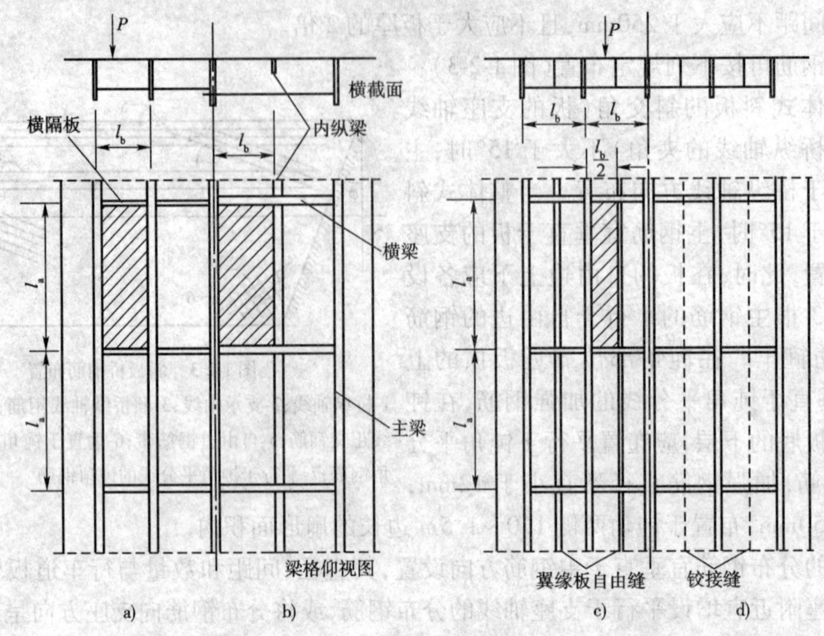

图 1-2-4　梁格构造和行车道板支承方式

综上所述,在实践中最常遇到的行车道板的受力图式为单向板、悬臂板和铰接悬臂板 3 种。至于双向行车道板,由于其用钢量大、构造复杂,目前已很少使用,这里不作介绍。

2. 车轮荷载在板上的分布

富有弹性的充气车轮与桥面的接触面实际上接近于椭圆,而且荷载又要通过铺装层扩散分布,故车轮压力在桥面板上的实际分布形式是很复杂的。为了计算方便,通常可近似地把车轮与桥面的接触面看作是 $a_2 \times b_2$ 的矩形,此处 a_2 是车轮沿行车方向的着地长度,$a_2 = 0.2\text{m}$;b_2 为车轮的着地宽度,$b_2 = 0.60\text{m}$,如图 1-2-5 所示。

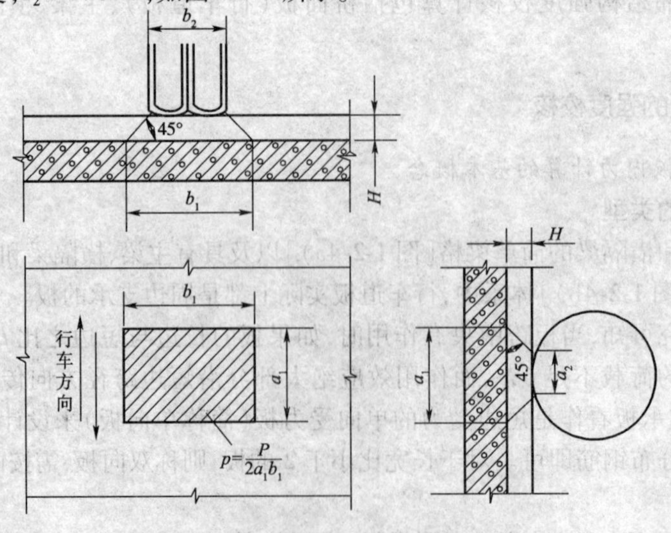

图 1-2-5　车轮荷载在板面上的分布

至于荷载在铺装层内的扩散程度，根据试验研究，对于混凝土或沥青面层，荷载可以偏安全地假定呈45°角扩散。

因此，最后作用于钢筋混凝土承重板顶面的矩形荷载压力面的边长为：

沿纵向　$a_1 = a_2 + 2H$

沿横向　$b_1 = b_2 + 2H$

式中：H——铺装层的厚度。

据此，当汽车后轮作用于桥面板上时，作用于桥面板上的局部分布荷载为：

$$p = \frac{P}{2a_1 b_1}$$

式中：P——汽车后轴的轴重力。

3. 板的有效工作宽度

板在局部分布荷载 p 的作用下，由于变形协调条件的原因，不仅直接承压部分（如宽度为 a_1）的板带参与工作，与其相邻的部分板带也会分担一部分荷载共同参与工作。因此，在桥面板计算中，就有一个如何确定板的有效工作宽度（或称荷载有效分布宽度）的问题。

图1-2-6示出了单向板沿行车方向的实际受力分布图形。当荷载以 $a_1 \times b_1$ 的分布面积作用在板上时，沿 x 和 y 方向均产生挠曲变形，这说明荷载作用下不仅直接承压的宽度为 a_1 的板条受力，其相邻的板也参与工作，共同承受车轮荷载所产生的弯矩。那么在计算中究竟以多大的板宽来承受车轮荷载产生的总弯矩呢？从图中可见，弯矩 M_x 的实际图形是呈线性分布的，在荷载处弯矩最大，离荷载愈远的板条所承受的弯矩愈小。如果设想以 $a \times M_{xmax}$ 的矩形来替代此曲线图形，则有：

$$a \times m_{xmax} = \int m_x \mathrm{d}y = M$$

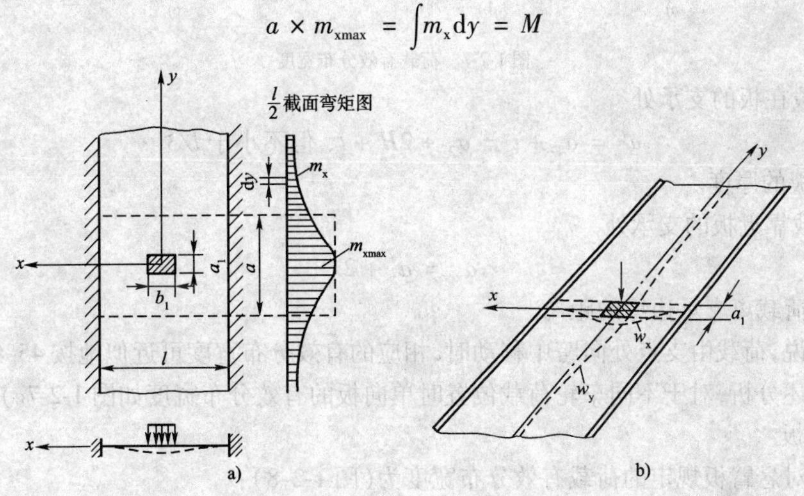

图1-2-6　行车道板的受力状态

得到弯矩图形的换算宽度为：

$$a = \frac{M}{m_{xmax}}$$

式中：M——车轮荷载产生的总弯矩；

m_{xmax}——荷载处的最大单宽弯矩值，可按弹性的理论算得。

上式的 a 我们就定义为板的有效工作宽度，也就是将荷载作用下沿行车方向板上产生的不均匀的弯矩按中间最大弯矩值折合成分布在一定宽度范围内的均匀最大弯矩，以此宽度承受车轮荷载的总弯矩，此宽度即为板的有效工作宽度。

为了计算方便，规范中对于单向板和悬臂板的荷载有效分布宽度作了如下规定：

1）单向板

（1）荷载在跨径中间

对于单独一个荷载［图1-2-7a）］：

$$a = a_1 + \frac{l}{3} = a_2 + 2H + \frac{l}{3}, \quad \text{但不小于} \frac{2}{3}l$$

这里 l 为板的计算跨径。

对于几个靠近的相同荷载，如按上式计算所得各相邻荷载的有效分布宽度发生重叠时，应按相邻靠近的荷载一起计算其有效分布宽度［图1-2-7b）］：

$$a = a_1 + d + \frac{l}{3} = a_2 + 2H + d + \frac{l}{3}$$

式中：d——最外两个荷载的中心距离。

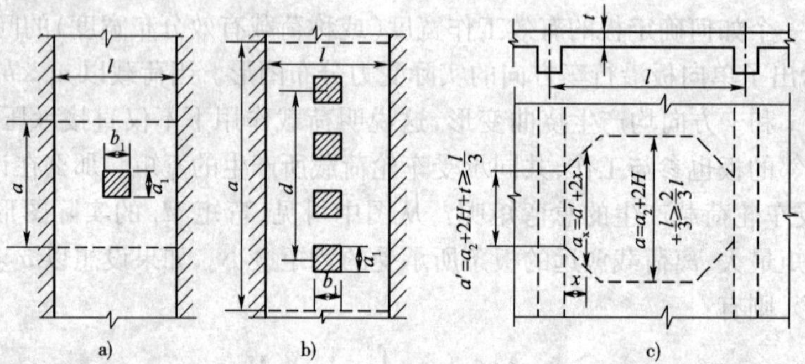

图1-2-7　荷载有效分布宽度

（2）荷载在板的支承处

$$a' = a_1 + t = a_2 + 2H + t, \text{但不小于}\ l/3$$

式中：t——板的厚度。

（3）荷载靠近板的支承处

$$a_x = a' + 2x$$

式中：x——荷载离支承边缘的距离。

这就是说，荷载由支点处向跨中移动时，相应的有效分布宽度可近似地按45°线过渡。

根据上述分析，对于不同车轮荷载位置时单向板的有效分布宽度如图1-2-7c）所示。

2）悬臂板

桥规中对悬臂板规定的荷载有效分布宽度为（图1-2-8）：

$$a = a_2 + 2H + 2b' = a_1 + 2b'$$

式中：b'——承重板上荷载压力面外侧边缘至悬臂板根部的距离。

对于分布荷载靠近板边的最不利情况，b'就等于悬臂板的跨径 l_0，于是：

$$a = a_1 + 2l_0$$

4. 行车道板的内力计算

对于实体的矩形行车道板通常由弯矩控制设计。设计时，习惯以每米宽板条来进行计算比较方便，借助板的有效工作宽度，就不难得到作用在每米宽板条上的荷载和其引起的弯矩。下面对几种行车道板的图式说明其内力的计算方法。

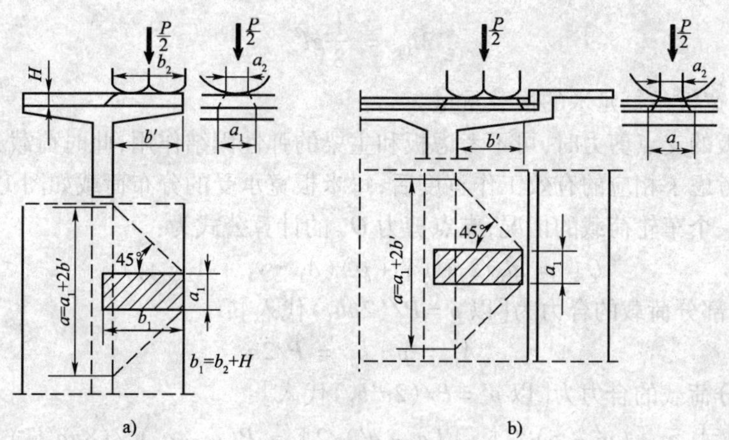

图 1-2-8　悬臂板的有效分布宽度

1）多跨连续单向板的内力

常见的行车道板与梁肋系整体相连。因此，各根主梁的不均匀弹性下沉和梁肋本身的扭转刚度必然会影响到行车道板的内力，实际上，行车道板与主梁梁肋的支承条件，既不是固结，也不是铰支，而应该考虑按弹性固结，所以行车道板的实际受力情况是相当复杂的。目前，通常采用较简便的近似方法进行计算。对于弯矩，先算出一个跨度相同的简支板在恒载和活载作用下的跨中弯矩 M_0，再乘以偏安全的经验系数加以修正，以求得支点处和跨中截面的设计弯矩。弯矩修正系数可视板厚 t 与梁肋高度 h 的比值来选用：

当 $t/h<1/4$ 时（即主梁抗扭能力较大）：

跨中弯矩　$M_{中}=+0.5M_0$

支点弯矩　$M_{中}=-0.7M_0$

当 $t/h\geqslant1/4$ 时（主梁抗扭能力较小）：

跨中弯矩　$M_{中}=+0.7M_0$

支点弯矩　$M_{支}=-0.7M_0$

式中：$M_0=M_{0P}+M_{0g}$

M_{0P}为 1m 宽简支板条的跨中活载弯矩［图 1-2-9a）］，对于汽车荷载：

$$M_{0P}=(1+\mu)\cdot\frac{P}{8a}\left(l-\frac{b_1}{2}\right)$$

式中：P——加重车后轴的轴重；

a——板的有效工作宽度；

l——板的计算跨径，当梁肋不宽时（如窄肋 T 形梁）就取梁肋中距；当主梁肋部宽度较大时（如箱形梁肋），可取梁肋间的净距和板厚，即 $l=l_0+t$，但不大于 l_0+b，此处 l_0 为板的净跨径，b 为梁肋宽度；

$(1+\mu)$——冲击系数，对于行车道板通常为 1.3。

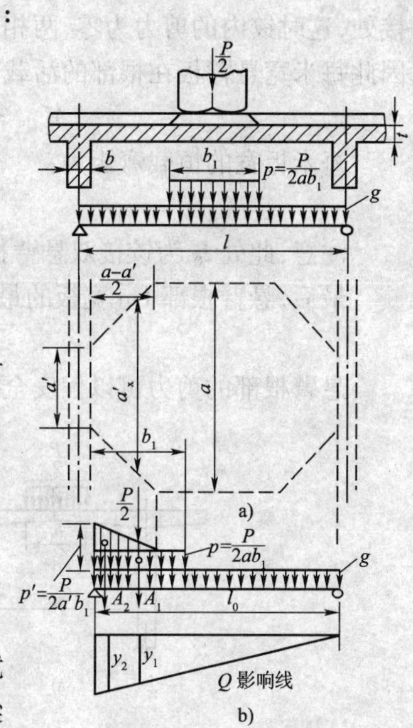

图 1-2-9　单向板内力计算

a）跨中弯矩；b）求支点剪力图式

如遇板的跨径较大，可能还有第 2 个车轮进入跨径内时，可按工程力学方法将荷载布置得使跨中弯矩为最大。

M_{0g}为每米板宽的跨中恒载弯矩，可由下式计算：

$$M_{0g} = \frac{1}{8}gl^2$$

式中：g——1m 宽板条每延米的恒载重量。

计算单向板的支点剪力时，可不考虑板和主梁的弹性固结作用，此时荷载必须尽量靠近梁肋边缘布置。考虑了相应的有效工作宽度后，每米板宽承受的分布荷载如图 1-2-9b）所示。对于跨径内只有一个车轮荷载的情况，支点剪力 $Q_{支}$ 的计算公式为：

$$Q_{支} = gl_0/2 + (1+\mu)(A_1 \cdot y_1 + A_2 \cdot y_2)$$

其中，矩形部分荷载的合力为［以 $p = P/(2ab_1)$ 代入］：

$$A_1 = p \cdot b_1 = P/2a$$

三角形部分荷载的合力为［以 $p' = P/(2a'b_1)$ 代入］：

$$A_2 = [(p'-p)/2] \cdot [(a-a')/2] = P(a-a')^2/(8aa'b_1)$$

式中：p、p'——对应于有效工作宽度 a 和 a' 处的荷载强度；

y_1、y_2——对应于荷载合力 A_1 和 A_2 的支点剪力影响线竖标值；

l_0——板的净跨径。

如跨径内不止 1 个车轮进入时，尚应计及其他车轮的影响。

2）铰接悬臂板的内力

T 形梁翼缘板作为行车道板往往用铰接的方式连接，最大弯矩在悬臂根部。

根据计算分析可知，计算活载弯矩 M_{AP} 时，最不利的荷载位置是把车轮荷载对中布置在铰接处，这时铰内的剪力为零，两相邻悬臂板各承受半个车轮荷载，即 $P/4$，如图 1-2-10a）所示。因此每米宽悬臂板在根部的活载弯矩为：

$$M_{AP} = -(1+\mu) \cdot P/4a \cdot (l_0 - b_1/4)$$

每米板宽的恒载弯矩为：

$$M_{Ag} = -gl_0^2/2$$

注意，此处 l_0 为铰接双悬臂板的净跨径。

最后，悬臂根部 1m 宽板的最大弯矩为：

$$M_A = M_{AP} + M_{Ag}$$

悬臂根部的剪力可以偏安全地按一般悬臂板的图式来计算。

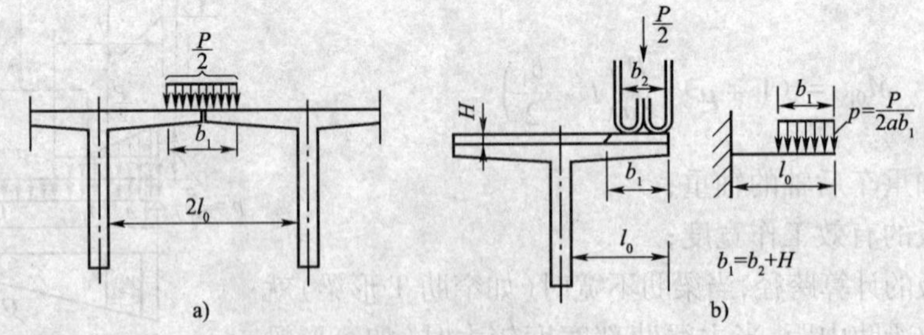

图 1-2-10　悬臂板计算图式

3）悬臂板的内力

对于沿纵缝不相连接的悬臂板，在计算根部最大弯矩时，应将车轮荷载靠板的边缘布置，此时 $b_1 = b_2 + H$，如图 1-2-10b）所示。则恒载和活载弯矩值可由一般公式求得：

活载弯矩：$M_{AP} = -(1+\mu) \cdot \frac{1}{2}pl_0^2 = -(1+\mu) \cdot \frac{P}{4ab_1} \cdot l_0^2$　　（$b_1 \geqslant L_0$ 时）

或 $M_{AP} = -(1+\mu) \cdot pb_1(l_0 - \frac{b_1}{2}) = -(1+\mu)\frac{P}{2a}(l_0 - \frac{b_1}{2})$ $(b_1 < L_0$ 时)

式中：$p = \frac{P}{2ab_1}$ ——作用在每米宽板条上的每延米荷载强度。

l_0——悬臂板的长度。

恒载弯矩： $M_{Ag} = -\frac{1}{2}gl_0^2$

同理，最后可得 1m 宽板条的最大设计弯矩为：

$$M_A = M_{AP} + M_{Ag}$$

剪力： $Q = gl_0 + (1+\mu)pl_0$ $(b_1 \geqslant l_0$ 时)

或 $Q = gl_0 + (1+\mu)P/(2a)$ $(b_1 < l_0$时)

(二)行车道板的强度校核实例

校核图 1-2-11 所示 T 梁翼板所构成铰接悬臂板的强度。荷载为公路 —Ⅰ级，桥面铺装为 2cm 的沥青混凝土面层(重度为 23.0kN/m^3)和平均 9cm 厚 C25 混凝土垫层(重度为 24.0kN/m^3)，T 梁翼板的重度为 25.0kN/m^3。

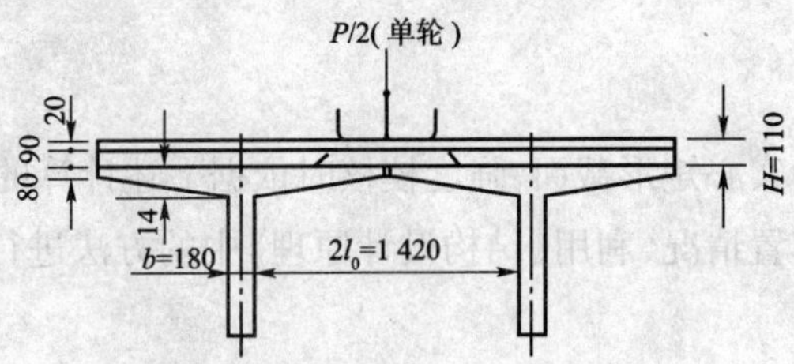

图 1-2-11 铰接悬臂行车道板(尺寸单位：cm)

1. 结构重力及其内力(以纵向 1m 宽的板条进行计算)

1)每延米板上的结构重力 g：

沥青混凝土面层 g_1：$0.02 \times 1.0 \times 23.0 = 0.46$kN/m

C25 混凝土垫层 g_2：$0.09 \times 1.0 \times 24.0 = 2.16$kN/m

T 梁翼板自重 g_3：$[(0.08 + 0.14)/2] \times 1.0 \times 25.0 = 2.75$kN/m

合力：$g = \sum g_i = 5.37$ kN/m

2)每米宽板条的结构重力内力

弯矩 $M_{Ag} = -gl_0^2/2 = -5.37 \times 0.71^2/2 = -1.35$kN·m

剪力 $Q_{Ag} = g \cdot l_0 = 5.37 \times 0.71 = 3.81$kN

2. 公路 —Ⅰ级荷载产生的内力

将加重车后轮作用于铰缝轴线上，后轴作用力为 P = 140kN，轮压分布宽度如图 1-2-12 所示。加重车后轮的着地长度为 $a_2 = 0.20$m，宽度为 $b_2 = 0.60$m，则得：

$$a_1 = a_2 + 2H = 0.20 + 2 \times 0.11 = 0.42\text{m}$$

$$b_1 = b_2 + 2H = 0.60 + 2 \times 0.11 = 0.82\text{m}$$

荷载对于悬臂根部的有效分布宽度：

$$a = a_1 + 2l_0 = 0.42 + 1.4 + 2 \times 0.71 = 3.24\text{m}$$

冲击系数 $1 + \mu = 1.3$

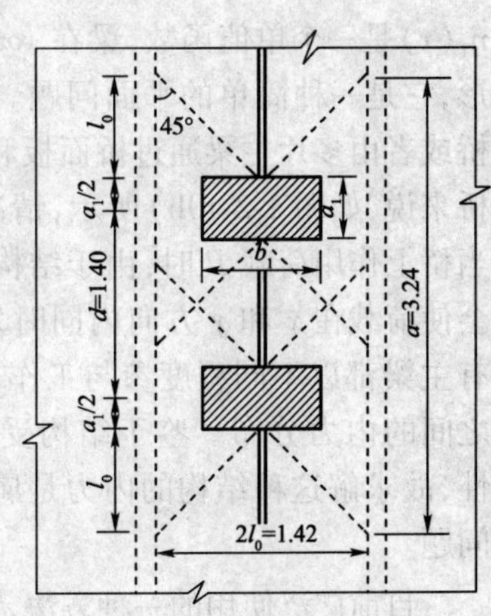

图 1-2-12 汽车荷载的计算图式(尺寸单位：m)

作用于每米宽板条上的弯矩为:

$$M_{AP} = -(1+\mu)\ P/(4a)\cdot(l_0 - b_1/4)$$
$$= -1.3\times(140\times2)/(4\times3.24)\times(0.71-0.82/4)$$
$$= -14.18\text{kN}\cdot\text{m}$$

作用于每米宽板条上的剪力为:

$$Q_{AP} = (1+\mu)P/(4a) = 1.3\times(140\times2)/(4\times3.24) = 28.09\text{kN}$$

3. 作用效应组合

根据桥规中规定,当按承载能力极限状态设计时,其作用效应组合为:

$$\gamma_0 S_{ud} = \gamma_0(\sum_{i=1}^{m}\gamma_{Gi}S_{Gik} + \gamma_{Q1}S_{Q1k})$$

式中,$\gamma_0 = 1.0, m = 1, \gamma_{Gi} = 1.2, \gamma_{Q1} = 1.4$。

弯矩:$M_A = 1.2M_{Ag} + 1.4\ M_{AP} = 1.2\times(-1.35) + 1.4\times(-14.18)$

$= -21.47\text{kN}\cdot\text{m}$

剪力:$Q_A = 1.2Q_{Ag} + 1.4Q_{AP} = 1.2\times3.81 + 1.4\times28.09 = 43.90\text{kN}$

上述的 M_A、Q_A 是根据图纸当中给定的结构尺寸和设计荷载计算出的该桥 T 梁翼缘板的实际受力值。

4. 强度校核

对于行车道板多数为实心矩形截面,强度校核时依据上述计算的 M_A、Q_A 作为设计值和主板钢筋大样图中钢筋的布置情况,利用《结构设计原理》中的方法进行强度校核即可。

二、主梁强度校核

(一)主梁内力计算基本概念

1. 荷载横向分布计算

在桥梁上的作用包括结构重力与活载。结构重力的计算比较简单,下面先以熟知的单梁内力计算作比较,来阐明一座梁式桥在活载作用下内力计算的特点。

对于图 1-2-13a)所示的单梁来说,如以 $\eta_1(x)$ 表示梁上某一截面的内力影响线,则就可方便地计算该截面的内力值 $S = P\cdot\eta_1(x)$。这里的 $\eta_1(x)$ 是一个单值函数,梁在 xoz 平面内受力和变形,它是一种简单的平面问题。对于一座梁式板桥或者由多片主梁通过桥面板和横隔梁组成的梁桥来说,如图 1-2-10b)所示,情况就完全不同了。当桥上作用荷载 P 时,由于结构的横向刚性必然会使荷载在 x 和 y 方向内同时发生传布,并使所有主梁都以不同程度参与工作,形成了各片主梁之间的内力分布。鉴于结构受力和变形的空间性,故求解这种结构的内力是属于空间计算理论问题。

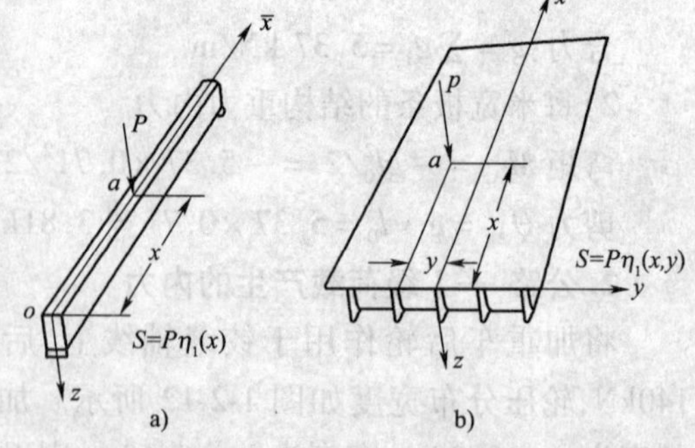

图 1-2-13　荷载作用下的内力计算

a)在单梁上;b)在梁式桥上

目前广泛使用的一种方法,是将复杂的空间问题合理转化成图 1-2-10a)所示简单的平面问题来求解。这种方法的实质是将前述的影响面 $\eta(x,y)$ 分离成两个单值函数的乘积,即 $\eta_1(x)\cdot\eta_2(y)$,因此,对于某根主梁某一截面的内力值就可表示为:

$$S = P \cdot \eta(x,y) = P \cdot \eta_1(x) \cdot \eta_2(y)$$

在上式中，$\eta_1(x)$就是单梁某一截面的内力影响线[图 1-2-13a)]，如果我们将 $\eta_2(y)$看作是单位荷载沿横向作用在不同位置时对某梁所分配的荷载比值变化曲线，也称作对于某梁的荷载横向分布影响线，则 $P \cdot \eta_2(y)$就是当 P 作用于 $a(x,y)$点时沿横向分布给某梁的荷载[图 1-2-13b)]，暂以 P'表示，即 $P' = P \cdot \eta_2(y)$。这样，就可完全像图 1-2-13a)所示平面问题一样，求得某梁上某截面的内力值，这就是利用荷载横向分布来计算内力的基本原理。

下面再进一步阐明当桥上作用着车辆荷载时荷载横向分布系数的概念。图 1-2-14a)表示桥上作用着一辆前后轴各重 P_1和 P_2 的汽车荷载，相应的轮重为 $P_1/2$ 和 $P_2/2$。如欲求 3 号梁 k 点的截面内力，则可先用对于 3 号梁的荷载横向分布影响线求出桥上横向各排轮重对该梁分布的总荷载(按横向最不利荷载位置求最大值)，然后再用这些荷载通过单梁 k 点截面的内力影响线来计算 3 号梁该截面的最大内力值。显然，如果桥梁的结构一定，轮重在桥上的位置也确定，则分布至 3 号梁的荷载也是一个定值。在桥梁设计中，通常用一个表征荷载分布程度的系数 m 与轴重的乘积来表示这个定值，因此前后轴的两排轮重分布至 3 号梁的荷载可分别表示为 mP_1 和 mP_2[图 1-2-14b)]。这个 m 就称为荷载横向分布系数，它表示某根主梁(这里指 3 号梁)所承担的最大荷载是各个轴重的倍数(通常小于 1)。即某根主梁所受的最大车辆荷载可以用一列车辆的荷载乘一个系数来表示，这个系数就叫做荷载横向分布系数。得到 m 后就可把梁桥中所求主梁看作是作用了荷载为 mP_i 的单梁，从而计算它的内力。在计算荷载横向分布系数时，对汽车而言，轮重力为 $P/2$。则在汽车荷载作用下，某梁某一截面受到的最大荷载为：

$$P = \frac{P}{2}(\eta_1 + \eta_2 + \eta_3 + \eta_4 + \cdots) = \frac{P}{2}\sum \eta_i = m_q P$$

即

$$m_q = \frac{1}{2}\sum \eta_i$$

式中：η_1、$\eta_2\cdots$ ——汽车车轮所在位置下的影响线竖标值；

m_q——汽车荷载横向分布系数。

主梁内力计算的首要问题是计算荷载横向分布系数，对于梁式桥可采用下面几种方法进行荷载横向分布系数的计算。

1)杠杆原理法

(1)计算原理

按杠杆原理法进行荷载横向分布的计算，其基本假定是忽略主梁之间横向联系作用，即假设桥面板在主梁上断开，而当作沿横向支承在主梁上的简支梁或悬臂梁来考虑。

图 1-2-15a)所示即为桥面板直接搁在工字形主梁上的装配式桥梁。当桥上有车辆荷载作用时，很明显，作用在左边悬臂板上的轮重 $P_1/2$ 只传递至 1 号和 2 号梁，作用在中部简支板上者只传给 2 号和 3 号梁，见图 1-2-15b)。也就是，板上的轮重 $P_1/2$ 各按简支梁反力的方式分配给左右两根主梁，而反力 R_i 的大小只要利用简支板的静力平衡条件即可求出，这就是通常所谓作用力平衡的“杠杆原理”。如果主梁所支承的相邻两块板上都有荷载，则该梁所受的荷载是两个支承反力之和，如图 1-2-15b)中 2 号梁所受的荷载为 $R_2 = R'_2 + R''_2$。

为了求梁所受的最大荷载，通常可利用反力影响线来进行，在此情况下，它也就是计算荷载横向分布系数的横向影响线，如图 1-2-16 所示。

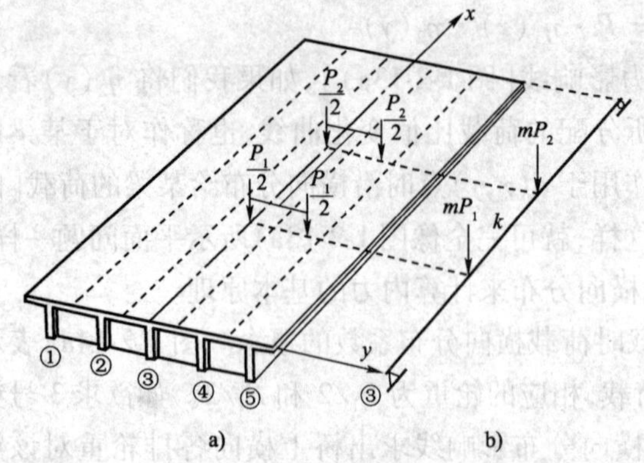

图 1-2-14 车轮荷载在桥上的横向分布

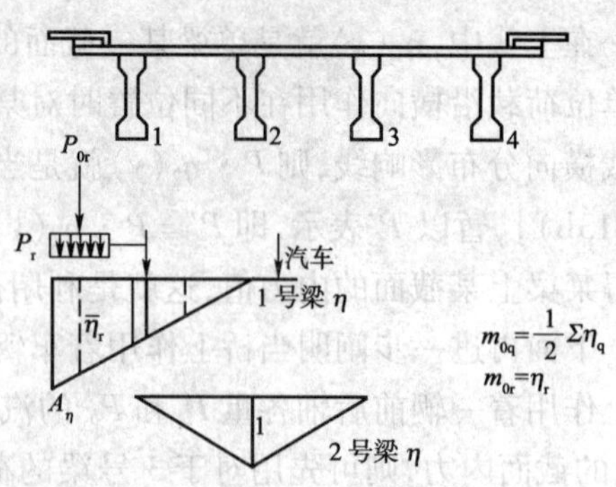

图 1-2-15 按杠杆原理受力图式

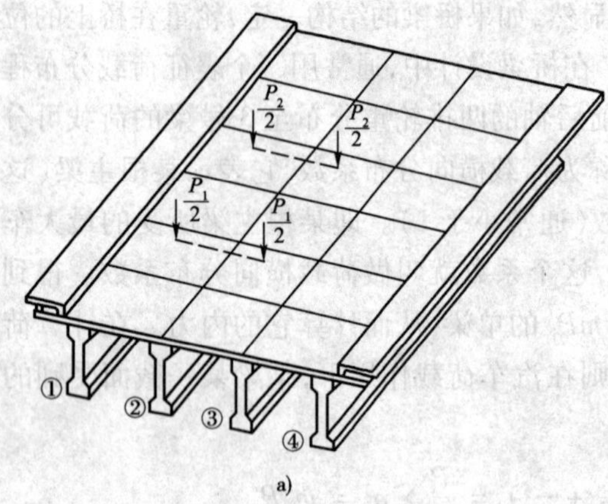

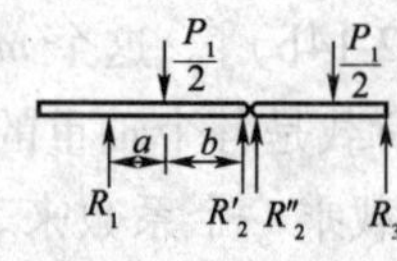

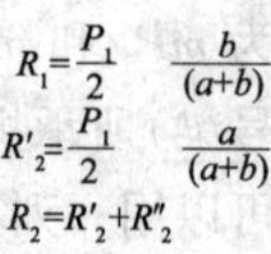

图 1-2-16 按杠杆原理计算荷载横向分布系数

有了各根主梁的荷载横向分布影响线，就可根据各种活载的最不利位置求得相应的横向分布系数 m_0。

(2)适用场合

当荷载位于支点处时，应按杠杆原理法计算荷载横向分布系数。

2)偏心压力法

(1)适用条件

在混凝土梁桥上，当设置了具有可靠横向联结的中间横隔梁，且在桥的宽跨比 B/L 小于或接近于 0.5 时(一般称为窄桥)，车辆荷载作用下中间横隔梁的弹性挠曲变形同主梁的相比微不足道。也就是说，中间横隔梁像一根刚度无穷大的刚性梁一样保持直线的形状。如图 1-2-17所示，图中 w 表示桥跨中央的竖向挠度。从桥上受载后各主梁的变形(挠度)规律来看，它完全类似于一般材料力学中杆件偏心受压的情况，这就是偏心受压法计算荷载横向分布的基本前提。鉴于横隔梁无限刚性的假定，此法也称“刚性横梁法”。

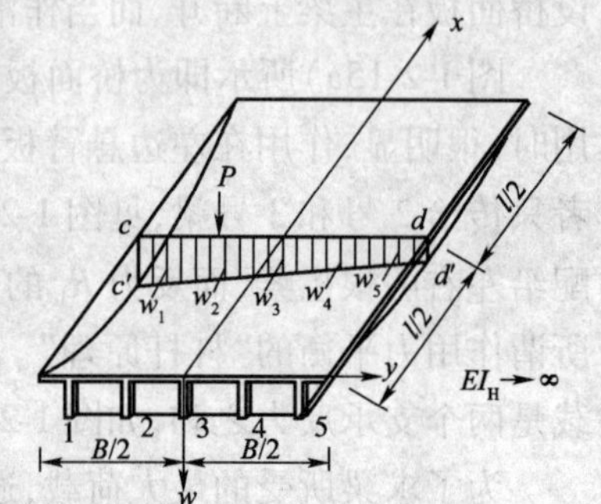

图 1-2-17 桥梁挠曲变形(刚性横梁)

下面就根据上述假定来分析荷载对各主梁的横向分布。

(2)偏心荷载 P 对各主梁的荷载分布

从图 1-2-17 中可见，在偏心荷载 P 作用下，由于各根梁的挠曲变形，刚性的中间横隔梁将从原来的 $c-d$ 位置变位至

$c'-d'$，呈一根倾斜的直线；靠近 P 的边梁 1 的跨中挠度 w_1 最大，远离 P 的边梁 5 的跨中挠度 w_5 最小（也可能出现负值），其他任意梁的跨中挠度均按 $c'-d'$ 线呈直线规律分布。因为在弹性范围内某根主梁所受到的荷载 R_i 是与该荷载所产生的弹性挠度 w_i 成正比例的，所以在上述情况下，边梁 1 受的荷载最大，边梁 5 受的荷载最小（也可能承受反向荷载）。由此可以得出结论：在中间横隔梁刚度相当大的窄桥上，在沿横向偏心布置的活载作用下，总是靠近活载一侧的边梁受载最大。

为了计算 1 号边梁所受的荷载，现在考察图 1-2-15所示在跨中有单位荷载 $P=1$ 作用在左边 1 号梁梁轴上（偏心距为 e）时的荷载分布情况。作为一般的情形，假定各主梁的惯性矩 I_i 是不相等的（实践中往往有边梁大于中间主梁的场合）。显然，对于具有近似刚性中间横隔梁的结构，图 1-2-18a）的荷载可以用作用于桥轴线的中心荷载 $P=1$ 和偏心力矩 $M=1\cdot e$ 来替代，如图 1-2-18b）所示。因此，只要分别求出上述两种荷载下［图 1-2-18c）和 d）］对于各主梁的作用力，并将它们相应地叠加，便可得到偏心荷载 $P=1$ 对各根主梁的荷载横向分布。

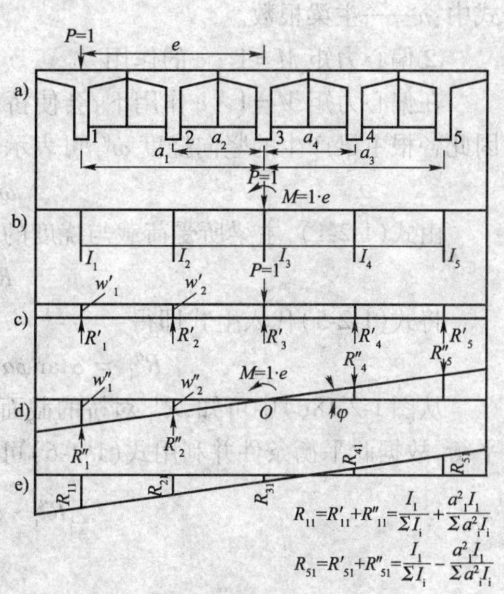

图 1-2-18　偏心荷载 $P=1$ 对各主梁的荷载分布图

①中心荷载 $P=1$ 的作用

由于假定中间横隔梁是刚性的，且横截面对称于桥中线，各根主梁就产生同样的挠度［图 1-2-18c）］，即：$w'_1=w'_2=\cdots=w'_n$。

根据材料力学，作用于简支梁跨中的荷载（即主梁所分担的荷载）与挠度的关系为：

$$w'_i=\frac{R'_i l^3}{48EI_i} \text{或} R'_i=\alpha I_i w'_i \tag{1-2-1}$$

式中，$\alpha=\frac{48E}{l^3}=$常数。

由静力平衡条件并代入式（1-2-1），可得

$$\sum_{i=1}^{n}R'_i=\alpha\omega'_i\sum_{i=1}^{n}I_i=1$$

故

$$\alpha\omega'_i=\frac{1}{\sum\limits_{i=1}^{n}I_i} \tag{1-2-2}$$

将上式代入式（1-2-1），即得中心荷载 $P=1$ 在各主梁间的荷载分布为

$$R'_i=\frac{I_i}{\sum\limits_{i=1}^{n}I_i} \tag{1-2-3}$$

对于 1 号梁

$$R'_i=\frac{I_1}{\sum\limits_{i=1}^{n}I_i} \tag{1-2-3'}$$

式中：I_1——1 号梁（边梁）的抗弯惯性矩；

$\sum_{i=1}^{n} I_i$——桥梁横截面内所有主梁抗弯惯性矩的总和，对于已经确定的桥梁横截面，它是常数。

如果各主梁的截面均相同，则得：

$$R'_1 = R'_2 = \cdots = R'_n = \frac{1}{n} \tag{1-2-4}$$

式中：n——主梁根数。

②偏心力矩 $M = 1 \cdot e$ 的作用

在偏心力矩 $M = 1 \cdot e$ 作用下，会使桥的横截面产生绕中心点 O 的转角 φ［图 1-2-18d)］，因此各根主梁产生的竖向挠度 ω''_i 可表示

$$\omega''_i = a_i \tan\varphi \tag{1-2-5}$$

由式(1-2-1)，主梁所受荷载与挠度的关系为：

$$R''_i = \alpha I_i \omega''_i$$

将式(1-2-5)代入上式即得

$$R''_i = \alpha \tan\varphi a_i I_i = \beta a_i I_i (\beta = \alpha \tan\varphi) \tag{1-2-6}$$

从图 1-2-18d)中可知，R''_i 对桥的截面中心点 O 所形成的反力矩之和应与外力矩 $M = 1 \cdot e$ 平衡，故据此平衡条件并利用式(1-2-6)可得

$$\sum_{i=1}^{n} R''_i \cdot a_i = \beta \sum_{i=1}^{n} a_i^2 I_i = 1 \cdot e$$

$$\beta = \frac{e}{\sum_{i=1}^{n} a_i^2 I_i} \tag{1-2-7}$$

式中，$\sum_{i=1}^{n} a_i^2 I_i = a_1^2 I_1 + a_2^2 I_2 + \cdots + a_n^2 I_n$，对于已经确定的桥梁截面，它是常数。

将式(1-2-7)代入式(1-2-6)，即得偏心力矩 $M = 1 \cdot e$ 作用下各主梁所分配的荷载为：

$$R''_i = \frac{e a_i I_i}{\sum_{i=1}^{n} a_i^2 I_i} \tag{1-2-8}$$

注意，上式中的荷载位置 e 和梁位 a_i 是具有共同原点 O 的横坐标值，因此在取值时应当计入正、负号。当 e 和 a_i 位于同一侧时，两者的乘积取正号，反之取负号。故对于 1 号边梁为

$$R''_1 = \frac{e a_1 I_1}{\sum_{i=1}^{n} a_i^2 I_i} \tag{1-2-8'}$$

若以 $e = a_1$ 代入上式，即荷载也作用在 1 号边梁轴线上时，就有

$$R''_{11} = \frac{a_1^2 I_1}{\sum_{i=1}^{n} a_i^2 I_i} \tag{1-2-9}$$

如果各根主梁的截面均相同，则

$$R''_{11} = \frac{a_1^2}{\sum_{i=1}^{n} a_i^2} \tag{1-2-10}$$

式中，R''_{11} 的第二个脚标表示荷载作用位置，第一个脚标表示由于该荷载引起反力的梁号。

③偏心荷载 $P = 1$ 对各主梁的总作用

将式(1-2-3)和式(1-2-8)相叠加,并设荷载位于 K 号梁轴上($e = a_k$),就可写出任意 i 号主梁荷载分布的一般公式为

$$R_{ik} = \frac{I_i}{\sum_{i=1}^{n} I_i} + \frac{a_i a_k I_i}{\sum_{i=1}^{n} a_i^2 I_i} \tag{1-2-11}$$

由此也不难得到关系式

$$R_{ik} = R_{ki} \frac{I_i}{I_k} \tag{1-2-12}$$

对于图 1-2-16 的情形,如欲求 $P=1$ 作用在 1 号梁轴线上时边主梁(1 号梁和 5 号梁)所受的总荷载,只要在式(1-2-11)中,将 a_k 代入 a_1,将 $a_i I_i$ 分别代以 $a_1 I_1$ 和 $a_5 I_5$,并注意到 $I_5 = I_1$ 和 $a_5 = -a_1$,则得:

$$R_{11} = \frac{I_1}{\sum_{i=1}^{n} I_i} + \frac{a_1^2 I_1}{\sum_{i=1}^{n} a_i^2 I_i} \tag{1-2-13}$$

$$R_{51} = \frac{I_1}{\sum_{i=1}^{n} I_i} - \frac{a_1^2 I_1}{\sum_{i=1}^{n} a_i^2 I_i} \tag{1-2-13$'$}$$

求得了各根梁所受的荷载 R_{11}、R_{21}、…、R_{n1},就可绘出 $P=1$ 作用在 1 号梁上时对各主梁的荷载分布图式,如图 1-2-18e)所示。鉴于 R_{i1} 图形呈直线分布,这一点从各梁挠度呈直线规律变化也不难加以证明,故实际上只要计算两根边梁的荷载值 R_{11} 和 R_{51} 就足够了。

(3)利用荷载横向影响线求主梁的荷载横向分布系数

以上论述了沿桥的横向只有一个集中荷载作用的情况,然而,实际沿桥宽作用的车轮荷载不止一个,因此为方便起见,通常利用荷载横向影响线来计算横向一排(几个)荷载对某根主梁的总影响。

已经知道,当单位荷载 $P=1$ 作用在桥跨中任一主梁 k 轴线上时,对各根主梁的荷载横向分布为 R_{ik},利用式(1-2-12)的关系,就可得到荷载 $P=1$ 作用在任意梁轴线上时分布至 k 号梁的荷载为

$$R_{ki} = R_{ik} \cdot \frac{I_k}{I_i}$$

这就是 k 号梁的荷载横向影响线在各梁位处的竖标值,通常写成 η_{ki}($i=1$、2、…、n)。如果各根主梁的截面尺寸相同,则 $\eta_{ki} = R_{ki} = R_{ik}$。

如以 1 号梁为例,它的横向影响线的两个控制竖标值就是:

$$\eta_{11} = R_{11} = \frac{I_1}{\sum_{i=1}^{n} I_i} + \frac{a_1^2 I_1}{\sum_{i=1}^{n} a_i^2 I_i} \tag{1-2-14}$$

$$\eta_{15} = R_{51} = \frac{I_1}{\sum_{i=1}^{n} I_i} - \frac{a_1^2 I_1}{\sum_{i=1}^{n} a_i^2 I_i} \tag{1-2-14$'$}$$

倘若各主梁的截面均相同,上式可简化成:

$$\eta_{11} = \frac{1}{n} + \frac{a_1^2}{\sum_{i=1}^{n} a_i^2} \tag{1-2-15}$$

$$\eta_{15} = \frac{1}{n} - \frac{a_1^2}{\sum_{i=1}^{n} a_i^2} \tag{1-2-16}$$

有了荷载横向影响线,就可以根据荷载沿横向的最不利位置来计算相应的横向分布系数,从而求得其所受的最大荷载。

相关链接　修正偏心压力法

偏心压力法具有概念清楚、公式简明和计算方便等优点,然而其在推演中由于作了横隔梁近似绝对刚性和忽略主梁抗扭刚度的两项假定,这就导致了边梁受力偏大的计算结果。因此,以往在实用计算中,也有将按偏心压力法求得的边梁最大横向分布系数乘以0.9加以约略折减。

为了弥补偏心压力法的不足,国内外也广泛地采用考虑主梁抗扭刚度的修正偏心压力法。这一方法既不失偏压法之优点,又避免了结果偏大的缺陷,因此修正偏压法是一个具有较高实用价值的近似法。

我们已知用偏心压力法计算荷载横向影响线坐标(以1号梁为例)的公式为:

$$\eta_{1i} = \frac{I_1}{\sum I_i} \pm \frac{ea_1 I_1}{\sum a_i^2 I_i}$$

上式中等号右边第一项是由中心荷载 $P=1$ 所引起,此时各主梁只发生挠度而无转动,显然它与主梁的抗扭无关。等号右边的第二项源出于偏心力矩 $M=1\cdot e$ 的作用,此时,由于截面的转动,各主梁不仅发生竖向挠度,而且还必然同时引起扭转,可是在算式中却没有计入主梁的抗扭作用。由此可见,要计入主梁抗扭影响,只需对等式第二项给予修正。

与偏心压力法公式不同点仅在于第二项乘了小于1的抗扭修正系数 β,所以此法称为"修正偏心压力法"。

对于简支梁桥,如果主梁的截面均相同,即 $I_i=I, I_{Ti}=I_T$,并且跨中荷载 $P=1$ 作用在1号梁上,即 $e=a_1$,此时:

$$\beta = \frac{1}{1 + \frac{nl^2 GI_T}{12EI\sum a_i^2}}$$

当主梁的间距相同时,式中:

$$\frac{n}{12\sum a_i^2} = \frac{\xi}{B^2}$$

式中:n——主梁根数;

B——桥宽;

ξ——与主梁根数有关的系数,如表1-2-3所示。

表1-2-3

n	4	5	6	7
ξ	1.067	1.042	1.028	1.021

$$\beta = \frac{1}{1 + \xi \frac{GI_T}{EI}\left(\frac{l}{B}\right)^2}$$

从式中可以看出，$\frac{l}{B}$愈大的桥，抗扭刚度对横向分布系数的影响也愈大。

在计算时，式中混凝土的剪切模量 G 可取等于 $0.425E$；对于由矩形组合而成的梁截面，如T形或I字形梁，其抗扭惯矩 I_T 近似等于各个矩形截面的抗扭惯矩之和：

$$I_T = \sum_{i=1}^{m} c_i b_i t_i^3$$

式中：b_i、t_i——相应为单个矩形截面的宽度和厚度；

c_i——矩形截面抗扭刚度系数，根据 t/b 比值按表1-2-4取值；

m——梁截面划分成单个矩形截面的块数。

矩形截面抗扭刚度系数 表1-2-4

t/b	1	0.9	0.8	0.7	0.6	0.5	0.4	0.3	0.2	0.1	<0.1
c	0.141	0.155	0.171	0.189	0.209	0.229	0.250	0.270	0.291	0.312	1/3

3)刚接梁法

(1)刚接梁法适用条件

对于相邻二片主梁的连接处可以承受弯矩的，或虽然桥面系没有经过构造处理，但设有多片内横隔梁的，或桥面浇筑成一块整体板的桥跨结构，都可以看作是刚接梁系。它们的荷载横向分布计算都可以采用此法。

(2)刚接梁法计算原理

刚性连接的桥面板，当在半波正弦分布的峰值为 p 的分布荷载作用下，在纵向切口处的赘余力也是正弦分布的。这些赘余力应该有5个：竖向剪力(峰值 g)、弯矩(峰值 m)、桥面板内纵向剪力流(峰值 t)、由于相邻主梁弯曲后不同曲率引起的横向扭矩(峰值 m_T)。

以及由于扭转中心不在桥面上而引起邻梁对它的阻力(峰值 n)，见图1-2-19。通过精确分析，发现在竖向荷载作用下，t、m_T 和 n 对荷载横向分布的影响很小，可以忽略不计，因此，只考虑赘余力 g 和 m。利用切口处位移协调条件，可建立以 g_1、g_2、…、g_n，m_{n+1}、m_{n+2}、…、m_{n+n} 为赘余力的力法方程。解得 g_i 后，各片主梁的荷载分布影响线坐标也就确定了。除了直接受载的主梁所分配到的荷载为 $p-(g_{左}+g_{右})$ 外，其他主梁所分配到的荷载则为左右两片主梁上赘余剪力 $g_{左}$ 和 $g_{右}$ 的代数和。

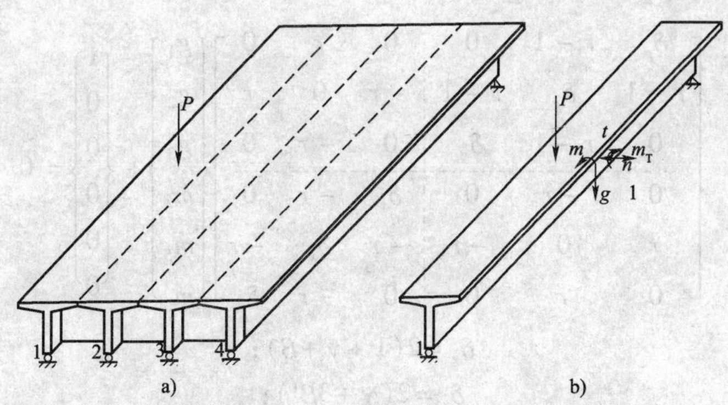

图1-2-19 刚性连接的主梁之间的内力

求解赘余力素的一般正则力法方程，用矩阵形式可表示为：

$$[\delta_{ij}]\{x_i\} + \{\delta_{iP}\} = \{0\} \quad (1\text{-}2\text{-}17)$$

$$(i \text{或} j = 1、2、3、\cdots、n)$$

式中：δ_{ij}——正则方程中位于赘余力素前的计算系数，它表示赘余力素峰值 $x_j=1$ 时在 i 处引起的相对变位；

δ_{iP}——外荷载在 i 处引起的相对变位；

x_i——i 处赘余力素的峰值。

以四梁式的简支梁桥为例，如图 1-2-20 所示，各主梁的截面、刚度都相等，主梁翼缘板之间为刚接，用力法求解。

把翼缘板的连接处切开，在单位正弦荷载作用下，切缝处有超静定内力 $x_i \sin \frac{\pi x}{l}$，其中 x_i 均为赘余力素在梁的跨中截面处的峰值，就得到计算刚接梁桥的基本体系，如图 1-2-20b) 所示。

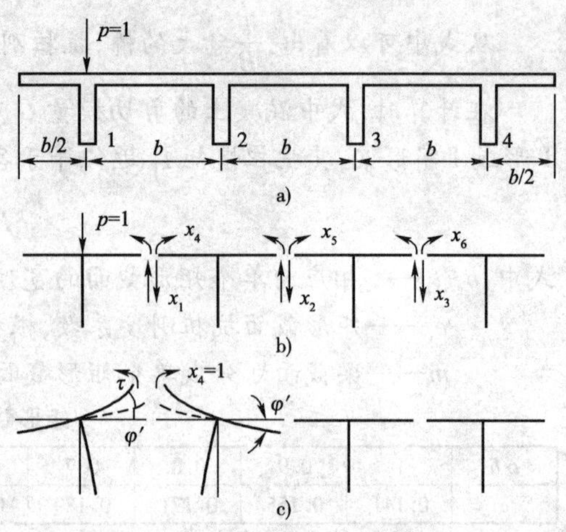

图 1-2-20 刚接梁桥计算图示

根据熟知的力法原理，用矩阵形式可简明表示为：

$$\begin{bmatrix} \delta_{11} & \delta_{12} & \delta_{13} & \delta_{14} & \delta_{15} & \delta_{16} \\ \delta_{21} & \delta_{22} & \delta_{23} & \delta_{24} & \delta_{25} & \delta_{26} \\ \delta_{31} & \delta_{32} & \delta_{33} & \delta_{34} & \delta_{35} & \delta_{36} \\ \delta_{41} & \delta_{42} & \delta_{43} & \delta_{44} & \delta_{45} & \delta_{46} \\ \delta_{51} & \delta_{52} & \delta_{53} & \delta_{54} & \delta_{55} & \delta_{56} \\ \delta_{61} & \delta_{62} & \delta_{63} & \delta_{64} & \delta_{65} & \delta_{66} \end{bmatrix} \begin{Bmatrix} g_1 \\ g_2 \\ g_3 \\ x_4 \\ x_5 \\ x_6 \end{Bmatrix} = \begin{Bmatrix} \delta_{1P} \\ \delta_{2P} \\ \delta_{3P} \\ \delta_{4P} \\ \delta_{5P} \\ \delta_{6P} \end{Bmatrix} \tag{1-2-18}$$

式中：δ_{ij}——正则方程中位于赘余力素前的计算系数，它表示赘余力素峰值 $x_i = 1$ 时在 i 处引起的相对变位（包括 $i = j$ 和 $i \neq j$ 的情形）；

δ_{ip}——外荷载在 i 处引起的相对变位；

x_i——i 处赘余力素的峰值。

分别求出力法方程中的系数项和荷载项，代入方程，经过变换并引入参数 γ 和 β，令 $g_1 = x_1, g_2 = x_2, g_3 = x_3, m_4 = \frac{b_1}{2} x_4, m_5 = \frac{b_1}{2} x_5, m_6 = \frac{b_1}{2} x_6$，最后可得赘余力素 g_i 和 m_i 的正则方程为：

$$\left[\begin{array}{ccc|ccc} \delta_g & r-1 & 0 & 0 & r & 0 \\ r-1 & \delta_g & r-1 & -r & 0 & r \\ 0 & r-1 & \delta_g & 0 & -r & 0 \\ \hline 0 & -r & 0 & \delta_x & -r & 0 \\ r & 0 & -r & -r & \delta_x & -r \\ 0 & r & 0 & 0 & -r & \delta_x \end{array}\right] \begin{Bmatrix} g_1 \\ g_2 \\ g_3 \\ m_4 \\ m_5 \\ m_6 \end{Bmatrix} + \begin{Bmatrix} 1 \\ 0 \\ 0 \\ 0 \\ 0 \\ 0 \end{Bmatrix} = 0 \tag{1-2-19}$$

式中：

$$\delta_g = 2(1 + \gamma + \beta);$$

$$\delta_x = 2(\gamma + 3\beta');$$

$$\beta' = \left(\frac{b_1}{2d_1}\right)^2 \cdot \beta;$$

γ——扭转位移与主梁挠度之比，即

$$\gamma = \frac{b\varphi}{2\omega} = \frac{\pi^2 EI}{4GI_T}\left(\frac{b}{l}\right)^2 = 5.8\frac{I}{I_T}\left(\frac{b}{l}\right)^2 \tag{1-2-20}$$

式中：E——板的材料弹性模量；

G——板的材料剪切模量，对混凝土 $G=0.425E$；

I——板的抗弯惯性矩；

I_T——板的抗扭惯性矩；

β——悬臂板挠度与主梁挠度之比，即

$$\beta = \frac{f}{\omega} = \frac{\pi^2 I d_1^3}{3l^4 I_1} = 390 \frac{I d_1^3}{l^4 \cdot h_1^3} \tag{1-2-21}$$

式中：I——主梁抗弯惯性矩；

I_T——主梁抗扭惯性矩；

I_1——单位板宽的抗弯惯性矩；

b_1——主梁翼缘板全宽；

d_1——相邻两主梁梁肋的净距之半；

h_1——计算单位板宽抗弯惯性矩时所取的板厚，如果板厚从梁肋至悬臂端按直线变化时，可取靠梁肋$\frac{1}{3}d_1$处的厚度（图1-2-21）。

只要求出参数 γ、β，代入公式中就可以求出剪力 g_1、g_2、g_3 和 m_4、m_5、m_6。

有了 g_1、g_2、g_3，荷载横向分布影响线的坐标就可根据下式计算得到。

$$\left.\begin{aligned} \eta_{11} &= 1 - g_1 \\ \eta_{21} &= g_1 - g_2 \\ \eta_{31} &= g_2 - g_3 \\ \eta_{41} &= g_3 \end{aligned}\right\} \tag{1-2-22}$$

式中，η_{ki}的下脚标 k 为欲求影响线的梁号，i 为荷载作用位置的梁号。

在实用计算中，已经按参数 γ 和 β 编制了荷载横向分布影响线的计算用表。只要求出 γ 和 β，就可以查《公路桥涵设计手册——梁桥（上册）》计算横向影响线坐标。

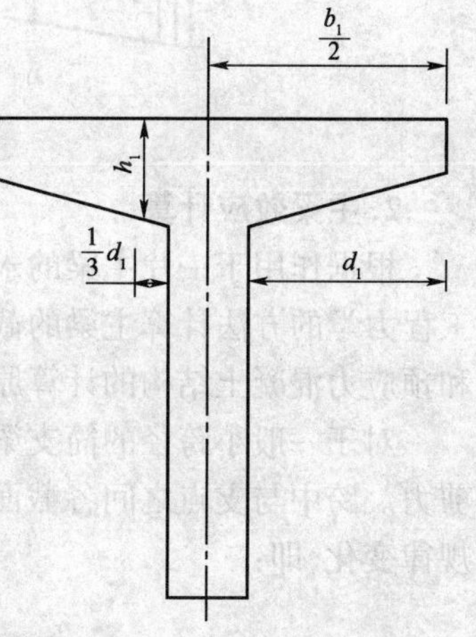

图1-2-21　T梁横截面

（3）刚接梁法的计算步骤

①求主梁截面竖向抗弯惯性矩 I。

②求主梁截面抗扭惯性矩 I_T。

③求内横隔梁与实际桥面一起换算成等刚度的比拟板的抗弯惯性矩 I_1。

④求主梁抗弯刚度与抗扭刚度比例参数 γ 和主梁抗弯刚度与桥面板抗弯刚度比例参数 β。

⑤根据 γ 和 β 查取并绘制各主梁荷载横向分布影响线 η。

⑥在影响线上沿桥宽方向布置最不利荷载，求荷载横向分布系数 m_c。

4）荷载横向分布系数沿桥跨的变化

通过前面的分析与计算知道：荷载位于桥跨中间部分时，由于桥梁横向结构（桥面板和横隔梁）的传力作用，使所有主梁都参与受力，因此荷载的横向分布比较均匀。但当荷载在支点处作用在某主梁上时，如果不考虑支座弹性变形的影响，荷载就直接由该主梁传至支座，其他主梁基本上不参与受力。因此，荷载在桥跨纵向的位置不同，对某一主梁产生的横向分布系数

也各异。

通常用“杠杆原理法”来计算荷载位于支点处的横向分布系数 m_0,其他方法均适用于计算荷载位于跨中的横向分布系数 m_c。荷载位于桥跨其他位置的横向分布系数 m 在设计实践中习惯采用图 1-2-22 所示的实用处理方法:

对于无中间横隔梁或仅有一根中横隔梁的情况,跨中部分采用不变的 m_c,从离支点$\frac{l}{4}$处起至支点的区段内,m_x 呈直线形过渡[图 1-2-22a)]。

对于有多根内横隔梁的情况,m_c 从第一根内横隔梁起向 m_0 直线形过渡(图 1-2-22)。

在实际应用中,当求简支梁跨中最大弯矩时,鉴于横向分布系数沿跨内部分的变化不大,为了简化起见,通常均可按不变的 m_c 来计算。

在计算主梁的最大剪力(梁端截面)时,鉴于主要荷载位于所考虑一端的 m 变化区段内,而且相对应的内力影响线坐标均接近最大值[图 1-2-19a)],故应考虑该段内横向分布系数变化的影响。对于靠近远端的荷载,鉴于相应影响线坐标值的显著减小,则可近似取用不变的 m_c 来简化计算。

对于跨内其他截面的主梁剪力,也可视具体情况计及 m 沿桥跨变化的影响。

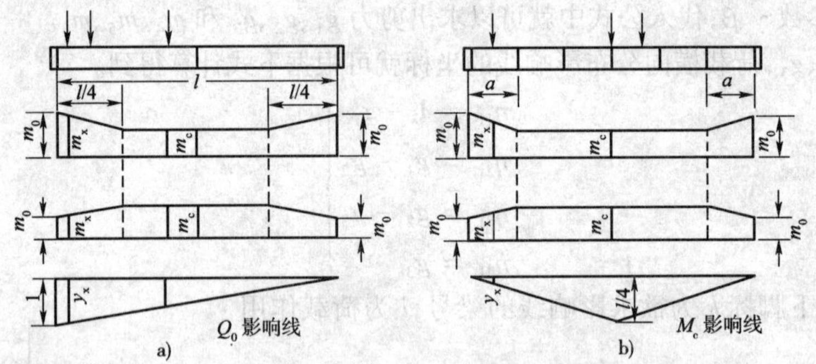

图 1-2-22　荷载横向分布系数沿跨长变化图

2. 主梁效应计算

根据作用于一片主梁的永久作用和通过横向分布系数求得的计算可变作用,就可按一般工程力学的方法计算主梁的截面效应(弯矩 M 和剪力 Q)。有了截面效应,就可按钢筋混凝土和预应力混凝土结构的计算原理进行主梁各截面的强度校核。

对于一般小跨径的简支梁,通常只需计算跨中截面的最大弯矩和支点截面及跨中截面的剪力。跨中与支点之间各截面的剪力可以近似地按直线规律变化,弯矩可假设按二次抛物线规律变化,即:

$$M_x = \frac{4M_{max}}{l^2}x(l-x) \tag{1-2-23}$$

式中:M_x——主梁在离支点 x 处任一截面的弯矩值;

M_{max}——主梁跨中最大设计弯矩;

l——主梁的计算跨径。

对于较大跨径的简支梁,一般还应计算跨径 1/4 截面的弯矩和剪力。如果主梁沿桥轴方向截面有变化,例如梁肋宽度或梁高变化,则还应计算截面变化处的内力。

1)结构自重效应计算

钢筋混凝土或预应力混凝土公路桥梁的永久作用,往往占全部设计作用(荷载)很大的比重。在计算自重内力时,为了简化起见,习惯上往往将沿桥跨分点作用的横隔梁重力、沿桥横向不等分布的铺装层重力以及作用于两侧的人行道和栏杆等重力均匀分布地分摊给各主梁承受。为了更精确起见,也可根据施工安装的情况,将人行道、栏杆、灯柱和管道等重量像活载计算那样,按荷载横向分布的规律进行分配。

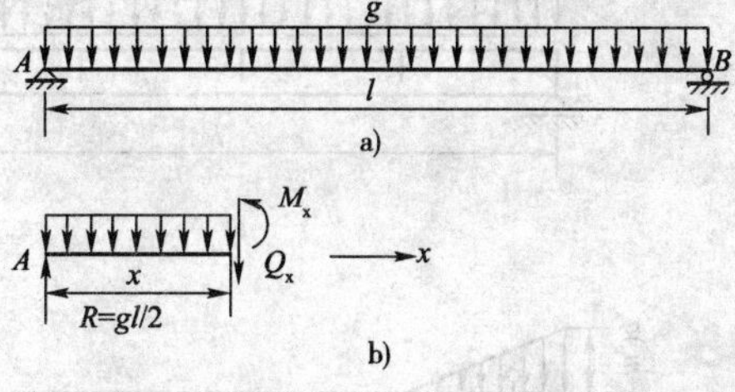

图 1-2-23　结构重力内力计算示意图

如图 1-2-23 所示,确定了计算永久作用 g 之后,就可按一般《材料力学》公式计算出梁内各截面的弯矩 M 和剪力 Q。

$$M_x = \frac{gl}{2} \cdot x - gx \cdot \frac{x}{2} = \frac{gx}{2}(l - x) \tag{1-2-24}$$

$$Q_x = \frac{gl}{2} - gx = \frac{g}{2}(l - 2x) \tag{1-2-25}$$

式中:g——一根主梁所承受沿跨长的荷载强度;

l——简支梁的计算跨径;

x——计算截面到支点的距离。

2)汽车和人群作用效应计算

主梁上的汽车和人群内力计算分为两步:第一步求某一主梁的最不利荷载横向分布系数;第二步应用主梁内力影响线,将荷载乘以横向分布系数后,在纵向按最不利位置的内力影响线上加载,求得主梁最大活载内力。对于有经验的设计工作者来说,一般情况下,将车辆荷载的最大重轮置于影响线的最大坐标上即可求得最大活载内力。根据规范要求,对汽车作用(荷载)还必须考虑冲击力的影响,桥梁结构的整体计算采用车道荷载,桥梁结构的局部加载、涵洞、桥台和挡土墙土压力等的计算采用车辆荷载,车道荷载与车辆荷载的作用不得叠加。

主梁截面上汽车和人群荷载作用效应一般计算公式为:

$$S = (1 + \mu) \cdot \xi \cdot \sum m_i \cdot P_i \cdot y_i \tag{1-2-26}$$

对于汽车荷载,计算公式为:

$$S = (1 + \mu) \cdot \xi \cdot (m_c q_k \omega + m_i p_k y_i) \tag{1-2-27}$$

对于人群荷载,计算公式为:

$$S = m_c q_r \omega \tag{1-2-28}$$

式中:S——所求截面的弯矩或剪力;

$1+\mu$——汽车荷载的冲击系数;

ξ——多车道桥涵的汽车荷载折减系数;

m_i——沿桥跨纵向与荷载位置对应的横向分布系数,参见图 1-2-24;

P_i——车辆荷载的轴重力;

y_i——沿桥跨纵向与荷载位置对应的内力影响线坐标值;

m_c——荷载跨中横向分布系数;

q_k——汽车车道荷载标准值;

ω——截面内力影响线面积;

P_k——车道荷载中集中荷载标准值;

q_r——人群荷载标准值。

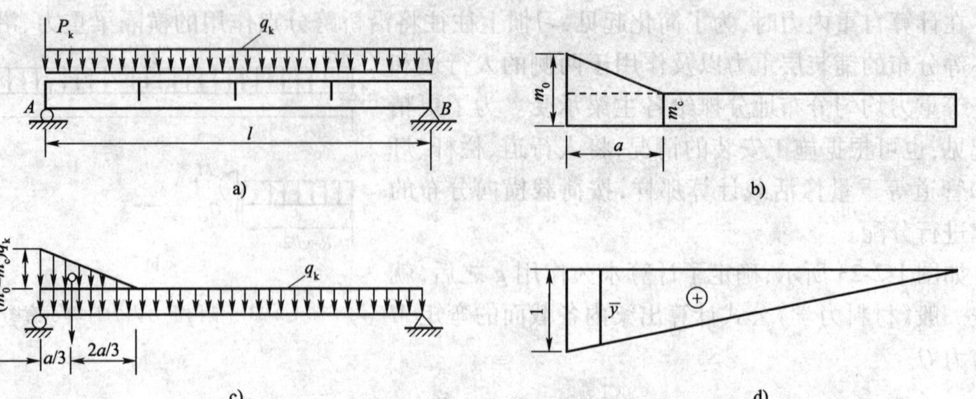

图 1-2-24　车道荷载支点剪力计算图

采用车道荷载计算内力时，车道荷载的均布荷载标准值应均布于使结构产生最不利效应的同号影响线上；集中荷载标准值只作用于相应影响线中一个最大影响线峰值处。

计算支点、L/8 和 L/4 截面的剪力，尚应计入由荷载横向分布系数沿桥跨变化的影响。以支点截面为例，此时剪力的计算公式为：

$$Q_A = Q'_A + \Delta Q_A$$

式中：Q'_A——不考虑荷载横向分布系数沿桥跨变化（$m_0 = m_c$）时的内力值；

$$Q'_A = (1+\mu)\cdot\xi\cdot m_c(q_k\cdot\omega + 1.2P_k\cdot y)$$

ΔQ_A——考虑荷载横向分布系数沿桥跨变化（m_0 变到 $m_{0.5}$）所引起的内力增值（或减值）。

对于车道荷载（图 1-2-24），由于支点附近横向分布系数的增大或减小所引起的支点剪力变化值为：

$$\Delta Q_A = (1+\mu)\cdot\xi\left[\frac{a}{2}(m_0 - m_c)q_k\bar{y} + (m_0 - m_c)\cdot 1.2\cdot P_k\cdot y\right] \quad (1\text{-}2\text{-}29)$$

3）作用效应组合和内力包络图

（1）作用效应组合

为了按各种极限状态来设计钢筋混凝土及预应力混凝土梁，就需要确定主梁沿桥跨方向各个截面的计算内力，它就是将各类作用引起的最不利内力分别乘以相应的作用分项系数后，按规定的荷载组合而得到的内力值。

在梁桥设计中，作用效应组合可按以下情况进行，即：结构重力＋汽车荷载（包括冲击力）＋人群荷载。

当按承载能力极限状态设计时，基本组合和作用分项系数按以下采用

$$\gamma_0 S_{ud} = \gamma_0\left(\sum_{i=1}^{m}\gamma_{Gi}S_{Gik} + \gamma_{Q1}S_{Q1k} + \psi_c\sum_{j=1}^{n}\gamma_{Qj}S_{Qjk}\right)$$

式中：S_{ud}——承载能力极限状态下作用基本组合的效应组合设计值；

γ_0——结构重要性系数，对应于设计安全等级一级、二级和三级分别取 1.1、1.0 和 0.9；

γ_{Gi}——第 i 个永久作用效应的分项系数，应按《公路桥涵设计通用规范》（JTG D60—2004）表 4.1.6 的规定采用；

S_{Gik}——第 i 个永久作用效应的标准值；

γ_{Q1}——汽车荷载效应（含汽车冲击力、离心力）的分项系数，取 $\gamma_{Q1}=1.4$；当某个可变作用在效应组合中其值超过汽车荷载效应时，则该作用取代汽车荷载，其分项系数

应采用汽车荷载的分项系数；对专为承受某作用而设置的结构或装置，设计时该作用的分项系数取与汽车荷载同值；计算人行道板和人行道栏杆的局部荷载，其分项系数也与汽车荷载取同值；

S_{Q1k}——汽车荷载效应（含汽车冲击力、离心力）的标准值；

γ_{Qj}——在作用效应组合中除汽车荷载效应（含汽车冲击力、离心力）、风荷载外的其他第 j 个可变作用效应的分项系数，取 $\gamma_{Qj}=1.4$，但风荷载的分项系数取 $\gamma_{Qj}=1.1$；

S_{Qjk}——在作用效应组合中除汽车荷载效应（含汽车冲击力、离心力）外的其他第 j 个可变作用效应的标准值；

ψ_c——在作用效应组合中除汽车荷载效应（含汽车冲击力、离心力）外的其他可变作用效应的组合系数，当永久作用与汽车荷载和人群荷载（或其他一种可变作用）组合时，人群荷载（或其他一种可变作用）的组合系数取 $\psi_c=0.80$；当除汽车荷载（含汽车冲击力、离心力）外尚有 2 种其他可变作用参与组合时，其组合系数取 $\psi_c=0.70$；尚有 3 种可变作用参与组合时，其组合系数取 $\psi_c=0.60$；尚有 4 种及多于 4 种的可变作用参与组合时，取 $\psi_c=0.50$。

至此，已介绍了各类作用最不利内力的求法及荷载系数的确定方法，接着只需按规范规定进行效应组合就可以得到相应截面的内力值。

(2)内力包络图

如果沿梁轴的各个截面处，将所采用控制设计的计算内力值按适当比例尺绘成纵坐标，其中右半跨的弯矩值（M_{max}），对称于左半跨，右半跨的剪力值（Q_{min}）反对称于左半跨（Q_{max}），连接这些坐标点而绘成的曲线，就称内力包络图。对于小跨径梁如仅计算 $M_{1/2}$ 以及 $Q_{1/2}$，则弯矩包络图可绘成二次抛物线，而剪力包络图绘成直线形。

内力包络图既已确定，就可按钢筋混凝土或预应力混凝土结构设计原理和方法来设计整根梁内纵向主筋、斜筋和箍筋，并进行各种验算。

(二)计算举例

已知某装配式钢筋混凝土 T 形简支梁桥，计算跨径 $L=19.50$m，混凝土强度等级为 C40，上部结构构造图（图 1-2-25）及主梁配筋图（图 1-2-26）如图所示，试校核 1 号梁的强度。

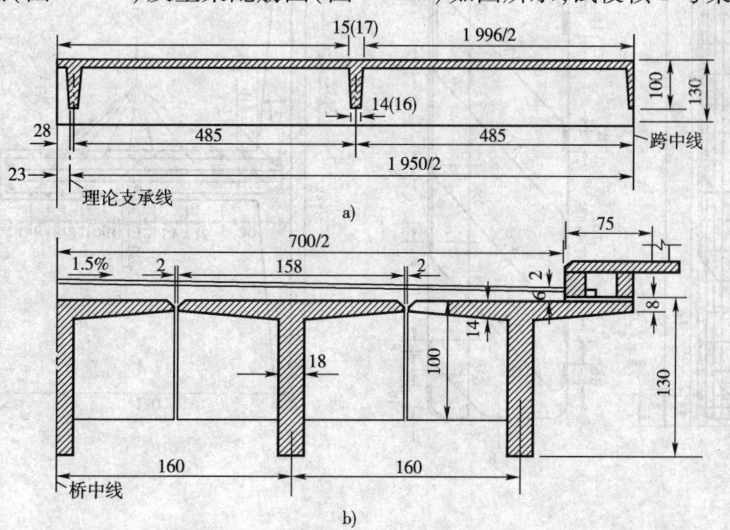

图 1-2-25　钢筋混凝土 T 形简支梁桥上部结构构造图（尺寸单位：cm）

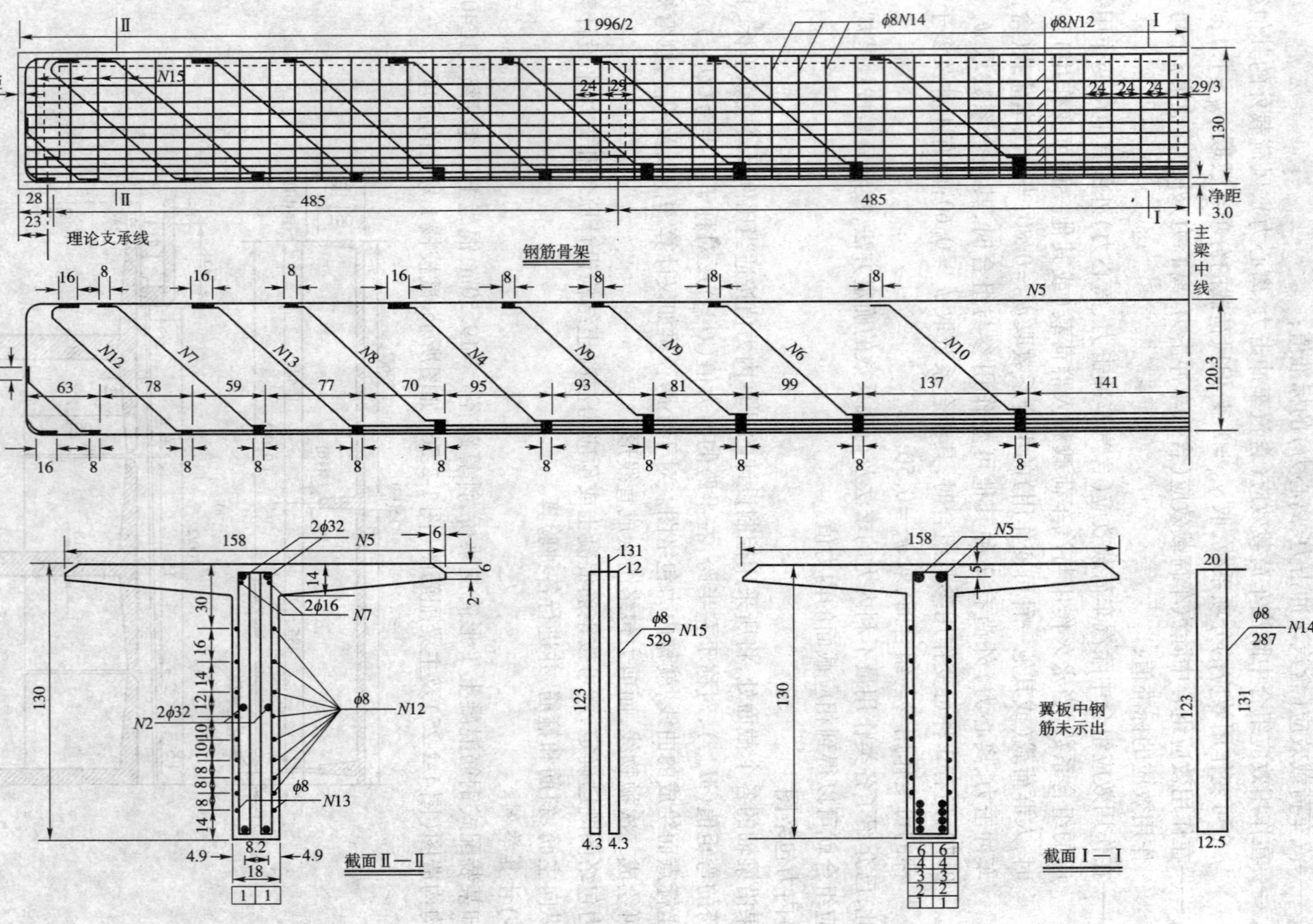

图 1-2-26 钢筋混凝土 T 形简支梁桥主梁钢筋大样图(尺寸单位:cm)

1. 主梁荷载效应计算

1)汽车及人群荷载效应计算

(1)汽车和人群荷载位于支点处时的荷载横向分布系数

首先绘制1号梁、2号梁和3号梁的荷载横向影响线,如图1-2-27b)、c)和d)所示。

根据《桥规》规定,在横向影响线上确定荷载沿横向最不利的布置位置。例如,对于汽车荷载,规定的汽车横向轮距为1.80m,两列汽车车轮的横向最小间距为1.30m,车轮距离人行道缘石最少为0.50m。求出相应于荷载位置的影响线竖标值后,可得到所有荷载分布给各号梁的横向分布系数如下。

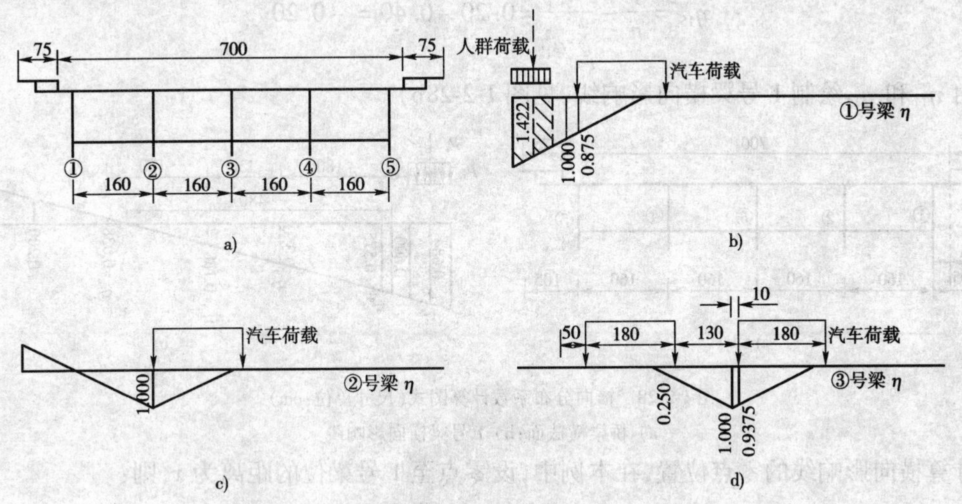

图1-2-27　杠杆原理法计算横向分布系数(尺寸单位:cm)

a)桥梁横截面;b)1号梁横向影响线;c)2号梁横向影响线;d)3号梁横向影响线

1号梁:

汽车荷载　$m_{0q}=\frac{1}{2}\sum\eta_i=\frac{0.875}{2}=0.438$

人群荷载　$m_{0r}=\eta_r=1.422$

2号梁:

汽车荷载　$m_{0q}=\frac{1}{2}\sum\eta_i=\frac{1}{2}\times1.000=0.500$

人群荷载　$m_{0r}=\eta_r=0$

3号梁:

汽车荷载　$m_{0q}=\frac{1}{2}\sum\eta_i=\frac{1}{2}\times(0.25+0.9375)=0.594$

人群荷载　$m_{0r}=\eta_r=0$

当各根主梁的荷载横向分布系数 m_0 求得后,通常就取 m_0 最大的这根梁按常规方法来计算截面内力。

(2)汽车和人群荷载位于跨中时的荷载横向分布系数

此桥在跨度内设有横隔梁,具有强大的横向联结刚性,且承重结构的长宽比为

$$\frac{l}{B}=\frac{19.50}{5\times1.60}=2.4>2$$

故可按偏心压力法来绘制横向影响线并计算横向分布系数 m_c。

本桥各根主梁的横截面均相等,梁数 $n=5$,梁间距为 1.60m,则:

$$\sum_{i=1}^{5} a_i^2 = a_1^2 + a_2^2 + a_3^2 + a_4^2 + a_5^2$$

$$= (2 \times 1.60)^2 + 1.60^2 + 0 + (-1.60)^2 + (-2 \times 1.60)^2 = 25.60\text{m}^2$$

1 号梁横向影响线的竖标值为:

$$\eta_{11} = \frac{1}{n} + \frac{a_1^2}{\sum_{i=1}^{n} a_i^2} = \frac{1}{5} + \frac{(2 \times 1.60)^2}{25.60} = 0.20 + 0.40 = 0.60$$

$$\eta_{15} = \frac{1}{n} - \frac{a_1^2}{\sum_{i=1}^{n} a_i^2} = 0.20 - 0.40 = -0.20$$

由 η_{11} 和 η_{15} 绘制 1 号梁横向影响线,见图 1-2-28b)。

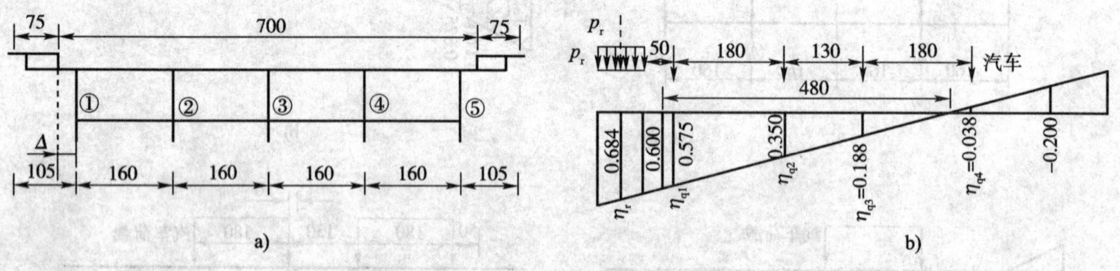

图 1-2-28　横向分布系数计算图式(尺寸单位:cm)

a) 桥梁横截面;b) 1 号梁横向影响线

计算横向影响线的零点位置,在本例中,设零点至 1 号梁位的距离为 x,则:

$$\frac{x}{0.60} = \frac{4 \times 1.60 - x}{0.2}$$

解得 $x = 4.80\text{m}$。

设人行道缘石至 1 号梁轴线的距离为 Δ,则:

$$\Delta = (7.00 - 4 \times 1.60)/2 = 0.3\text{m}$$

于是,1 号梁的活载横向分布系数可计算如下(以 x_{qi} 和 x_r 分别表示影响线零点至汽车车轮和人群荷载集度的横坐标距离),则

汽车荷载:

$$m_{cq} = \frac{1}{2}\sum \eta_q = \frac{1}{2} \cdot (\eta_{q1} + \eta_{q2} + \eta_{q3} + \eta_{q4})$$

$$= \frac{1}{2} \cdot \frac{\eta_{11}}{x}(x_{q1} + x_{q2} + x_{q3} + x_{q4})$$

$$= \frac{1}{2} \cdot \frac{0.60}{4.80}(4.60 + 2.80 + 1.50 - 0.30) = 0.538$$

人群荷载:

$$m_{cr} = \eta = \frac{\eta_{11}}{x} \cdot x_r = \frac{0.60}{4.80} \cdot \left(4.80 + 0.30 + \frac{0.75}{2}\right) = 0.684$$

(3)主梁作用效应计算

①计算公路—Ⅰ级荷载产生的跨中截面弯矩

翼板的换算平均高度:

$$h = \frac{8 + 14}{2} = 11\text{cm}$$

求截面中心位置 a_x：

$$a_x = \frac{(160-18)\times 11\times \frac{11}{2} + 130\times 18\times \frac{130}{2}}{(160-18)\times 11 + 130\times 18}$$

$$= \frac{8\,591 + 152\,100}{1\,562 + 2\,340} = \frac{160\,691}{3\,902} = 41.2\text{cm}$$

主梁跨中截面的抗弯惯性矩：

$$I_c = \frac{1}{12}\times(160-18)\times 11^3 + (160-18)\times 11\times$$

$$\left(41.2-\frac{11}{2}\right)^2 + \frac{1}{12}\times 18\times 130^3 + 18\times 130\times\left(\frac{130}{2}-41.2\right)^2$$

$$= 15\,750 + 1\,989\,000 + 3\,295\,500 + 1\,325\,500 = 6\,625\,750\text{cm}^4 = 0.066\,257\,5\text{m}^4$$

主梁跨中处单位长度质量：

$$m_c = \frac{G}{g} = \frac{15.53\times 10^3}{9.81} = 1.583\times 10^3\text{Ns}^2/\text{m}^2$$

简支梁桥的基频：

$$f = \frac{\pi}{2l^2}\sqrt{\frac{EI_c}{m_c}} = \frac{\pi}{2\times 19.5^2}\sqrt{\frac{3.25\times 10^{10}\times 0.066\,257\,5}{1.583\times 10^3}} = 4.817\text{Hz}$$

式中：l——结构的计算跨径；

E——混凝土弹性模量，本例 C40 的 $E = 3.25\times 10^4$MPa。

根据《公路桥涵设计通用规范》(JTG D60—2004)中第 4.3.2 条之 5，当 $1.5\text{Hz}\leqslant f\leqslant 14\text{Hz}$ 时，$\mu = 0.176\,7\ln f - 0.015\,7$，则可得：

$$(1+\mu) = 1 + (0.176\,7\ln 4.817 - 0.015\,7) = 1.262$$

$\xi = 1$，双车道不折减。

$q_k = 10.5\text{kN/m}$；$P_k = 180 + (360-180)\times\frac{19.5-5}{50-5} = 238\text{kN}$ [按《公路桥涵设计通用规范》(JTG D60—2004)内插求得]。

$$\omega = \frac{1}{8}l^2 = \frac{1}{8}\times 19.5^2 = 47.53\text{m}^2;\ y = \frac{l}{4} = 4.875$$

故得跨中弯矩：

$$M_{\frac{l}{2},q} = (1+\mu)\cdot\xi\cdot m_{cq}(q_k\omega + P_k\cdot y)$$

$$= 1.262\times 1\times 0.538(10.5\times 47.53 + 238\times 4.875) = 1\,126.6\text{kN}\cdot\text{m}$$

②计算人群荷载的跨中弯矩

$$M_{\frac{l}{2},r} = m_{cr}\cdot p_r\cdot\omega = 0.684\times(3.0\times 0.75)\times 47.53 = 73.1\text{kN}\cdot\text{m}$$

③计算跨中截面车道活载最大剪力

鉴于跨中剪力 $Q_{\frac{l}{2}}$影响线的较大坐标位于跨中部分[图 1-2-29b)]，故也采用全跨统一的荷载横向分布系数 m_{cq}来计算。

$Q_{\frac{l}{2}}$的影响线面积：

$$\omega = \frac{1}{2}\times\frac{1}{2}\times 19.5\times 0.5 = 2.438\text{m}^2$$

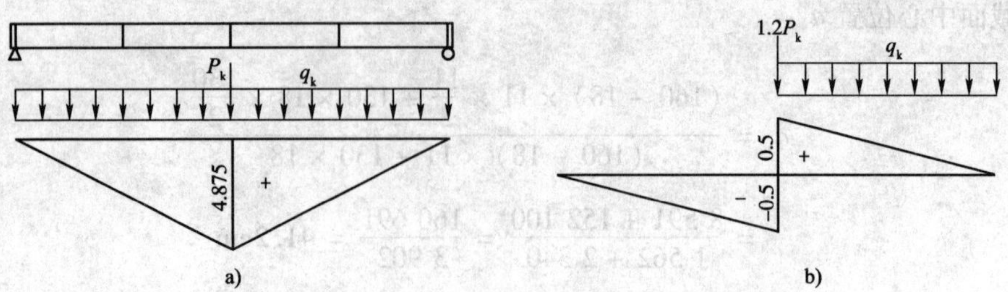

图 1-2-29　跨中截面内力计算图式

a）弯矩影响线；b）剪力影响线

故得：

$$Q_{\frac{1}{2},q} = 1.262 \times 1 \times 0.538(10.5 \times 2.438 + 1.2 \times 238 \times 0.50) = 114.33\text{kN}$$

④计算跨中截面人群荷载最大剪力

$$Q_{\frac{1}{2},r} = 0.684 \times (3.0 \times 0.75) \times 2.438 = 3.75\text{kN}$$

⑤计算支点截面车道活载最大剪力

绘制荷载横向分布系数沿桥跨方向的变化图形和支点剪力影响线，如图 1-2-30a）、b）、c）所示。

横向分布系数变化区段长度：

$$a = \frac{1}{2} \times (19.5 - 4.85 \times 2) = 4.9\text{m}$$

对应于支点剪力影响线的荷载布置，如图 1-2-30c）所示。

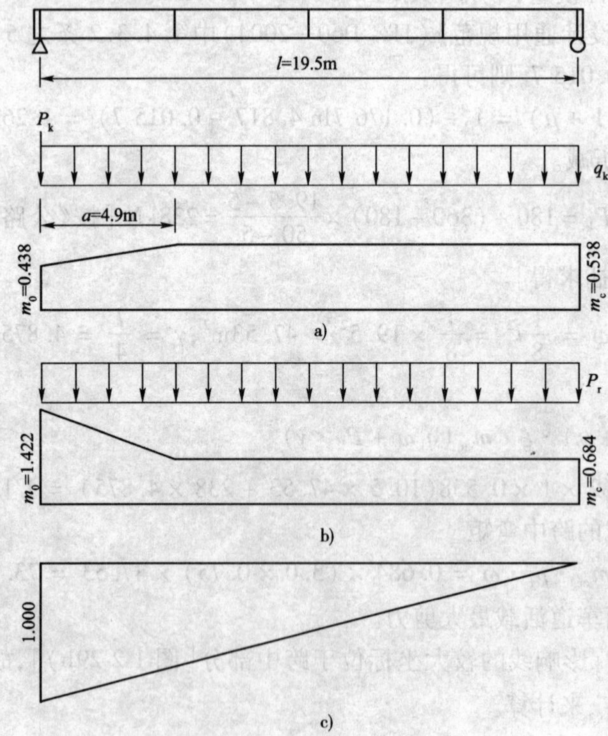

图 1-2-30　支点截面内力计算图式

a）汽车荷载；b）人群荷载；c）剪力影响线

影响线面积为：$\omega = \frac{1}{2} \times 19.5 \times 1 = 9.75\text{m}^2$

不考虑荷载横向分布系数沿桥跨变化（$m_0 = m_c$）时的内力值 $Q'_{0,q}$：

$$
\begin{aligned}
Q'_{0,q} &= (1+\mu) \cdot \xi \cdot m_c (q_k \cdot \omega + 1.2 P_k \cdot y) \\
&= 1.262 \times 1 \times 0.538(10.5 \times 9.75 + 1.2 \times 238 \times 1) \\
&= 263.42\text{kN}
\end{aligned}
$$

考虑荷载横向分布系数沿桥跨变化（m_0 变到 m_c）所引起的内力增值（或减值）$\Delta Q_{0,q}$。

附加三角形荷载重心处的影响线坐标为：

$$
\bar{y} = \frac{1 \times (19.5 - \frac{1}{3} \times 4.9)}{19.5} = 0.916\text{，且 } m_0 < m_c
$$

因此，对于车道荷载（图 1-2-30），由于支点附近横向分布系数的增大或减小所引起的支点剪力变化值为：

$$
\begin{aligned}
\Delta Q_{0,q} &= (1+\mu) \cdot \xi \left[\frac{a}{2}(m_0 - m_c) q_k \bar{y} + (m_0 - m_c) \cdot 1.2 \cdot P_k \cdot y \right] \\
&= 1.262 \times 1 \times \left[\frac{4.9}{2}(0.438 - 0.538) \times 10.5 \times 0.916 + (0.438 - 0.538) \times 238 \times 1 \right] \\
&= -30.92\text{kN}
\end{aligned}
$$

故公路—Ⅰ级荷载的支点剪力为：

$$
Q_{0,q} = Q'_{0,q} + \Delta Q_{0,q} = 263.42 + (-30.92) = 232.5\text{kN}
$$

⑥计算支点截面人群荷载最大剪力

人群荷载的横向分布系数，如图 1-2-30b）所示。支点截面人群荷载最大剪力为：

$$
\begin{aligned}
Q_{0,r} &= m_c \cdot p_r \cdot \omega + \frac{a}{2}(m_0 - m_c) p_r \cdot \bar{y} \\
&= 0.684 \times (3.0 \times 0.75) \times 9.75 + \frac{4.9}{2}(1.422 - 0.684) \times (3.0 \times 0.75) \times 0.916 \\
&= 18.72\text{kN}
\end{aligned}
$$

2）结构重力效应计算

（1）结构重力集度

主梁：

$$
g_1 = \left[0.18 \times 1.3 + \left(\frac{0.08 + 0.14}{2}\right)(1.6 - 0.18) \right] \times 25 = 9.76\text{kN/m}
$$

对于边主梁：

$$
g_2 = \left[1.00 - \left(\frac{0.08 + 0.14}{2}\right) \right] \times \left(\frac{1.6 - 0.18}{2} \right) \times 0.15 \times 5 \times 25 \times \frac{1}{19.5} = 0.061\text{kN/m}
$$

对于中主梁：

$$
g'_2 = 2 \times 0.061 = 0.122\text{kN/m}
$$

桥面铺装层：

$$
g_3 = \left[0.02 \times 7.00 \times 23.00 + \frac{1}{2}(0.06 + 0.1225) \times 7.00 \times 24 \right] \times \frac{1}{5} = 3.71\text{kN/m}
$$

栏杆和人行道：

$$g_4 = 5.0 \times 2 \times \frac{1}{5} = 2\text{kN/m}$$

边主梁的结构重力集度总和为：

$$g = g_1 + g_2 + g_3 + g_4 = 9.76 + 0.061 + 3.71 + 2.00 = 15.53\text{kN/m}$$

中主梁的结构重力集度总和为：

$$g = g_1 + g'_2 + g_3 + g_4 = 9.76 + 0.122 + 3.71 + 2.00 = 15.59\text{kN/m}$$

(2)结构重力效应计算

计算边主梁的弯矩和剪力，计算图示如图1-2-31所示，则：

$$M_x = \frac{gl}{2} \cdot x - gx \cdot \frac{x}{2} = \frac{gx}{2}(l - x)$$

$$Q_x = \frac{gl}{2} - gx = \frac{g}{2}(l - 2x)$$

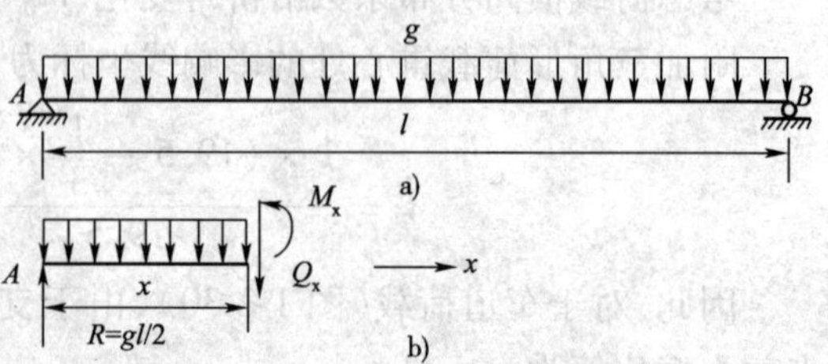

图 1-2-31　结构重力内力计算图示

各计算截面的剪力和弯矩值，列于表1-2-5内。

边主梁结构重力效应计算表　　表 1-2-5

截面位置 \ 效应	剪力 Q(kN)	弯矩 M(kN·m)
$x=0$	$Q=151.4$	$M=0$
$x=l/4$	$Q=\frac{15.53}{2}\left(19.5-2\times\frac{19.5}{4}\right)=75.7$	$M=\frac{15.53}{2}\times\frac{19.5}{4}\left(19.5-\frac{19.5}{4}\right)=553.6$
$x=l/2$	$Q=0$	$M=\frac{1}{8}\times15.53\times19.5^2=738.2$

3)效应组合

(1)承载力极限状态计算时作用效应组合

根据《公路桥涵设计通用规范》(JTG D60—2004)第4.1.6条规定：按承载力极限状态计算时采用的基本组合为永久作用的设计值效应与可变作用设计值效应相组合，其效应组合表达式为：

$$\gamma_0 S_{ud} = \gamma_0\left(\sum_{i=1}^{m}\gamma_{Gi}S_{Gik} + \gamma_{Q1}S_{Q1k} + \psi_c\sum_{j=2}^{n}\gamma_{Qj}S_{Qjk}\right)$$

跨中截面设计弯矩

$$\begin{aligned} M_d &= \gamma_G M_{c,g} + \gamma_{Q1} M_{c,q} + \psi_c \gamma_r M_{c,r} \\ &= 1.2 \times 738.2 + 1.4 \times 1\,126.6 + 0.8 \times 1.4 \times 73.1 \\ &= 2\,544.95\text{kN} \cdot \text{m} \end{aligned}$$

支点截面设计剪力

$$\begin{aligned} Q_d &= \gamma_G Q_{c,g} + \gamma_{Q1} Q_{c,q} + \psi_c \gamma_r Q_{c,r} \\ &= 1.2 \times 151.4 + 1.4 \times 232.5 + 0.8 \times 1.4 \times 18.7 \\ &= 528.12\text{kN} \end{aligned}$$

(2)正常使用极限状态设计时作用效应组合

根据《公路桥涵设计通用规范》(JTG D60—2004)第4.1.7条规定：公路桥涵结构按正常

使用极限状态设计时，应根据不同的设计要求，分别采用不同效应组合。

①作用短期效应组合

作用短期效应组合为永久作用标准值效应与可变作用频遇值效应相组合，其效应组合表达式为：

$$S_{sd} = \sum_{i=1}^{m} S_{Gik} + \sum_{j=1}^{n} \psi_{1j} S_{Qjk}$$

跨中截面弯矩短期效应组合设计值：

$$M_{sd} = M_{c,g} + \psi_{1,q} \frac{M_{c,q}}{1+\mu} + \psi_{1,r} M_{c,r}$$

$$= 738.2 + 0.7 \times \frac{1\ 126.6}{1.262} + 1.0 \times 73.1$$

$$= 1\ 436.2 \text{kN} \cdot \text{m}$$

②作用长期效应组合

作用长期效应组合为永久作用标准值效应与可变作用准永久值效应相组合，其效应组合表达式为：

$$S_{ld} = \sum_{i=1}^{m} S_{Gik} + \sum_{j=1}^{n} \psi_{21j} S_{Qjk}$$

跨中截面弯矩长期效应组合设计值：

$$M_{ld} = M_{c,g} + \psi_{21,q} \frac{M_{c,q}}{1+\mu} + \psi_{21,r} M_{c,r}$$

$$= 738.2 + 0.4 \times \frac{1\ 126.6}{1.262} + 0.4 \times 73.1$$

$$= 1\ 124.5 \text{kN} \cdot \text{m}$$

2. 主梁正截面抗弯承载力复核

1）翼缘板的计算宽度 b'_f

根据《公路钢筋混凝土及预应力混凝土桥涵设计规范》（JTG D62—2004）（后简称为《桥规》）第 4.2.2 条规定：T 形截面受弯构件位于受压区的翼缘计算宽度，应按下列三者中最小值取用。

翼缘板的平均厚度 $h'_f = (80+140)/2 = 110\text{mm}$

①对于简支梁为计算跨径的 1/3。

$$b'_f = L/3 = 19\ 500/3 = 6\ 500\text{mm}$$

②相邻两梁轴线间的距离。

$$b'_f = S = 1\ 600\text{mm}$$

③$b + 2b_h + 12h'_f$，此处 b 为梁的腹板宽，b_h 为承托长度，h'_f 为不计承托的翼缘厚度。

$$b'_f = b + 12h'_f = 180 + 12 \times 110 = 1\ 500\text{mm}$$

故取 $b'_f = 1\ 500\text{mm}$。

2）跨中截面含筋率验算

$$a_s = \frac{8\ 043(30 + 2.5 \times 34.5)}{8\ 043} = 116.25\text{mm}$$

$$h_0 = h - a_s = 1\ 300 - 116.25 = 1\ 183.75\text{mm}$$

$$\rho = \frac{A_s}{bh_0} = \frac{8\ 043}{180 \times 1\ 183.75} = 3.77\% > \rho_{\min} = \begin{cases} > 0.2\% \\ > 45\frac{f_{td}}{f_{sd}} = 45 \times \frac{1.65}{280} = 0.27\% \end{cases}$$

3）正截面抗弯承载力校核

（1）判断 T 形截面的类型

$$f_{cd}b'_fh'_f = 18.4 \times 1\ 500 \times 110 = 3\ 036 \times 10^3\text{N}$$

$$> f_{sd}A_s = 8\ 043 \times 280 = 2\ 252.04 \times 10^3\text{N}$$

根据《桥规》第 5.2.3 条：翼缘位于受压区的 T 形截面受弯构件，当符合 $f_{sd}A_s \leqslant f_{cd}b'_fh'_f$ 时，则按宽度为 b'_f 的矩形截面计算。

（2）求受压区的高度 x

$$x = \frac{f_{sd}A_s}{f_{cd}b'_f} = \frac{280 \times 8\ 043}{18.4 \times 1\ 500} = 81.6\text{mm} < h'_i = 110\text{mm}$$

$$\xi_b \cdot h_0 = 0.56 \times 1\ 183.75 = 662.9\text{mm} > x = 81.6\text{mm}$$

（3）正截面抗弯承载力 M_u

$$M_u = f_{cd}b'_fx\left(h_0 - \frac{x}{2}\right)$$

$$= 18.4 \times 1\ 500 \times 81.6 \times \left(1\ 183.75 - \frac{81.6}{2}\right)$$

$$= 2\ 574.1 \times 10^6\text{N} \cdot \text{mm} > M_d = 2\ 544.95 \times 10^6\text{N} \cdot \text{mm}$$

说明跨中正截面抗弯承载力满足要求。

正截面配筋图见图 1-2-32。

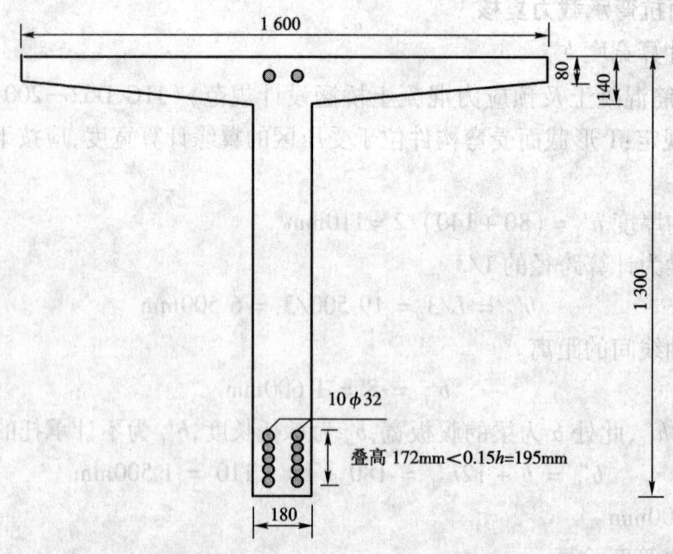

图 1-2-32　正截面配筋图（尺寸单位：mm）

三、横隔梁强度校核

为了保证各主梁共同受力和加强结构的整体性，横隔梁本身或其装配式接头应具有足够的强度。对于具有多根内横隔梁的桥梁,通常就只要校核受力最大的跨中横隔梁的强度,其他横隔梁可偏安全地仿此设计。

(一)横隔梁作用效应计算

1. 作用在横梁上的计算荷载

对于跨中一根横隔梁来说,除了直接作用在其上的轮重外,前后的轮重对它也有影响。在计算中可假设荷载在相邻横隔梁之间按杠杆原理法传布,如图 1-2-33 所示。因此,纵向一行汽车轮重分布给该横隔梁的计算荷载为:

$$P_{0q} = \frac{P_1}{2} \cdot y_1 + \frac{P_2}{2} \cdot y_2 + \frac{P_3}{2} \cdot y_3 = \frac{1}{2}\sum P_i \cdot y_i \tag{1-2-30}$$

式中:P_i——轴重力,应注意将加重车的重轴布置在欲计算的横隔梁上;

y_i——对于所计算的横隔梁按杠杆原理计算的纵向荷载影响线竖坐标值。

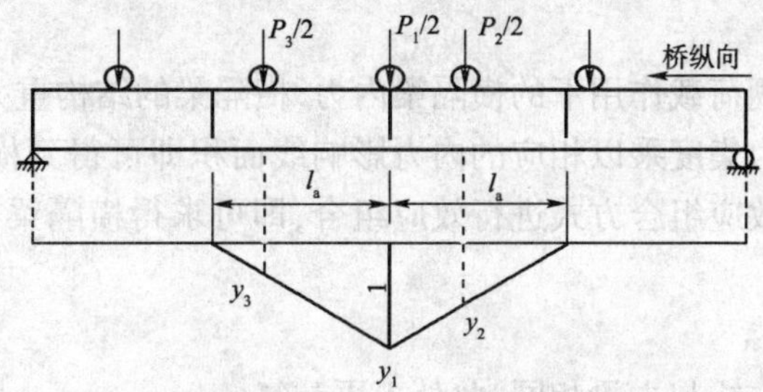

图 1-2-33 横隔梁上计算荷载的计算图式

人群:

$$P_{0r} = p_{0r} \cdot \Omega_r = p_{0r} l_a$$

式中:p_{0r}——一侧人行道每延米的人群荷载;

Ω_r——对应于人群荷载范围的影响线面积;

l_a——横隔梁的间距。

2. 横隔梁的内力影响线

将桥梁的中横隔梁近似地视作竖向支承在多根弹性主梁上的多跨弹性支承连续梁,如图 1-2-34 所示。当桥梁在跨中有单位荷载 $P=1$ 作用时,各主梁所受的荷载将为 R_1、R_2、R_3、…、R_n,这也就是横隔梁的弹性支承反力。因此,由力的平衡条件就可写出横隔梁任意截面 r 的内力计算公式。

(1)荷载 $P=1$ 位于截面 r 的左侧时:

$$\left.\begin{aligned} M_r &= R_1 \cdot b_1 + R_2 \cdot b_2 - 1 \cdot e = \sum^{左} R_i \cdot b_i - e \\ Q_r &= R_1 + R_2 - 1 = \sum^{左} R_i - 1 \end{aligned}\right\} \tag{1-2-31}$$

(2)荷载 $P=1$ 位于截面 r 的右侧时:

$$\left.\begin{aligned} M_r &= R_1 \cdot b_1 + R_2 \cdot b_2 = \sum^{左} R_i \cdot b_i \\ Q_r &= R_1 + R_2 = \sum^{左} R_i \end{aligned}\right\} \tag{1-2-32}$$

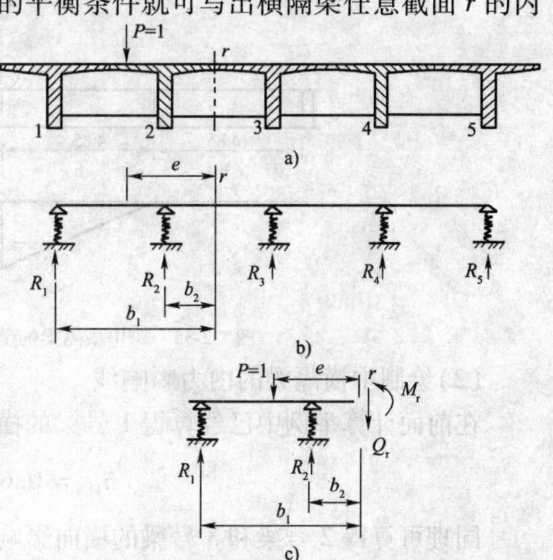

图 1-2-34 横隔梁计算图式

式中:M_r、Q_r——横隔梁任意截面 r 的弯矩和剪力;

e——荷载 $P=1$ 至所求截面的距离；

b_i——支承反力 R_i 至所求截面的距离；

$\sum^{左} R_i$——表示涉及所求截面以左的全部支承反力 R_i 的总和。

由此可直接利用已经求得的 R_i 的横向影响线来绘制横隔梁上某个截面的内力影响线。

(3)横隔梁内力计算

用上述计算荷载在横隔梁内力影响线上按最不利位置加载，就可求得作用在一根横隔梁上的最大(或最小)内力值。

$$S=(1+\mu)\cdot\xi\cdot P_{0q}\sum\eta \tag{1-2-33}$$

式中：η——横隔梁内力影响线竖标；

μ、ξ——通常可近似地取用主梁的冲击系数和多车道折减系数。

(4)横隔梁效应组合

上述计算的是在车辆荷载作用下的横隔梁内力，横隔梁的结构重力为一均布荷载，只要将横隔梁单位长度结构重力集度乘以相应的内力影响线面积即可得到横隔梁的结构重力效应。最后再按照主梁的荷载效应组合方式进行效应组合，即可求得横隔梁在各种荷载作用下的总效应。

(二)横隔梁强度校核

横隔梁的强度校核方式与主梁相同，此处不再重复。

(三)计算举例

用偏压法计算前例中所示装配式钢筋混凝土简支梁桥跨中横隔梁在汽车荷载作用下的2号和3号主梁之间的弯矩 M_{2-3} 和靠近1号主梁处截面的剪力 $Q_1^{右}$。(横隔梁间距为4.85m)

(1)确定作用在中横隔梁上的计算荷载

对于跨中横隔梁最不利荷载布置如图1-2-35所示。

纵向一行车轮和人群荷载对中横隔梁的计算荷载为：

汽车荷载 $P_{0q}=\frac{1}{2}\sum P_i y_i=\frac{1}{2}(140\times1+140\times0.711)=119.8\text{kN}$

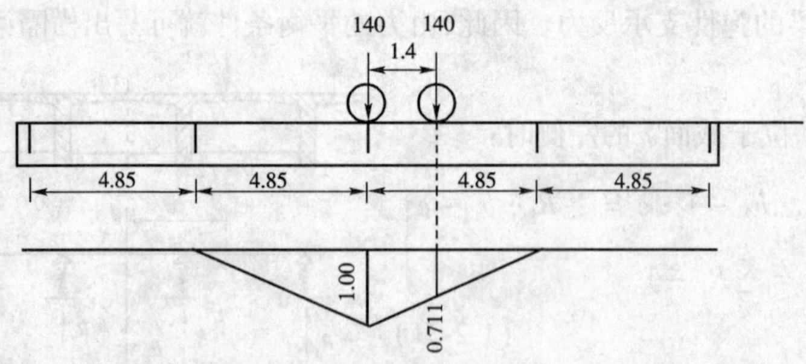

图1-2-35 跨中横隔梁的受载图式(尺寸单位：m；力单位：kN)

(2)绘制中横隔梁的内力影响线

在前面计算举例中已经算得1号梁的横向影响线竖坐标值为：

$$\eta_{11}=0.60, \eta_{15}=-0.20$$

同理可算得2号梁和3号梁的横向影响线竖坐标值为：

$$\eta_{21}=0.40, \eta_{25}=0$$

$$\eta_{31} = 0.20, \eta_{35} = 0.20$$

①绘制弯矩影响线

对于2号和3号主梁之间截面的弯矩 M_{2-3} 影响线可计算如下。

$P=1$ 作用在1号梁轴上时：

$$\eta^{M}_{(2-3)} = \eta_{11} \times 1.5d + \eta_{21} \times 0.5d - 1 \times 1.5d$$
$$= 0.6 \times 1.5 \times 1.6 + 0.4 \times 0.5 \times 1.6 - 1.5 \times 1.6 = 0.64$$

$P=1$ 作用在5号梁轴上时：

$$\eta^{M}_{(2-3)5} = \eta_{15} \times 1.5d + \eta_{25} \times 0.5d = (-0.20) \times 1.5 \times 1.6 + 0 \times 0.5 \times 1.6 = -0.48$$

$P=1$ 作用在3号梁轴上时（$\eta_{13} = \eta_{23} = \eta_{33} = 0.2$）：

$$\eta^{M}_{(2-3)3} = \eta_{13} \times 1.5d + \eta_{23} \times 0.5d = 0.20 \times 1.5 \times 1.5 + 0.20 + 0.5 + 1.6 = 0.64$$

有了此3个竖标值和已知影响线折点位置（即所计算截面的位置），就可绘出 M_{2-3} 影响线如图1-2-36a）所示。

②绘制剪力影响线

对于1号主梁处截面的 $Q_1^{右}$ 影响线可计算如下。

$P=1$ 作用在计算截面以右时：

$$Q_1^{右} = R_1$$

即：$\eta_{1i}^{Q右} = \eta_{1i}$（就是1号梁荷载横向影响线）$P=1$ 作用在计算截面以左时：

$$Q_1^{右} = R_1 - 1 \text{ 即 } \eta_{1i}^{Q右} = \eta_{1i} - 1$$

绘成的 $Q_1^{右}$ 影响线如图1-2-36b）所示。

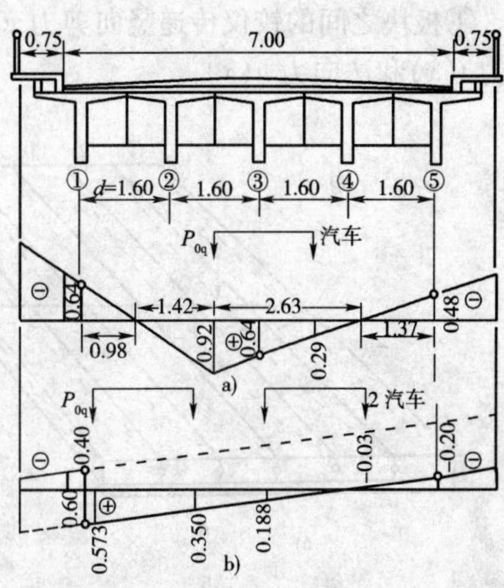

图1-2-36　中横隔梁内力的影响线（尺寸单位：m，力单位：kN）

a）M_{2-3} 影响线；b）$Q_1^{右}$ 影响线

（3）截面内力计算

将求得的计算荷载 P_{0q} 在相应的影响线上按最不利荷载位置加载，对于汽车荷载并计入冲击影响（$1+\mu$）$=1.191$，则得：

弯矩 M_{2-3}：汽车公路—Ⅰ级

$$M_{2-3} = (1+\mu) \cdot \zeta \cdot P_{0q} \sum \eta = 1.191 \times 1 \times 119.8 \times (0.92 + 0.29)$$
$$= 172.6\text{kN} \cdot \text{m}$$

剪力 $Q_1^{右}$：汽车公路—Ⅰ级

$$Q_1^{右} = (1+\mu) \cdot \zeta \cdot P_{0q} \cdot \sum \eta = 1.191 \times 1 \times 119.8 \times$$
$$(0.575 + 0.350 + 0.188 - 0.038) = 153.4\text{kN}$$

鉴于横隔梁的结构重力内力甚小，计算中可略去不计，则按极限状态设计的计算内力为：

$$M_{\max(2-3)} = 0 + 1.4 \times 172.6 = 241.64\text{kN} \cdot \text{m}$$

内力效应组合：

$$Q^{右}_{\max,1} = 0 + 1.4 \times 153.4 = 214.74\text{kN}$$

有了作用效应组合设计值，并根据横隔梁钢筋大样图中所表示的横隔梁配筋情况进行横隔梁抗弯强度校核。

项目2 简支板桥上部结构强度校核

一、主板作用效应计算

（一）荷载横向分布计算

1. 跨中荷载横向分布计算

对于用现浇混凝土纵向企口缝的装配式板桥，由于板块间横向具有一定的连接构造，但其连接刚性又很薄弱，因此对于跨中荷载横向分布的计算，上面所述的“刚接梁法”和“偏心压力法”均不适用。鉴于这类结构的受力状态实际接近于数根并列而相互间横向铰接的狭长板，故对此专门拟定了横向铰接板理论来计算荷载的横向分布。

（1）基本假定

①板块之间的铰仅传递竖向剪力 $g(x)$，而略去图1-2-37中所示的横向弯矩 $m(x)$、纵向剪力 $t(x)$ 和法向力 $n(x)$。

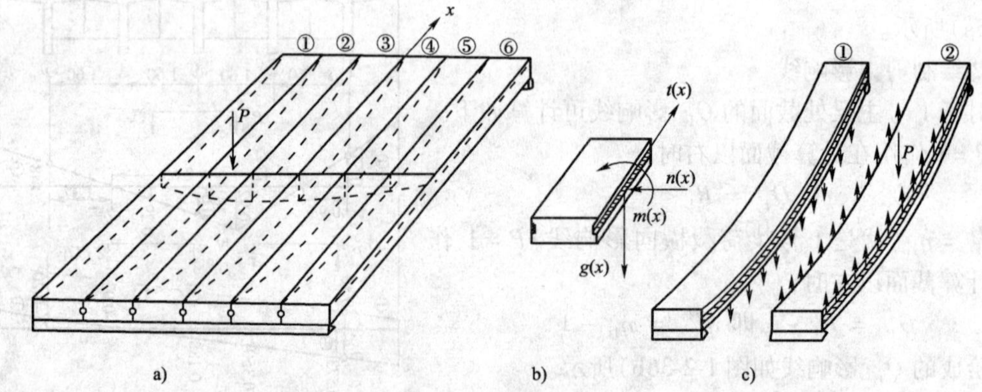

图1-2-37 铰接板桥受力示意图

②作用在桥跨上的集中荷载，近似地用沿桥跨连续分布的正弦等效荷载 $p(x)=p_0\sin\dfrac{\pi x}{l}$ 来代替。

③略去材料泊松比 υ 的影响。

（2）铰接板桥的荷载横向分布影响线

根据以上所作的基本假定，铰接板桥的受力图式如图1-2-38所示。

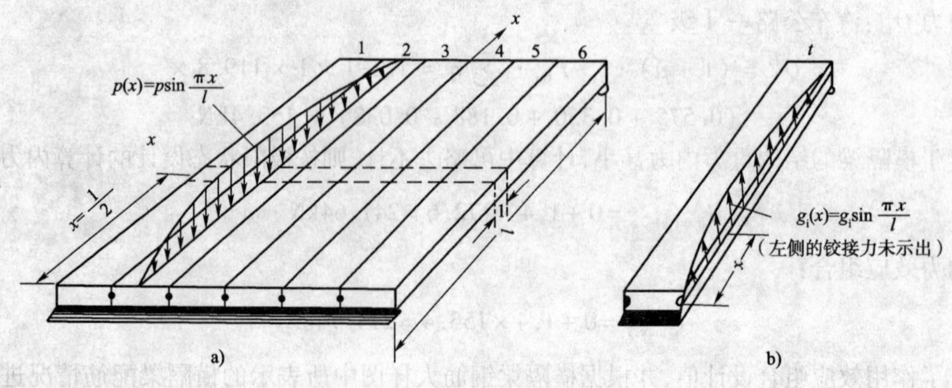

图1-2-38 铰接板桥受力图式

当用一个等效的正弦荷载 $p(x)=p_0\sin\frac{\pi x}{l}$ 代替集中荷载 P 作用在 1 号板上，在各个铰接缝处引起的铰接力 $g_1(x)=g_1\sin\frac{\pi x}{l}$、$g_2(x)=g_2\sin\frac{\pi x}{l}$……也是正弦荷载，图 1-2-38b）中示出任意一条板的铰接力分布图形。因此，取板带任意截面的受力状态来分析都可以。为了方便起见，可以荷载和铰接力在桥跨中央的数值来进行研究，此时各板条间铰接力可用正弦分布铰接力的峰值 g_i 来表示。

一般说来，对于具有 n 条板组成的桥梁，必然有 $(n-1)$ 条铰缝。在板间沿铰缝切开，则每一铰缝内作用着一对大小相等、方向相反的正弦分布铰接力，因此对于 n 条板就有 $(n-1)$ 个欲求的未知铰接力峰值 g_i。求得了所有的 g_i，则根据力的平衡原理，可得到各板块的竖向荷载的峰值 η_{i1}，如果把正弦荷载的峰值换为单位 1 时，如图 1-2-39 所示的 5 块板为例，则各块板所受的力为：

$$\left.\begin{aligned}&1\text{ 号板}\quad \eta_{11}=1-g_1\\&2\text{ 号板}\quad \eta_{21}=g_1-g_2\\&3\text{ 号板}\quad \eta_{31}=g_2-g_3\\&4\text{ 号板}\quad \eta_{41}=g_3-g_4\\&5\text{ 号板}\quad \eta_{51}=g_4\end{aligned}\right\}\tag{1-2-34}$$

根据功的互等定理，可以导出 $\eta_{21}=\eta_{12}$、$\eta_{31}=\eta_{13}$、$\eta_{41}=\eta_{14}$、$\eta_{51}=\eta_{15}$。把 η_{11}、η_{12}、η_{13}、η_{14}、η_{15} 按比例描绘在各号板的下面，连接这些竖标点，便得到 1 号板的荷载横向影响线。同理，可求得其他板块的荷载横向影响线。这样处理，就把求荷载横向影响线的问题变为求铰接力的问题。

（3）铰接力的正则方程

为了求得这些铰接处的未知力 g_1、g_2…，就要利用两块在铰接处的竖向位移相等的弹性变形协调条件。在每一个铰接缝处都有一个未知铰接力，根据协调条件，即有一个正则方程。例如，图 1-2-39 中共有 4 个铰接缝，也就有 4 个未知力，因而它是 4 次超静定的。由于在每个铰接缝处，相邻两块板的相对位移为零，则可列出 4 个正则方程。

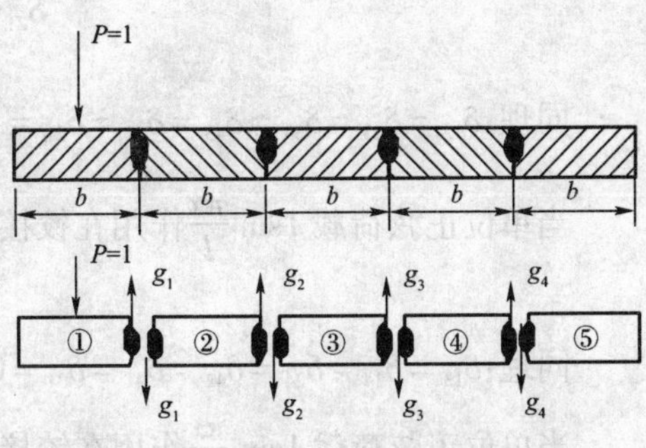

图 1-2-39　铰接板桥计算图式

$$\left.\begin{aligned}\delta_{11}g_1+\delta_{12}g_2+\delta_{13}g_3+\delta_{14}g_4+\delta_{1p}&=0\\\delta_{21}g_1+\delta_{22}g_2+\delta_{23}g_3+\delta_{24}g_4+\delta_{2p}&=0\\\delta_{31}g_1+\delta_{32}g_2+\delta_{33}g_3+\delta_{34}g_4+\delta_{3p}&=0\\\delta_{41}g_1+\delta_{42}g_2+\delta_{43}g_3+\delta_{44}g_4+\delta_{4p}&=0\end{aligned}\right\}\tag{1-2-35}$$

为了确定正则方程中的常系数 δ_{ik}、δ_{ip}，可设单位正弦荷载 $1\sin\frac{\pi x}{l}$ 作用于一块板的轴线上，板块跨中的挠度为 ω；单位正弦荷载作用于板边（铰接缝处），板块跨中除了有一个挠度 ω 外，还有一个转角 φ。这样在板的一侧总挠度为 $\omega+b\frac{\varphi}{2}$，另一侧的总挠度为 $\omega-b\frac{\varphi}{2}$，如图 1-2-40 所示。符号规定：当 δ_{ik} 与 g_i 的方向一致时取正号，反之取负号。根据这样的规定，便可把正则方程中的各个系数确定出来。现以图 1-2-41 为例来说明。

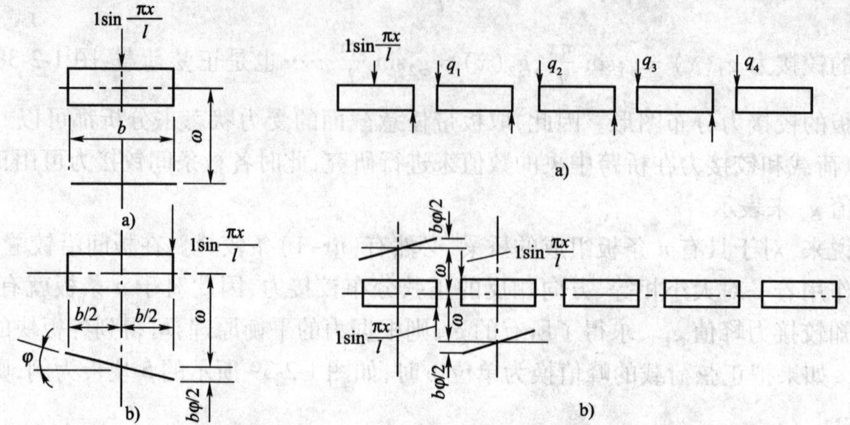

图 1-2-40　板的挠度和扭转角　　图 1-2-41　铰接板的受力分析图式

当单位正弦荷载 $1\sin\dfrac{\pi x}{l}$ 作用在铰接缝 1 处时，在铰接缝 1 处引起的竖向相对位移为：

$$\delta_{11} = 2\left(\omega + \frac{b}{2}\varphi\right)$$

同理：$\delta_{22} = \delta_{33} = \delta_{44} = \delta_{11} = 2\left(\omega + \dfrac{b}{2}\varphi\right)$

当单位正弦荷载 $1\sin\dfrac{\pi x}{l}$ 作用在铰接缝 1 处时，在铰接缝 2 处引起的竖向相对位移为：

$$\delta_{21} = -\left(\omega - \frac{b}{2}\varphi\right)$$

同理：$\delta_{12} = \delta_{23} = \delta_{34} = \delta_{43} = \delta_{32} = \delta_{21} = -\left(\omega - \dfrac{b}{2}\varphi\right)$

当单位正弦荷载 $1\sin\dfrac{\pi x}{l}$ 作用在铰接缝 1 处时，在铰接缝 3 处未引起的竖向相对位移为：

$$\delta_{31} = 0$$

同理：$\delta_{13} = \delta_{14} = \delta_{24} = \delta_{42} = \delta_{41} = \delta_{31} = 0$

当单位正弦荷载 $1\sin\dfrac{\pi x}{l}$ 作用在铰接缝 1 处时，则 1 号板的跨中挠度为：

$$\delta_{1p} = -\omega$$

$$\delta_{2p} = \delta_{3p} = \delta_{4p} = 0$$

将上述的系数代入式(1-2-35)，使全式除以 ω 并设刚度参数 $r = \dfrac{b\varphi/2}{\omega}$，则得正则方程的化简形式：

$$\left.\begin{aligned}
2(1+r)g_1 - (1-r)g_2 &= 1 \\
-(1-r)g_1 + 2(1+r)g_2 - (1-r)g_3 &= 0 \\
-(1-r)g_2 + 2(1+r)g_3 - (1-r)g_4 &= 0 \\
-(1-r)g_3 + 2(1+r)g_4 &= 0
\end{aligned}\right\} \tag{1-2-36}$$

当板的扭转位移与其挠度的比值 r 为已知时，便可从式(1-2-36)求得 g_1、g_2、g_3 和 g_4，再把这些值代入式(1-2-34)中，就可求得1号板的荷载横向影响线。

为了设计使用上的方便起见，根据不同的 r 值算出对应的影响线竖标，编成表格（见附表Ⅰ）。表中给出了板块数目 $n=3\sim10$ 的各号板的横向影响线竖标，并按刚度参数 $r=0.00\sim2.00$ 列出了 η_{ik} 的数值，对于非表列的 r 值，可用直线内插来计算。

有了跨中荷载横向影响线，就可计算各类荷载的跨中横向分布系数 m_c。

(4)刚度参数 r 值的确定

r 为扭转位移 $b\varphi/2$ 与板的挠度之比。现应用《材料力学》中提供的计算公式计算简支板在半波正弦荷载作用下跨中挠度 ω 和扭转角 φ。

当正弦荷载 $p(x)$ 作用于简支板轴线时，板的跨中挠度为：

$$\omega = \frac{pl^4}{\pi^4 EI} \tag{1-2-37}$$

当正弦荷载 $p(x)$ 作用于板边时，板的跨中扭转角为：

$$\varphi = \frac{pbl^2}{2\pi^2 GI_T} \tag{1-2-38}$$

于是，

$$r = \frac{b\varphi}{2\omega} = \frac{\pi^2 EI}{4GI_T}\left(\frac{b}{l}\right)^2 = 5.8\frac{I}{I_T}\left(\frac{b}{l}\right)^2 \tag{1-2-39}$$

式中：E——板的材料弹性模量；

G——板的材料剪切模量，对混凝土 $G=0.425E$；

I——板的抗弯惯性矩；

I_T——板的抗扭惯性矩。

相关链接　抗扭惯性矩 I_T 的计算

对于矩形截面或多个矩形组成的开口截面，可利用下式并查表1-2-4计算抗扭惯性矩 I_T。

$$I_T = \sum_{i=1}^{m} c_i b_i t_i^3 \tag{1-2-40}$$

式中：b_i、t_i——相应为单个矩形截面的宽度和厚度；

c_i——矩形截面抗扭刚度系数，根据 t/b 比值按表1-2-4计算；

m——梁截面划分成单个矩形截面的块数。

对于封闭的薄壁截面或箱形截面：

$$I_T = \frac{4\Omega^2}{\oint \frac{ds}{t}} \tag{1-2-41}$$

式中：Ω——薄壁中线所围的面积。

倘若遇到封闭薄壁截面上带有“翅翼”的一般情况，如图1-2-42所示，则总抗扭惯性矩可近似地叠加计算：

$$I_T = \frac{4\Omega^2}{\oint \frac{ds}{t}} + \sum_{i=1}^{n} c_i b_i t_i^3 \tag{1-2-42}$$

式中第二项为前面的式(1-2-40)。

现以图1-2-43所示的箱形截面为例来说明式(1-2-42)的应用。对此

$$\Omega = b \cdot h$$

$$\oint \frac{ds}{t} = \frac{b}{t_1} + \frac{b}{t_2} + \frac{2h}{t_3}$$

$$I_T = \frac{4\Omega^2}{\oint \frac{ds}{t}} + \sum_{i=1}^{n} c_i b_i t_i^3 \qquad \frac{4b^2h^2}{b\left(\frac{1}{t_1} + \frac{1}{t_2}\right) + \frac{2h}{t_3}} + 2c \cdot at_4^3 \tag{1-2-43}$$

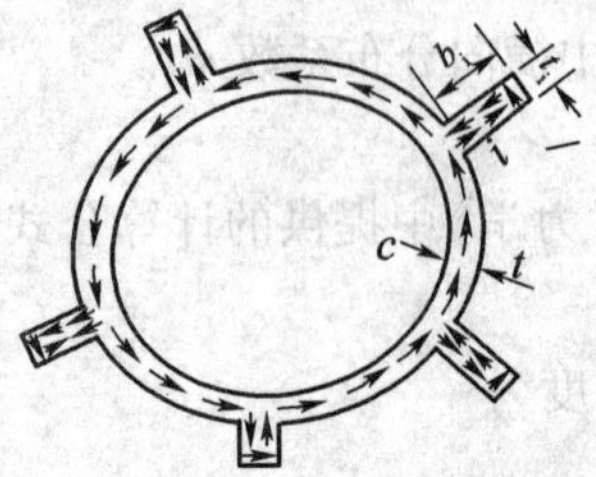

图 1-2-42 带“翅翼”的封闭截面 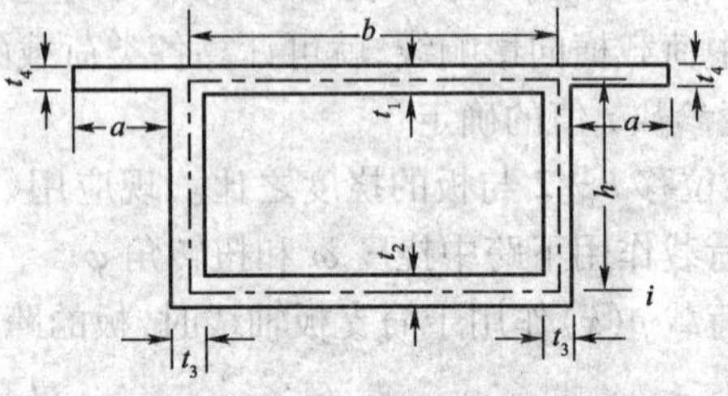　　　　图 1-2-43 箱形截面

计算实例：

图 1-2-44a) 所示为跨径 $l = 12.60$m 的铰接空心板的横截面布置，桥面为净—7m + 2 × 0.75m人行道。全桥跨由 9 块预应力混凝土空心板组成，欲求 1 号、3 号和 5 号板在汽车和人群荷载作用下的跨中荷载横向分布系数。

(1) 计算空心板的抗弯惯性矩 I

本例空心板是上下对称截面，形心轴位于高度中央，故其抗弯惯性矩为[参见图 1-2-41c)]：

$$I = \frac{99 \times 60^3}{12} - 2\frac{38 \times 8^3}{12} - 4\left[0.006\,86 \times 38^4 + \frac{1}{2} \cdot \frac{\pi \times 38^2}{4}\left(\frac{8}{2} + 0.212\,2 \times 38\right)^2\right]$$

$$= 1\,782\,000 - 3\,243 - 4 \times 96\,828$$

$$= 1\,391 \times 10^3 \text{cm}^4$$

(2) 计算空心板截面的抗扭惯性矩 I_T

本例空心板截面可近似简化成图 1-2-44b) 中虚线所示的薄壁箱形截面来计算 I_T，按前面式(2-2-24)，则得：

$$I_T = \frac{4(99-8)^2(60-7)^2}{(99-8)(\frac{1}{7} + \frac{1}{7}) + \frac{2(60-7)}{8}}$$

$$= \frac{93\,045\,000}{26 + 13.25} = 2.37 \times 10^6 \text{cm}^4$$

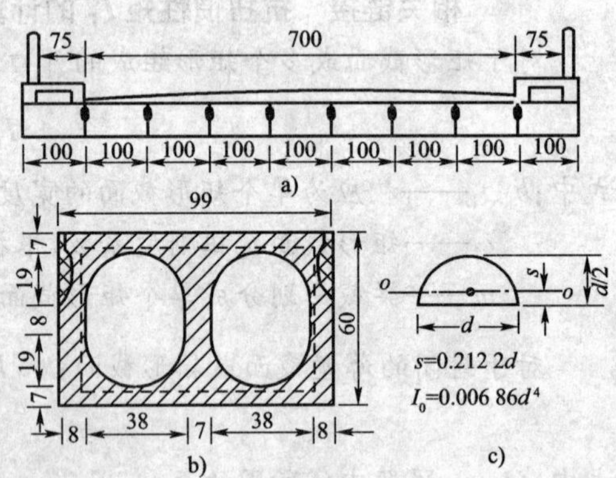

图 1-2-44 空心板桥横截面(尺寸单位：cm)

(3) 计算刚度参数 r

$$r = 5.8\frac{I}{I_T}\left(\frac{b}{l}\right)^2 = 5.8\frac{1\,391 \times 10^3}{2\,370 \times 10^3}\left(\frac{100}{1\,260}\right)^2 = 0.021\,4$$

(4) 计算跨中荷载横向分布影响线

从荷载横向分布影响线计算用表(附表Ⅰ)中所属 9-1、9-3 和 9-5 的分表，在 $r = 0.02$ 与 0.04之间按直线内插法求得 $r = 0.021\,4$ 的影响线竖标值 η_{1i}、η_{3i}和 η_{5i}。计算见表 1-2-6(表中的数值为实际 η_{ki}的小数点后三位数字)。

由直线内插法计算 $r=0.021\,4$ 的影响线竖标值　　表 1-2-6

板号	r	单位荷载作用位置（i 号板中心）									$\sum\eta_{ki}$
		1	2	3	4	5	6	7	8	9	
1	0.02	236	194	147	113	088	070	057	049	046	≈1 000
	0.04	306	232	155	104	070	048	035	026	023	
	0.021 4	241	197	148	112	087	068	055	047	044	
3	0.02	147	160	164	141	110	087	072	062	057	≈1 000
	0.04	155	181	195	159	108	074	053	040	035	
	0.021 4	148	161	166	142	110	086	071	060	055	
5	0.02	088	095	110	134	148	134	110	095	088	≈1 000
	0.04	070	082	108	151	178	151	108	082	070	
	0.021 4	087	094	110	135	150	135	110	094	087	

将表中 η_{1i}、η_{3i} 和 η_{5i} 之值按一定比例尺，绘于各号板的轴线下方，连接成光滑曲线后，就得 1 号、3 号和 5 号板的荷载横向分布影响线，如图 1-2-45b)、c) 和 d) 所示。

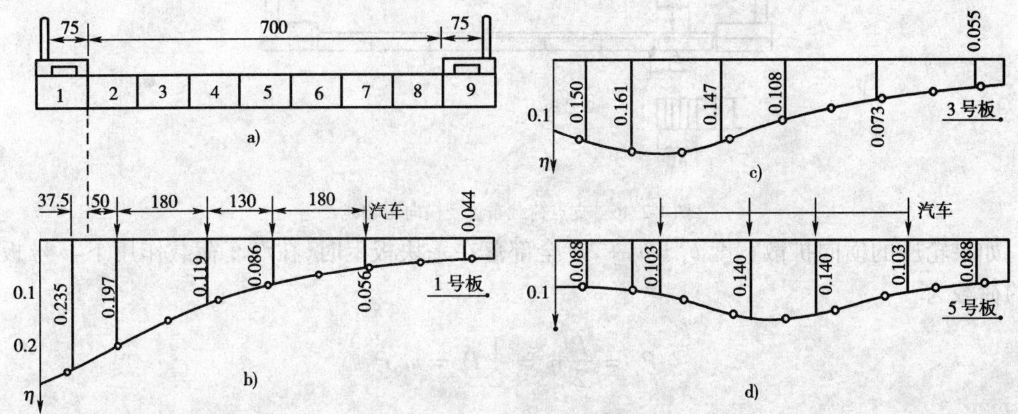

图 1-2-45　1、3 和 5 号板的荷载横向分布影响线（尺寸单位：cm）

（5）计算荷载横向分布系数

沿横向确定最不利荷载位置后，就可计算跨中荷载横向分布系数如下：

对于 1 号板：

汽车荷载：

$$m_{cq}=\frac{1}{2}(0.197+0.119+0.086+0.056)=0.229$$

人群荷载：

$$m_{cr}=0.235+0.044=0.279$$

对于 3 号板：

汽车荷载：

$$m_{cq}=\frac{1}{2}(0.161+0.147+0.108+0.073)=0.245$$

人群荷载：

$$m_{cr} = 0.150 + 0.055 = 0.205$$

对于 5 号板:

汽车荷载:

$$m_{eq} = \frac{1}{2}(0.103 + 0.140 + 0.140 + 0.103) = 0.243$$

人群荷载:

$$m_{cr} = 0.088 + 0.088 = 0.176$$

综上所得,汽车荷载的横向分布系数的最大值为 $m_{eq} = 0.245$,最大的人群荷载为 $m_{cr} = 0.279$。在设计中通常偏安全地取这些最大值来计算内力。

2. 装配式简支板桥荷载在支点时的横向分布系数

当荷载作用在支点上时,由于铰式链的刚度小于支座的刚度,因此,作用在板面上的荷载将直接传递给支座,而不通过铰式键向相邻的板传递。此时荷载的横向影响线就如图 1-2-46 所示的竖标值等于 1 的矩形。

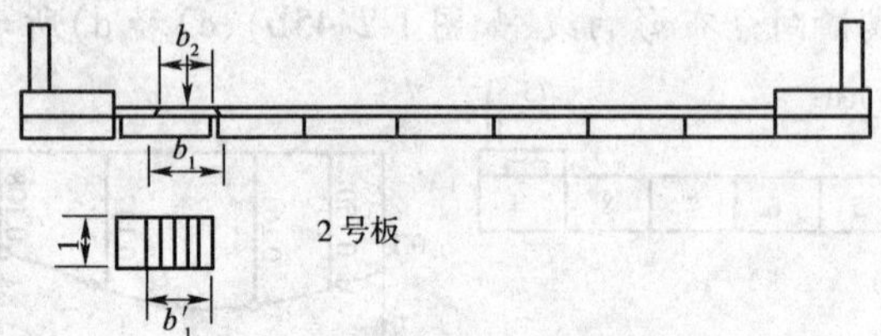

图 1-2-46 支点荷载布置及横向影响线

如果轮压的横向扩散宽度 $b_1 = b_2 + 2H$ 全部落在一块板上时,在汽车荷载作用下,i 号板受到的荷载为:

$$P_i = \frac{P}{2}\eta = \frac{1}{2}P = m_0 P$$

如果轮压的横向扩散宽度不是全部落在一块板上时,就只需要考虑轮压扩散宽度在 i 号板上的那一部分的横向影响线面积来计算荷载横向分布系数。在汽车荷载作用下,i 号板受到的荷载为:

$$P_i = \frac{P}{2b_1}\omega = \frac{1 \times b'_1}{2b_1}P = \frac{b'_1}{2b_1} = m_0 P$$

式中:b'_1——作用于 i 号板上的荷载扩散宽度;

ω——对应于 b'_1 宽度的影响线面积;

m_0——支点荷载横向分布系数。

3. 荷载横向分布系数沿跨径的变化

对于板桥无横隔梁,因此板桥的荷载横向分布系数跨中部分采用不变的 m_c,从离支点 $\frac{l}{4}$ 处起至支点的区段内,m_x 呈直线形过渡。

4. 简支板的荷载作用效应计算

简支板的荷载作用效应计算与简支梁的荷载作用效应计算方法相同,此处不再赘述。

(二)强度校核

对于简支板桥的强度校核方法与简支梁桥基本相同,根据作用组合相应设计值和主板钢筋大样图中钢筋的布置情况，利用《结构设计原理》中的方法进行强度校核即可。

工序三　变形校核

设计一座钢筋混凝土或预应力混凝土梁桥，除了要对主梁进行强度计算或应力验算，以确定结构具有足够的强度安全储备外，还要计算梁的变形（通常指竖向挠度），以确保结构具有足够的刚度。因为桥梁如发生过度的变形，将不但会导致高速行车困难，加大车辆的冲击作用，引起桥梁的剧烈振动和使行人不适，而且可能使桥面铺装层和结构的辅助设备遭致损坏，严重者甚至危及桥梁的安全。

桥梁的挠度，按产生的原因可分成结构重力和活载挠度，按作用时间长短可分为短期挠度和长期挠度。结构重力（包括预应力、混凝土徐变和收缩作用）是恒久存在的，其产生的挠度与持续时间相关。活载挠度则是临时出现的，在最不利的荷载位置下，挠度达到最大值，随着活载的移动，挠度逐渐减小，一旦活载驶离桥梁，挠度就告消失。

结构重力挠度并不表征结构的刚度特性，它不难通过施工时预设的反向挠度或称预拱度来加以抵消，使竣工后的桥梁达到理想的线形。

伴随活载产生的活载挠度，使梁引起反复变形，变形的幅度（即挠度）愈大，可能发生的冲击和振动作用也愈强烈，对行车的影响也愈大。因此，在桥梁设计中就需要通过验算活载挠度来体现结构的刚度特性。

对于受弯构件的永久作用和可变作用挠度，可用熟知的结构力学方法计算。其中，荷载短期效应作用下的跨中截面挠度值f_s按下式近似计算：

$$f_s = \frac{5}{48} \cdot \frac{M_s l^2}{B} \tag{1-2-44}$$

式中：M_s——荷载短期效应组合的设计弯矩值；

l——主梁计算跨径；

B——受弯构件的刚度。

受弯构件的刚度可按下式计算：

1. 钢筋混凝土构件

$$B = \frac{B_0}{\left(\frac{M_{cr}}{M_s}\right)^2 + \left[\left(1 - \frac{M_{cr}}{M_s}\right)^2\right]\frac{B_0}{B_{cr}}}$$

$$M_{cr} = \gamma f_{tk} W_0$$

式中：B——开裂构件等效截面的抗弯刚度；

B_0——全截面的抗弯刚度，$B_0 = 0.95E_c I_0$；

B_{cr}——开裂截面的抗弯刚度，$B_{cr} = E_c I_{cr}$；

M_{cr}——开裂弯矩；

γ——构件受拉区混凝土塑性影响系数；

I_0——全截面换算截面惯性矩；

I_{cr}——开裂截面换算截面惯性矩；

f_{tk}——混凝土轴心抗拉强度标准值。

2. 预应力混凝土构件

(1)全预应力混凝土和 A 类预应力混凝土构件 $B_0=0.95E_cI_0$。

(2)允许开裂的 B 类预应力混凝土构件:

在开裂弯矩 M_{cr} 作用下 $B_0=0.95E_cI_0$;

在(M_s-M_{cr})作用下 $B_0=E_cI_{cr}$;

开裂弯矩 M_{cr} 按下式计算:

$$M_{cr}=(\sigma_{pc}+\gamma f_{tk})W_0$$

式中:S_0——全截面换算截面重心轴以上(或以下)部分面积对重心轴的面积矩;

σ_{pc}——扣除全部预应力损失预应力钢筋和普通钢筋合力 N_{p0} 在构件抗裂边缘产生的混凝土预压应力;

W_0——换算截面抗裂边缘的弹性抵抗矩。

受弯构件在使用阶段的挠度应考虑荷载长期效应的影响,即按荷载短期效应组合计算的挠度值,乘以挠度长期增长系数,即:

$$f_c=\eta_\theta f_s$$

式中:f_c——长期挠度值;

η_θ——挠度长期增长系数,当采用 C40 以下混凝土时,取为 1.6;当采用 C40 ~ C80 混凝土时,取为 1.45 ~ 1.35,中间强度等级可按直线内插取用;计算预应力混凝土简支梁反拱值时,取用 2.0;

f_s——按短期荷载效应组合计算的短期挠度值。

规范规定,钢筋混凝土和预应力混凝土受弯构件按上述计算的长期挠度值,在消除结构自重产生的长期挠度后梁式桥主梁的最大挠度处不应超过计算跨径的 1/600 ;梁式桥主梁的悬臂端不应超过悬臂长度的 1/300。

为了消除结构重力挠度而设置的预拱度(指跨中的反向挠度)。其值通常取结构自重和 1/2 可变荷载频遇值计算的长期挠度值之和,这意味着在常遇荷载情况下桥梁基本上接近直线状态。对于位于竖曲线上的桥梁,应视竖曲线的凸起(或凹下)情况,适当增(或减)预拱度值,使竣工后的线形与竖曲线接近一致。

对于一般小跨径的钢筋混凝土梁桥,当结构重力和静活载所计算的挠度不超过 l/1 600 时,可以不设预拱度。

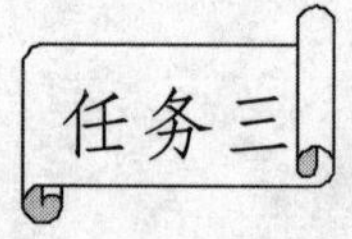

核算工程量

大多数的工程招标,其工程量表是由业主作为招标文件的一部分提供的,但也有的工程招标,并没有工程量清单,而仅有招标图纸,从而参加招标的公司需要按照自己的经验列出细目并计算工程量。承包人自己核算工程量,不仅是为了计算投标价格,而且也是为了今后实施工程中核定每项工程付款的依据。如果工程承包合同属于总价合同,按图纸核算工程量就更为重要,因为在总价合同条件下,由于工程量错误而导致的风险,是由承包人承担的。

在熟识桥梁施工图纸并进行图纸审核以后，下一个工作任务便是对图纸中各部件及桥梁总的工程数量进行核算。

在工程量核算时，首先应对每一张图纸中的工程材料数量表中的细目进行核算，然后按分项工程进行汇总，最后与"全桥工程数量表"进行对比，如果发现不符，及时与施工监理工程师取得联系，并上报业主。

在工程量核算完毕后，根据有关规定列出工程量清单。工程量清单如何填写及计算，具体将在《公路招投标与工程造价》课程中讲授。

相关链接　桥梁上的作用

一、规范中有关作用的规定

（一）作用的分类和代表值

根据使用任务，桥梁结构除了承受本身自重、汽车、各种非机动车和人群荷载等外，而且，鉴于桥梁结构处在自然环境之中，还要经受气候、水文等种种复杂因素（外力）的影响。

1. 作用的分类

公路桥涵设计采用的作用分为永久作用、可变作用和偶然作用三类，见表1-3-1。

作用的分类　　表1-3-1

编　号	作用分类	作用名称
1	永久作用	结构重力（包括结构附加重力）
2		预加力
3		土的重力
4		土侧压力
5		混凝土收缩及徐变作用
6		水的浮力
7		基础变位作用
8	可变作用	汽车荷载
9		汽车冲击力
10		汽车离心力
11		汽车引起的土侧压力
12		人群荷载
13		汽车制动力
14		风荷载
15		流水压力
16		冰压力
17		温度（均匀温度和梯度温度）作用
18		支座摩阻力
19	偶然作用	地震作用
20		船舶或漂流物的撞击作用
21		汽车撞击作用

2. 作用的代表值

公路桥涵设计时,对不同的作用应采用不同的代表值。

(1)永久作用应采用标准值作为代表值。

(2)可变作用应根据不同的极限状态分别采用标准值、频遇值或准永久值作为其代表值。承载能力极限状态设计及按弹性阶段计算结构强度时应采用标准值作为可变作用的代表值。正常使用极限状态按短期效应(频遇)组合设计时,应采用频遇值作为可变作用的代表值;按长期效应(准永久)组合设计时,应采用准永久值作为可变作用的代表值。

(3)偶然作用取其标准值作为代表值。

3. 作用代表值的取用

作用的代表值按下列规定取用:

(1)永久作用的标准值,对结构自重力(包括结构附加重力),可按结构构件的设计尺寸与材料的重力密度计算确定。

(2)可变作用的标准值应按规范有关章节中的规定采用。

可变作用频遇值为可变作用标准值乘以频遇值系数 ψ_1。可变作用准永久值为可变作用标准值乘以准永久值系数 ψ_2。

(3)偶然作用应根据调查、试验资料,结合工程经验确定其标准值。

作用的设计值规定为作用的标准值乘以相应的作用分项系数。

(二)永久作用

在结构使用期内,其量值不随时间变化,或其变化值与平均值比较可忽略不计的作用称为永久作用。

结构自重力及桥面铺装、附属设备等附加重力均属结构重力,结构重力标准值可按表 1-3-2 所列常用材料的重度计算。

常用材料的重度 表 1-3-2

材料种类	重度(kN/m^3)	材料种类	重度(kN/m^3)
钢、铸钢	78.5	浆砌片石	23.0
铸铁	72.5	干砌块石或片石	21.0
锌	70.5	沥青混凝土	23.0~24.0
铅	114.0	沥青碎石	22.0
黄铜		碎(砾)石	21.0
青铜		填土	17.0~18.0
钢筋混凝土或预应力混凝土	25.0~26.0	填石	19.0~20.0
混凝土或片石混凝土	24.0	石灰三合土、石灰土	17.5
浆砌块石或料石	24.0~25.0		

预加力在结构进行正常使用极限状态设计和使用阶段构件应力计算时,应作为永久作用计算其主效应和次效应,并计入相应阶段的预应力损失,但不计由于预加力偏心距增大引起的附加效应。在结构进行承载能力极限状态设计时,预加力不作为作用,而将预应力钢筋作为结构抗力的一部分,但在连续梁等超静定结构中,仍需考虑预加力引起的次效应。

1. 土的重力及土侧压力计算

土的重力及土侧压力按下列规定计算:

(1)静土压力的标准值可按下列公式计算:

$$e_j = \xi\gamma h \tag{1-3-1}$$

$$\xi = 1 - \sin\phi \tag{1-3-2}$$

$$E_j = \frac{1}{2}\xi\gamma H^2 \tag{1-3-3}$$

式中:e_j——任一高度 h 初的静土压力强度(kN/m^2);

ξ——压实土的静土压力系数;

γ——土的重度(kN/m^3);

ϕ—— 土的内摩擦角(°);

h——填土顶面至任一点的高度(m);

H——填土顶面至基底高度(m);

E_j——高度 H 范围内单位宽度的静土压力标准值(kN/m)。

在计算倾覆和滑动稳定时,墩、台、挡土墙前侧地面以下不受冲刷部分土的侧压力可按静土压力计算。

(2)主动土压力的标准值可按下列公式计算(图 1-3-1):

①当土层特性无变化且无汽车荷载时,作用在桥台、挡土墙前后的主动土压力标准值可按下式计算:

$$E = \frac{1}{2}B\mu\gamma H^2 \tag{1-3-4}$$

$$\mu = \frac{\cos^2(\phi - \alpha)}{\cos^2\alpha \cdot \cos(\alpha + \delta)\left[1 + \sqrt{\dfrac{\sin(\phi + \delta)\sin(\phi - \beta)}{\cos(\alpha + \delta)\cos(\alpha - \beta)}}\right]^2} \tag{1-3-5}$$

式中:E——主动土压力标准值(kN);

γ——土的重度(kN/m^3);

B——桥台的计算宽度或挡土墙的计算长度(m);

H——计算土层高度(m);

β——填土表面与水平面的夹角,当计算台后或墙后的主动土压力时,β 按图 1-3-1a)取正值;当计算台前或墙前主动土压力时,β 按图 1-3-1b)取负值;

α——桥台或挡土墙背与竖直面的夹角,俯墙背(图 1-3-1)时为正值,反之为负值;

δ——台背或墙背与填土间的摩擦角,可取 $\delta = \phi/2$。

主动土压力的着力点自计算土层底面起,$C = H/3$。

②当土层特性无变化但有汽车荷载作用时,作用在桥台、挡土墙后的主动土压力标准值在 $\beta = 0°$ 时可按下式计算:

$$E = \frac{1}{2}B\mu\gamma H(H + h) \tag{1-3-6}$$

式中:h——汽车荷载的等代均布土层厚度(m)。

主动土压力的着力点自计算土层底面起,$C = \frac{H}{3} \times \frac{H + 3h}{H + 2h}$。

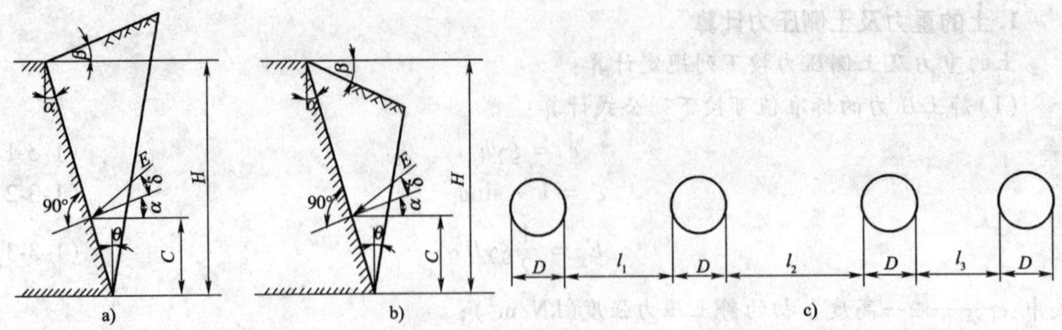

图 1-3-1　主动土压力

③当 $\beta=0°$ 时，破坏棱体破裂面与竖直线间夹角 θ 的正切值可按下式计算：

$$\tan\theta = -\tan\omega + \sqrt{(\cos\phi + \tan\omega)(\tan\omega - \tan\alpha)} \tag{1-3-7}$$

式中，$\omega=\alpha+\delta+\phi$。

(3)当土层特性有变化或受水位影响时，宜分层计算土的侧压力。

(4)土的重力密度和内摩擦角应根据调查或试验确定，当无实际资料时，可按现行的《公路桥涵设计通用规范》(JTG D60—2004)和《公路桥涵地基与基础设计规范》(JTG D63—2007)有关规定采用。

(5)承受土侧压力的柱式墩台，作用在柱上的土压力计算宽度，按下列规定采用[图1-3-1c)]：

①当 $l_i \leqslant D$ 时，作用在每根柱上的土压力计算宽度按下式计算：

$$b = \frac{nD + \sum_{i=1}^{n-1} l_i}{n} \tag{1-3-8}$$

式中：b——土压力计算宽度(m)；

D——柱的直径或宽度(m)；

l_i——柱间净距(m)；

n——柱数。

②当 $l_i > D$ 时，应根据柱的直径或宽度来考虑柱间空隙的折减。

当 $D \leqslant 1.0$m 时，作用在每一柱上的土压力计算宽度可按下式计算：

$$b = \frac{D(2n-1)}{n} \tag{1-3-9}$$

当 $D > 1.0$m 时，作用在每一柱上的土压力计算宽度可按下式计算：

$$b = \frac{n(D+1)-1}{n} \tag{1-3-10}$$

(6)压实填土重力的竖向和水平压力强度标准值，可按下式计算：

竖向压力强度　　$q_v = \gamma h$　　(1-3-11)

水平压力强度　　$q_H = \lambda\gamma h$　　(1-3-12)

式中：γ——土的重度；

h——计算截面至路面顶的高度；

λ——侧压系数。

2. 水的浮力

基础地面位于透水性地基上的桥梁墩台，当验算稳定时，应考虑设计水位的浮力；当验算地基应力时,可仅考虑低水位的浮力,或不考虑水的浮力。基础嵌入不透水性地基的桥梁墩台不考虑水的浮力。作用在桩基承台底面的浮力,应考虑全部底面积。对桩嵌入不透水地基并灌注混凝土封闭者,不应考虑桩的浮力,在计算承台底面浮力时应扣除桩的截面面积。当不能确定地基是否漏水时,应以透水或不透水两种情况与其他作用结合,取其最不利者。

3. 混凝土收缩及徐变作用

外部超静定的混凝土结构、钢和混凝土的组合结构等应考虑混凝土收缩及徐变的作用。混凝土的收缩应变和徐变系数可按《桥规》的规定计算。混凝土徐变的计算,可假定徐变与混凝土应力呈线性关系。计算圬工拱圈的收缩作用效应时,如考虑徐变影响,作用效应可乘以0.45折减系数。

(三)可变作用

在结构使用期内,其量值随时间变化,且其变化值与平均值比较不可忽略的作用称为可变作用。

以下简要介绍桥梁设计中常用的车辆荷载及其影响力和人群荷载,有关其他可变作用的详细计算方法,可查阅《桥规》的相应条文。

1. 车道荷载

公路桥涵设计时,汽车荷载的计算图式、荷载等级及其标准值、加载方法和纵横向折减等应符合下列规定:

(1)汽车荷载分为公路—Ⅰ级和公路—Ⅱ级两个等级。

(2)汽车荷载由车道荷载和车辆荷载组成。车道荷载由均布荷载和集中荷载组成。桥梁结构的整体计算采用车道荷载;桥梁结构的局部加载、涵洞、桥台和挡土墙土压力等的计算采用车辆荷载。车辆荷载和车道荷载的作用不得叠加。

(3)各级公路桥涵设计的汽车荷载等级应符合表1-3-3的规定。

各级公路桥涵设计的汽车荷载等级 表1-3-3

公路等级	高速公路	一级公路	二级公路	三级公路	四级公路
汽车荷载等级	公路—Ⅰ级	公路—Ⅰ级	公路—Ⅱ级	公路—Ⅱ级	公路—Ⅱ级

二级公路为干线公路且重型车辆多时,其桥涵的设计可采用公路—Ⅰ级汽车荷载。

四级公路上重型车辆少时,其桥涵设计所采用的公路—Ⅱ级车道荷载的效应可乘以0.8的折减系数,车辆荷载的效应可乘以0.7的折减系数。

(4)车道荷载的计算图式见图1-3-2。

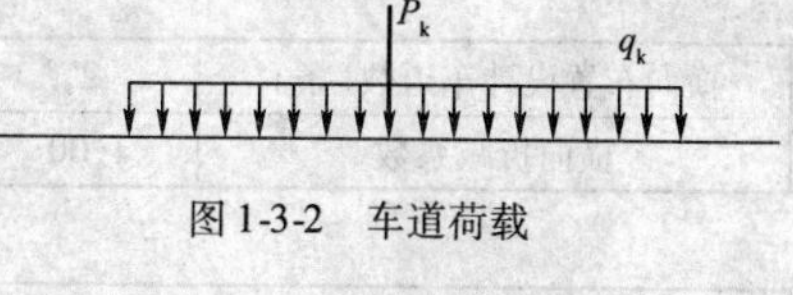

图1-3-2 车道荷载

①公路—Ⅰ级车道荷载的均布荷载标准值为 q_k = 10.5kN/m;集中荷载标准值按以下规定选取:桥梁计算跨径小于或等于5m时,P_k = 180kN;桥梁计算跨径等于或大于时50m,P_k = 360kN;桥梁计算跨径在5~50m之间时,P_k 值采用直线内插求得。计算剪力效应时,上述集中荷载标准值 P_k 应乘以1.2的系数。

②公路—Ⅱ级车道荷载的均布荷载标准值为 q_k 和集中荷载标准值 P_k 按公路—Ⅰ级车道荷载的0.75倍采用。

③车道荷载的均布荷载标准值应满布于使结构产生最不利效应的同号影响线上;集中荷载标准值只作用于影响线中一个最大影响线峰值处。

(5)车辆荷载的立面、平面尺寸见图1-3-3,主要技术指标规定于表1-3-4。

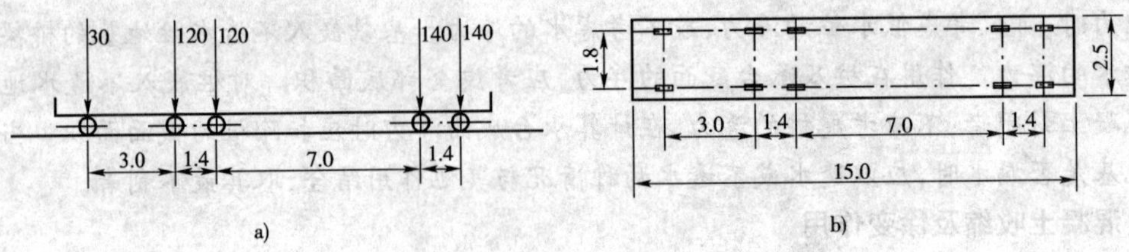

图 1-3-3　车辆荷载的立面、平面尺寸(尺寸单位:m)

a)立面;b)平面

桥涵设计车道数　　表 1-3-4

桥面宽度 W(m)		桥涵设计车道数
车道单向行驶时	车道双向行驶时	
$W<7.0$		1
$7.0\leqslant W<10.5$	$6.0\leqslant W<14.0$	2
$10.5\leqslant W<14.0$		3
$14.0\leqslant W<17.5$	$14.0\leqslant W<21.0$	4
$17.5\leqslant W<21.0$		5
$21.0\leqslant W<24.5$	$21.0\leqslant W<28.0$	6
$24.5\leqslant W<28.0$		7
$28.0\leqslant W<31.5$	$28.0\leqslant W<35.0$	8

公路—Ⅰ级和公路—Ⅱ级汽车荷载采用相同的车辆荷载标准值。

(6)车道荷载横向分布系数应按设计车道数如图 1-3-4 布置车辆荷载进行计算。

(7)桥涵设计车道数应符合表 1-3-5 的规定。多车道桥梁上的汽车荷载应考虑多车道折减。当桥涵设计车道数等于或大于 2 时,由汽车荷载产生的效应应按表 1-3-5 规定的多车道折减系数进行折减,但折减后的效应不得小于两设计车道的荷载效应。

图 1-3-4　车辆荷载的横向布置(尺寸单位:m)

(8)大跨径桥梁上的汽车荷载应考虑纵向折减。

当桥梁计算跨径大于 150m 时,应按表 1-3-6 规定的纵向折减系数进行折减。当为多跨连续结构时,整个结构应按最大的计算跨径考虑汽车荷载效应的纵向折减。

横向折减系数　　表 1-3-5

横向布置设计车道数(条)	2	3	4	5	6	7	8
横向折减系数	1.00	0.78	0.67	0.60	0.55	0.52	0.50

纵向折减系数　　表 1-3-6

计算跨径 L_0(m)	纵向折减系数	计算跨径 L_0(m)	纵向折减系数
$150<L_0<400$	0.97	$800\leqslant L_0<1\,000$	0.94
$400\leqslant L_0<600$	0.96	$L_0\geqslant 1\,000$	0.93
$600\leqslant L_0<800$	0.95		

2. 车辆荷载的影响力

车辆荷载的影响力包括汽车荷载的冲击力、离心力、车辆荷载引起的土侧压力(以上属基本可变荷载)和汽车制动力(属其他可变荷载)。

(1)汽车荷载的冲击力

车辆以较高速度驶过桥梁时，由于桥面不平整、车轮不圆以及发动机抖动等原因，会使桥梁结构引起振动，这种动力效应通常称为冲击作用。在此情况下，汽车荷载（动荷载）对桥梁结构所引起的应力和变形，要比同样大小的静荷载所引起的大。鉴于目前对冲击作用还不能从理论上作出符合实际的精确计算，一般就引出一个荷载增大系数，即冲击系数(μ)，来计及荷载的冲击作用。冲击作用是根据在现成桥梁上所做的振动试验结果分析整理出来的，在设计中可按不同结构种类选用相应的冲击系数。冲击系数可按下式计算：

当 $f < 1.5\text{Hz}$ 时，$\mu = 0.05$

当 $1.5\text{Hz} \leqslant f \leqslant 14\text{Hz}$ 时，$\mu = 0.1767\ln f - 0.0157$ (1-3-13)

当 $f > 14\text{Hz}$ 时，$\mu = 0.45$

式中：f——结构基频(Hz)。

鉴于结构物上的填料能起缓冲和扩散荷载的作用，故对于拱桥、涵洞以及重力式墩台，当填料厚度（包括路面厚度）等于或大于50cm时，可以不计冲击作用。

汽车荷载的局部加载及在T梁、箱梁悬臂板上的冲击系数采用1.3。

(2)汽车荷载的制动力

制动力是汽车在桥上停车制动时为克服其惯性力而在车轮与路面之间发生的滑动摩擦力（摩擦系数可达0.5以上）。鉴于一行汽车不可能全部同时停车制动，制动力就并不等于摩擦系数乘桥上全部车辆荷载。《桥规》规定：对于1个车道上由汽车荷载产生的制动力的标准值为车道荷载在加载长度上计算总重力的10%计算，但公路—Ⅰ级汽车荷载的制动力标准值不得小于165kN；公路—Ⅱ级汽车荷载的制动力标准值不得小于90kN。同向行驶双车道的汽车荷载的制动力标准值为一个设计车道制动力标准值的2倍；同向行驶三车道的汽车荷载的制动力标准值为一个设计车道制动力标准值的2.34倍；同向行驶四车道为一个设计车道制动力标准值的2.68倍的桥梁。

制动力的方向就是行车方向，其着力点在桥面以上1.2m处。在计算墩台时，可移至支座铰中心或支座的底板面上；计算刚架桥、拱桥时，可移至桥面上，但不计因此而产生的竖向力和力矩。

各种支座传递的制动力可按《桥规》中有关规定采用。

(3)离心力

位于曲线上的桥梁，当曲率半径等于或小于250m时，须考虑汽车荷载引起的离心力。汽车荷载离心力标准值等于车道荷载（不计冲击力）标准值乘以离心力系数C，即：

$$H = CP \tag{1-3-14}$$

此处

$$C = \frac{v^2}{127R} \tag{1-3-15}$$

式中：v——设计车速，以km/h时计；

R——弯道半径，以m计。

计算多车道桥梁的汽车荷载离心力时，车辆荷载应乘以多车道的横向折减系数。离心力的着力点在桥面以上1.2m（为计算简便也可移至桥面上，但不计由此引起的作用效应）。

(4)车辆荷载引起的土侧压力

车辆荷载在桥台或挡土墙后填土的破坏棱体上引起的土侧压力，可按换算的等代均布土层厚度来计算。有关桥台的计算宽度或挡土墙的计算长度可按《桥规》的相应规定来确定。

3. 人群荷载

设有人行道的桥梁，在以汽车荷载计算内力时，应同时考虑人行道上人群荷载所产生的内力。一般公路桥梁的人群荷载标准值按下列规定采用：

(1)当桥梁计算跨径小于或等于 50m 时，人群荷载标准值为 3.0kN/m^2；当桥梁计算跨径等于或大于 150m 时，人群荷载标准值为 2.5kN/m^2；当桥梁计算跨径在 50 ~ 150m 之间时，可由线性内插得到人群荷载标准值。对跨径不等的连续刚构，以最大计算跨径为准。

(2)城镇郊区行人密集地区的公路桥梁，人群荷载标准值取上述规定值的 1.15 倍。专用人行桥梁，人群荷载标准值为 3.5kN/m^2。

(3)人群荷载在横向应布置在人行道的净宽度内，在纵向施加于使结构产生最不利荷载效应的区段内。

(4)人行道板(局部构件)可以一块板为单元，按标准值 4.0kN/m^2 的均布荷载计算。计算人行道栏杆时，作用在栏杆立柱顶上的水平推力标准值取 0.75kN/m^2；作用在栏杆扶手上的竖向力标准值取 1.0kN/m^2。

4. 风荷载

对于大跨径桥梁，特别是斜拉桥和悬索桥，风荷载是极为重要的设计荷载，有时甚至起决定性的作用，即对结构的强度、刚度和稳定性起控制作用。

作用在单位面积上的风力称为风压。作用在桥上的风力是由迎风面的压力和背风面的吸力所组成。它可分为垂直桥轴方向的横向风荷载和顺桥轴方向的纵向风荷载。

横向风荷载假定水平地垂直作用于桥梁各部分迎风面积的形心上，其标准值可按下式计算：

$$F_{wh} = k_0 k_1 k_3 W_d A_{wh} \tag{1-3-16}$$

式中：k_0——设计风速重现期换算系数；

k_1——风载阻力系数；

k_3——地形、地理条件系数；

W_d——设计基准风压(kN/m^2)。

详细计算参见《桥规》有关规定。

5. 支座摩阻力

桥梁上部构造因温度变化会沿支座伸缩，因此，在活动支座的接触面上会产生水平方向的摩阻力，其标准值按下式计算：

$$F = \mu W \tag{1-3-17}$$

式中：W——作用于活动支座上由上部结构重力产生的效应；

μ——支座的摩阻系数，橡胶与混凝土间的摩阻系数 $\mu = 0.3$；橡胶与钢板间的摩阻系数 $\mu = 0.2$。

6. 温度影响力

在计算超静定结构桥梁时，应考虑由温度变化引起构件变形而产生的内力，它的大小应根据当地具体情况、结构物使用的材料和施工条件等因素计算决定。

各种材料的线膨胀系数，可按《桥规》选定。

7. 流水压力及冰压力

在计算墩台、基础时，应根据桥梁所在地区的具体情况，分别计入流水压力或冰压力，这些力要视实际可能作用的情况加以组合，例如考虑流水压力就不考虑冰压力。

(四)偶然作用

偶然荷载包括地震力和船只或漂流物的撞击力。这种荷载在设计使用期内不一定出现，但一旦出现，其持续时间较短而数值很大。

根据公路桥梁的重要性和修复(抢修)的难易程度，抗震设防分为A类、B类、C类、D类等四个抗震设防类别，在各级公路上的桥梁，除按要求采取抗震措施外，还应按《公路桥梁抗震设计细则》中有关规定进行地震力作用计算和构件强度及稳定性验算。

位于通航河流或有漂流物的河流中的桥梁墩台，在设计时应考虑船只或漂流物的撞击力。取用撞击力的数值一般可根据实测资料或与有关部门研究确定，当无资料作为依据时，可参照相关规范中的规定计算。

二、效应组合

上面简述了各种可能出现的作用，显然这些作用并非都同时作用于桥梁上。因此，公路桥涵结构设计应考虑结构上可能同时出现的作用，按承载能力极限状态和正常使用极限状态进行作用效应组合，取其最不利效应组合进行设计。

(1)只有在结构上可能同时出现的作用，才进行其效应的组合。当结构或结构构件需做不同受力方向的验算时，则应以不同方向的最不利的作用效应进行组合。

(2)当可变作用的出现对结构或结构构件产生有利影响时，该作用不应参与组合。实际不可能同时出现的作用或同时参与组合概率很小的作用，按表1-3-7规定不考虑其作用效应的组合。

可变作用不同时组合表 表1-3-7

编号	作用名称	不与该作用同时参与的作用编号
13	汽车制动力	15,16,18
15	流水压力	13,16
16	冰压力	13,15
18	支座摩阻力	13

(3)施工阶段作用效应的组合，应按计算需要及结构所处条件而定，结构上的施工人员和施工机具设备均应作为临时荷载加以考虑。组合式桥梁，当把底梁作为施工支撑时，作用效应宜分两个阶段组合，底梁受荷为第一个阶段，组合梁受荷为第二个阶段。

(4)多个偶然作用不同时参与组合。

(一)按承载能力极限状态设计时的效应组合

公路桥涵结构按承载能力极限状态设计时，应采用以下两种作用效应组合：

1.基本组合

永久作用的设计值效应与可变作用设计值效应相结合，其效应组合表达式为：

$$\gamma_0 S_{ud} = \gamma_0 \left(\sum \gamma_{Gi} S_{Gik} + \gamma_{Q1} S_{Q1k} + \psi_c \sum \gamma_{Qj} S_{Qjk} \right) \tag{1-3-18}$$

或

$$\gamma_0 S_{ud} = \gamma_0 \left(\sum S_{Gid} + S_{Q1d} + \psi_c \sum S_{Qjd} \right) \tag{1-3-19}$$

式中：S_{ud}——承载能力极限状态下作用基本组合的效应组合设计值；

γ_0——结构重要性系数，按《桥规》规定的结构设计安全等级采用，对应于设计安全等级一级、二级和三级分别取1.1、1.0和0.9；

γ_{Gi}——第i个永久作用效应的分项系数，应按表1-3-8的规定采用；

S_{Gik}、S_{Gid}——第i个永久作用效应的标准值和设计值；

γ_{Q1}——汽车荷载效应(含汽车冲击力、离心力)的分项系数,取 $\gamma_{Q1}=1.4$;当某个可变作用在效应组合中其值超过汽车荷载效应时,则该作用取代汽车荷载,其分项系数应采用汽车荷载的分项系数;对专为承受某作用而设置的结构或装置,设计时该作用的分项系数取与汽车荷载同值;计算人行道板和人行道栏杆的局部荷载,其分项系数也与汽车荷载取同值;

S_{Q1k}、S_{Q1d}——汽车荷载效应(含汽车冲击力、离心力)的标准值和设计值;

γ_{Qj}——在作用效应组合中除汽车荷载效应(含汽车冲击力、离心力)、风荷载外的其他第 j 个可变作用效应的分项系数,取 $\gamma_{Qj}=1.4$,但风荷载的分项系数取 $\gamma_{Qj}=1.1$;

S_{Qjk}、S_{Qjd}——在作用效应组合中除汽车荷载效应(含汽车冲击力、离心力)外的其他第 j 个可变作用效应的标准值和设计值;

ψ_c——在作用效应组合中除汽车荷载效应(含汽车冲击力、离心力)外的其他可变作用效应的组合系数,当永久作用与汽车荷载和人群荷载(或其他一种可变作用)组合时,人群荷载(或其他一种可变作用)的组合系数取 $\psi_c=0.80$;当除汽车荷载(含汽车冲击力、离心力)外尚有 2 种其他可变作用参与组合时,其组合系数取 $\psi_c=0.70$;尚有 3 种可变作用参与组合时,取 $\psi_c=0.60$;尚有 4 种及多于 4 种的可变作用参与组合时,取 $\psi_c=0.50$。

设计弯桥时,当离心力与制动力同时参与组合时,制动力标准值或设计值按 70% 取用。

永久作用效应的分项系数 表 1-3-8

编号	作用类别		永久作用效应分项系数	
			对结构的承载能力不利时	对结构的承载能力有利时
1	混凝土和圬工结构重力(包括结构附加重力)		1.2	1.0
	钢结构重力(包括结构附加重力)		1.1 或 1.2	
2	预加力		1.2	1.0
3	土的重力		1.2	1.0
4	混凝土的收缩及徐变作用		1.0	1.0
5	土侧压力		1.4	1.0
6	水的浮力		1.0	1.0
7	基础变位作用	混凝土和圬工结构	0.5	0.5
		钢结构	1.0	1.0

注:本表编号 1 中,当钢桥采用钢桥面板时,永久作用效应分项系数取 1.1;当采用混凝土桥面板时,取 1.2。

2. 偶然组合

永久作用标准值效应与可变作用某种代表值效应、一种偶然作用标准值效应相结合。偶然作用的效应分项系数取 1.0;与偶然作用同时出现的可变作用,可根据观测资料和工程经验取用适当的代表值。地震作用标准值及其表达式按现行《公路桥梁抗震设计细则》(JTG/T B02-01—2008)规定采用。

(二)按正常使用极限状态设计时的效应组合

公路桥涵结构按正常使用极限状态设计时,应根据不同的设计要求,采用以下两种效应组合:

1. 作用短期效应组合

永久作用标准值效应与可变作用频遇值效应相结合,其效应组合表达式为:

$$S_{sd} = \sum_{i=1}^{m} S_{Gik} + \sum_{j=1}^{n} \psi_{1j} S_{Qjk} \tag{1-3-20}$$

式中：S_{sd}——作用短期效应组合设计值；

ψ_{1j}——第 j 个可变作用效应的频遇值系数，汽车荷载（不计冲击力）$\psi_1=0.7$，人群荷载 $\psi_1=1.0$，风荷载 $\psi_1=0.75$，温度梯度作用 $\psi_1=0.8$，其他作用 $\psi_1=1.0$；

$\psi_{1j}S_{Qjk}$——第 j 个可变作用效应的频遇值。

2. 作用长期效应组合

永久作用标准值效应与可变作用准永久值效应相结合，其效应组合表达式为：

$$S_{ld} = \sum_{i=1}^{m} S_{Gik} + \sum_{j=1}^{n} \psi_{2j} S_{Qjk} \tag{1-3-21}$$

式中：S_{ld}——作用长期效应组合设计值；

ψ_{2j}——第 j 个可变作用效应的准永久值系数，汽车荷载（不计冲击力）$\psi_2=0.4$，人群荷载 $\psi_2=0.4$，风荷载 $\psi_2=0.75$，温度梯度作用 $\psi_2=0.8$，其他作用 $\psi_2=1.0$；

$\psi_{2j}S_{Qjk}$——第 j 个可变作用效应的准永久值，结构构件当需进行弹性阶段截面应力计算时，除特别指明外，各作用效应的分项系数及组合系数均取为1.0，各项应力限值按各设计规范规定采用。

验算结构的抗倾覆、滑动稳定时，稳定系数、各作用的分项系数及摩擦系数，应根据不同结构按各有关桥涵设计规范的规定确定，支座的摩擦系数可按规范规定采用。

构件在吊装、运输时，构件重力应乘以动力系数1.2或0.85，并可视构件具体情况作适当增减。

小结

作为工程技术人员在接受施工任务后，首要的工作就是看懂图纸，并忠实于图纸指导施工。然而，对于一名有经验的工程技术人员，还应在施工之前对于施工图进行必要的校核，使所施建的桥梁避免存在不应有的“先天不足”。

工程量的核算可以作为工程投标和分项工程计付的依据。

实战演练

学生以小组为单位，对某装配式桥梁的施工图纸进行识图、图纸校核和工程量核算工作，提交一份图纸分析报告、图纸审核报告和工程量核算清单。

学习情境2

原材料试验及混凝土配合比设计

情境导入:桥用原材料是桥梁工程结构物的物质基础。材料品质的好坏、配制是否合理以及选用是否适当等,均直接影响结构物的质量。桥梁结构物裸露于大自然中,承受瞬时、反复动荷载的作用,桥用原材料的性能和质量对结构物的使用性能影响极大。

近年来,由于交通量的迅速增长和车辆行驶的渠化,一些桥梁出现了严重的问题,这与材料的性质也有一定的关系。对于各类常规桥涵,施工前必须要进行试验以鉴定进场的原材料、成品和半成品构件是否符合国家质量标准和设计文件的要求,对其作出接收或拒收决定,方可进入下一道工序。所以,原材料试验和混凝土配合比设计是确保桥涵工程施工质量的必要手段。

学习目标

【知识目标】 掌握钢筋、混凝土组成材料技术指标,熟练检验钢筋、混凝土组成材料是否合格,根据不同情况及强度等级确定混凝土配合比。

【能力目标】 通过试验检验钢筋、混凝土组合材料是否合格,根据不同情况及强度等级确定混凝土配合比。

情境设计

【实施时间】 (1)开工前。

(2)施工过程中,当料场的料源发生变化时。

(3)施工过程中,当材料含水率发生变化时。

【实施地点】 混凝土拌和站、施工现场、工地试验室。

【实施人员】 材料员、试验员。

【实施内容】 (1)判断原材料是否可用于桥梁构件。

(2)完成混凝土施工配合比设计。

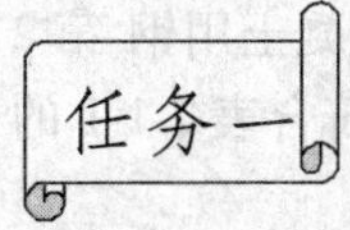

原材料试验检测

项目导入 桥梁建筑物既受到车辆荷载复杂力系作用,又受到各种复杂的自然因素的恶劣影响,所以,桥用原材料不仅要具备有一定的力学性能,同时,还要有在恶劣的自然因素作用下,不产生明显强度下降的耐久性。本单元介绍了桥用原材料的种类、要求及原材料试验的方法和技术指标。

一、桥用钢材的种类和基本要求

钢材是重要的建筑材料。桥用钢材主要指用于钢筋混凝土结构、预应力钢筋混凝土结构及钢桥中的各种钢筋、钢丝及型钢等。由于钢材在生产中有较严格的工艺控制,因此质量通常能够得到保证。

1. 桥用钢材的种类

桥涵用钢材可按形状、化学成分、生产工艺、质量、用途等多种分类方法分类。

● 按其形状分类:可分为型材、线材(或棒材)和异型材(特种形状)。

型材:主要包括型钢和钢板,主要用于钢桥建筑;

线材:主要包括钢筋、预应力钢筋、高强钢丝和钢绞线等,它是钢筋混凝土桥梁建筑中使用的重要材料之一;

异型材:是为特殊用途而制作的,如预应力混凝土中用的锚具、夹具和大变形伸缩装置中使用的异型钢梁等。

● 按含碳量分类:可分为低碳钢、中碳钢和高碳钢。

低碳钢:含碳量小于0.25%;

中碳钢:含碳量为0.25%~0.6%;

高碳钢:含碳量大于0.6%。

● 合金钢分类:可分为低合金钢、中合金钢和高合金钢。

低合金钢:含合金元素总量小于500;

中合金钢:含合金元素总量在500~1 000;

高合金钢:含合金元素总量大于1 000。

(1)热轧钢筋

用加热钢坯轧成的条型成品钢筋,称为热轧钢筋。它是建筑工程中用量最大的钢材品种之一,主要用于钢筋混凝土和预应力混凝土结构的配筋。

热轧钢筋按其轧制外形分为:热轧光圆钢筋、热轧带肋钢筋。热轧带肋钢筋有普通热轧钢筋(HRB)和细晶粒热轧钢筋(HRBF),带肋钢筋通常为圆形横截面,且表面通常带有两条纵肋和沿长度方向均匀分布的横肋。按肋纹的形状分为月牙肋、纵肋和横肋。月牙肋钢筋的横肋纵截面呈月牙形且纵横肋不相交,纵肋为平行于钢筋轴线的连续肋,横肋为与钢筋轴线不平行的其他肋。月牙肋钢筋具有生产简便、强度高、应力集中敏感性小、疲劳性能好等优点。根据《钢筋混凝土用钢 第1部分：热轧光圆钢筋》(GB 1499.1—2008)和《钢筋混凝土用钢 第2部分：热轧带肋钢筋》(GB 1499.2—2007)，热轧钢筋的力学性能及工艺性能应符合表2-1-1的规定。H、R、B分别为热轧、带肋、钢筋三个词的英文首位字母。

热轧钢筋的性能　　表2-1-1

强度等级代号	外形	公称直径 d (mm)	屈服强度 (MPa)	抗拉强度 (MPa)	伸长率 δ (%)	冷弯试验	
						角度	弯芯直径
HRB235	光圆	6~22	235	370	25	180°	d
HRB300			300	420			
HRB335 HRBF335	带肋	6~25	335	455	17	180°	3d
		28~40					4d
		>40~50					5d
HRB400 HRBF400		6~25	400	540	16	180°	4d
		28~50					5d
		>40~50					6d
HRB500 HRBF500		6~25	500	630	15	180°	6d
		28~50					7d
		>40~50					8d

(2)冷轧带肋钢筋

热轧圆盘条经冷轧后，在其表面带有沿长度方向均匀分布的三面或两面横肋，即成为冷轧带肋钢筋。钢筋冷轧后允许进行低温回火处理。根据《冷轧带肋钢筋》(GB 13788—2008)规定，冷轧带肋钢筋分为CRB550、CRB650、CRB800和CRB970四个牌号。C、R、B分别为冷轧、带肋、钢筋三个词的英文首位字母。与冷拔低碳钢丝相比较，冷轧带肋钢筋具有强度高、塑性好，与混凝土黏结牢固，节约钢材，质量稳定等优点。CRB550宜用于普通钢筋混凝土结构，其他牌号宜用在预应力混凝土结构中。

(3)预应力混凝土用热处理钢筋

预应力混凝土用热处理钢筋，是用热轧带肋钢筋经淬火和回火调质处理后的钢筋。通常，有直径为6mm、8.2mm、10mm三种规格，其条件屈服强度为不小于1 325MPa，抗拉强度不小于1 470MPa，伸长率不小于6%，1 000h应力松弛率不大于3.5%。按外形分为有纵肋和无纵肋两种，但都有横肋。钢筋热处理后卷成盘，使用时开盘钢筋自行伸直，按要求的长度切断。不能用电焊切断，也不能焊接，以免引起强度下降或脆断。热处理钢筋在预应力结构中使用，具有与混凝土黏结性能好、应力松弛率低、施工方便等优点。

(4)冷拔低碳钢丝

冷拔低碳钢丝是由直径为6~8mm的Q195、Q215或Q235热轧圆盘条经冷拔而成。低碳钢经冷拔后，屈服强度可提高40%~60%，同时塑性大为降低。所以，冷拔低碳钢丝变得硬脆，属硬钢类钢丝。它的性能要求和应用可参阅有关标准或规范。目前，已逐渐限制该类钢丝的一些应用。

2. 桥梁用钢材的主要力学性能及表面质量要求

1)桥梁用钢材的主要力学性能

(1)强度

强度是钢材力学性能的主要指标，包括屈服强度和抗拉强度。

①屈服强度也称屈服极限,它是钢材开始丧失对变形的抵抗能力,并开始产生大量塑性变形时所对应的应力。中碳钢和高碳钢没有明显的屈服点,通常以残余变形为0.2%时的应力作为屈服强度。

②抗拉强度是钢材所能承受的最大拉应力。即当拉应力达到强度极限时,钢材因完全丧失了对变形的抵抗能力而断裂。

③屈强比是屈服强度与抗拉强度的比值,通常用来比较结构的可靠性和钢材的有效利用率。屈强比越小,结构可靠性越高;但比值太小,则钢材的利用率太低。

(2)塑性

塑性是钢材在受力破坏前可以经受永久变形的性能,通常用伸长率和断面收缩率表示。

①伸长率是钢材受拉发生断裂时所能承受的永久变形能力。试件拉断后标准长度的量与原标准长度之比的百分率即伸长率。

②断面收缩率是指试件拉断后缩颈处横断面积的最大缩减量占原横断面积的百分率。

(3)冷弯性能

冷弯性能是钢材在常温条件下承受规定弯曲程度的弯曲变形能力,并可在弯曲中显示钢材缺陷的一种工艺性能。

(4)硬度

硬度是钢材抵抗其他较硬物体压入的能力,即钢材抵抗塑性变形的能力。

(5)冲击韧性

冲击韧性是钢材在瞬间动荷载作用下抵抗破坏的能力。

(6)耐疲劳性

钢材在交变应力(随时间交替变更的应力)的反复作用下,往往在工作应力远小于抗拉强度时发生骤然断裂,这种现象称为"疲劳破坏"。钢材抵抗疲劳破坏的能力称为耐疲劳性。

(7)良好的焊接性

良好的焊接性是指钢材的连接部分焊接后力学性能不低于焊件本身,以防止产生硬化脆裂和内应力过大等现象。

2)钢筋表面质量要求

钢筋外表面不得有严重锈蚀、麻坑、裂纹、结疤、折叠、夹砂、夹层等缺陷。热轧带肋钢筋表面允许有凸块,但不得超过横肋高度,表面上其他缺陷的深度和高度不得大于所在部位尺寸的允许偏差。钢筋表面不得有油污和其他影响使用的缺陷。

3. 桥用钢筋的力学性能测试方法

1)试件取样

(1)组批规则

钢筋应按批进行检查和验收,每批应由同一牌号、同一外形、同一规格、同一生产工艺和同一交货状态的钢筋组成,每批不大于60t。

(2)取样数量

各类钢筋每组试件数量见表2-1-2。

各类钢筋每组试件数量　　表 2-1-2

钢筋种类	每组试件数量		
	拉伸试验	弯曲试验	反向(复)弯曲
热轧带肋钢筋	2 根	2 根	1 根(反向弯曲)
热轧光圆钢筋	2 根	2 根	
低碳热轧圆盘条	2 根	2 根	
冷轧带肋筋	逐盘一根	每批 2 个	2 根(反复弯曲)

(3)取样方法

①规定取 2 个试件的，均应从任意两根(两盘)中分别切取，每根钢筋上切取一个拉伸试件、一个冷弯试件。

②低碳热轧圆盘条冷弯试件应取自同盘的两端。

③试件切取时，应在任意一端截去 500mm 后切取。

④一般试件长度为：拉伸试件 $L\geqslant 10d+200\text{mm}$，弯曲试件 $L\geqslant 5d+150\text{mm}$。

2)试验项目及方法

(1)屈服强度和抗拉强度

钢筋拉伸试验在试验机上进行时，当测力度盘的指针停止转动后恒定负载或第一次回转的最小负荷即为所求屈服点的荷载。

屈服强度(σ_s)的单位为 MPa，并按式(2-1-1)计算。

$$\sigma_s=\frac{F_s}{A_0} \tag{2-1-1}$$

式中：F_s——相当于所求屈服应力时的荷载(N)；

A_0——试件原截面面积(mm^2)。

中碳钢和高碳钢没有明显的屈服点，采用分级加载，求出弹性直线段相应于小等级负荷的平均伸长增量，由此计算出偏离直线段后各级负荷的弹性增长。从总伸长中减去弹性伸长即为残余伸长。通常以残余伸长 0.2% 时的应力作为屈服强度，表示为 $\sigma_{0.2}$，并按式(2-1-2)计算。

$$\sigma_{0.2}=\frac{F_{0.2}}{A_0} \tag{2-1-2}$$

式中：$F_{0.2}$——相当于所求应力的荷载(N)；

A_0——试件原截面面积(mm^2)。

抗拉强度是向试件连续加载直至拉断，由测力度盘或拉伸曲线上读出最大负荷 F_b，抗拉强度(σ_b)的单位为 MPa，按式(2-1-3)计算。

$$\sigma_b=\frac{F_b}{A_0} \tag{2-1-3}$$

式中：F_b——试件拉断前的最大荷载(N)；

A_0——试件原截面面积(mm^2)。

(2)塑性

工程中钢材塑性指标通常用伸长率和断面收缩率表示，钢筋一般可进行伸长率单项抽验。当试件拉断后，标距长度的增量与原标距长度之比的百分率即为伸长率。伸长率(δ_n)以% 表达，并按式(2-1-4)计算：

$$\delta_n = \frac{L_1 - L_0}{L_0} \times 100\% \tag{2-1-4}$$

式中：L_1——试件拉断后标距部分的长度(mm)；

L_0——试件原标距长度(mm)；

δ_n——长、短比例试件的伸长率，分别以 δ_5、δ_{10} 表示；设定标距试件伸长率应附该标距长度数值的脚注，如 $L = 100$mm 或 200mm，则伸长率分别以 δ_{100}、δ_{200} 表示。

为了避免由于试样断裂位置不符合所规定的条件而必须报废试样，可以使用如下方法测定断后伸长率：在试验前将原始标距(L_0)细分为 N 等分。试验后，以符号 X 表示断裂后试样短段的标距标记，以符号 Y 表示断裂试样长段的等分标记，此标记与断裂处的距离最接近于断裂处至标距标记的 X 距离。如 X 与 Y 之间的分格数为 n，按如下方法测定断后伸长率。

①如 $N - n$ 为偶数，测量 X 与 Y 之间的距离和测量从 Y 至距离为 $(N - n)/2$ 个分格的 Z 标记之间的距离。按式(2-1-5)计算断后伸长率：

$$\delta = \frac{XY + 2YZ - L_0}{L_0} \times 100\% \tag{2-1-5}$$

②如 $N - n$ 为奇数，则测量 X 与 Y 之间的距离和测量从 Y 至距离分别为 $(N - n - 1)/2$ 和 $(N - n + 1)/2$ 个分格的 Z' 和 Z'' 标记之间的距离。按式(2-1-6)计算断后伸长率。

$$\delta = \frac{XY + YZ' + YZ'' - L_0}{L_0} \times 100\% \tag{2-1-6}$$

(3)硬度

按现行规范检测钢硬度的方法主要有布氏硬度和洛氏硬度 2 种。

①试验仪具

A. 布氏硬度试验法。

a)布氏硬度试验机。

b)钢球　钢球应用淬火硬钢制成，其硬度值应不低于维氏硬度 HV850；钢球直径为 2.5mm、5.0mm 或 10.0mm；钢球表面光洁度应不低于 12，并在 5 倍放大镜下观察无任何表面缺陷。

c)试件　试件表面应制成光滑平面，以便压痕边缘足够清晰而保证测量压痕直径的准确性，试件表面无氧化皮或其他外来污物；制作试件时，不应使试件表面因受热或加工硬化而改变其硬度。

B. 洛氏硬度试验法。

a)洛氏硬度试验机。

b)试件　试件试验面必须精细制备使其平坦，不带有油脂、氧化皮、裂缝、显著加工痕迹、凹坑及外来污物。试件表面加工时应避免因受热或冷加工改变金属的性能；对于弯曲面的试件，其曲率半径不得小于 15 mm，若半径为 5 ~ 15mm，则测得硬度值需加以修正；试件表面层最小厚度不小于卸除主负荷后压头压入深度的 8 倍。

②试验方法

A. 布氏硬度法。

a)试验应在 10 ~ 30℃温度下进行。

b)根据试件的硬度、厚度选用钢球直径和试验力。

c)将试件放在支撑台上，加初负荷使试件与钢球互相接触，必须使所施加作用力与试验平面垂直，平稳均匀地施加负荷，不得受到冲击和振动，并按规定时间保持负荷。

d)卸下负荷,用测微显微镜测量压痕直径,从相互垂直方向各测 1 次(或从直读式硬度机上读出压痕直径)。钢球直径为 10mm、5mm 或 2.5 mm 时,压痕直径测量分别精确到0.02mm、0.02mm 和 0.01mm,压痕两直径之差应不超过较小直径的 2%。

e)试验后压痕直径的大小应在 $0.25D < d < 6D$ 范围内,否则试验结果无效,另行选择相应的负荷重新试验。

f)试验后试件边缘及背面呈现变形痕迹时,试验无效,另选择直径较小钢球及相应负荷重新试验。

g)压痕中心距试件边缘应不小于压痕直径的 2.5 倍,两压痕中心间距不小于压痕直径的 2.5 倍;试验布氏硬度值 HB 小于 35 的金属时,上述距离分别为压痕直径的 3 倍和 6 倍。

h)HB 可根据压痕直径计算,当 HB≥100 时,硬度值取整数;当 HB = 10 ~ 100 时,计算到小数点后一位;当 HB <10 时,计算到小数点后两位。

B. 洛氏硬度法。

a)试验在 10 ~ 30 ℃温度下进行。

b)根据试件的硬度选用试验条件。

c)试件的试验面、支撑面、试台表面和压头表面应清洁。试件应稳固地放置在试台上,以保证在试验过程中不产生位移及变形。

d)在任何情况下,不允许压头与试台及支座触碰。试件支撑面、支座和试台工作面上均不得有压痕。

e)试验时,必须保证试验力方向与试件的试验面垂直。

f)在试验过程中,试验装置不应受到冲击和振动。

g)施加初始试验力时,指针或指示线不得超过硬度计规定范围,否则应卸除初始试验力,在试件另一位置试验。

h)调整示值指示器至零点后,应在 2 ~ 8s 内施加全部主试验力。

i)应均匀平稳地施加试验力,不得有冲击及振动。

j)施加主试验力后,总试验力的保持时间应以示值指示器指示基本不变为准。总试验力保持时间推荐如下:对于施加主试验力后不随时间继续变形的试件,保持时间为 1 ~ 3s;对于施加主试验力后随时间缓慢变形的试件,保持时间为 6 ~ 8s;对于施加主试验力后随时间明显变形的试件,保持时间为 25 ~ 30s。

k)达到要求的保持时间后,在 2s 内平稳地卸除主试验力,保持初始试验力,从相应的标尺刻度上读出硬度值。

l)两相邻压痕中心间距离至少应为压痕直径的 4 倍,但不得小于 2mm。任一压痕中心距试样边缘距离至少应为压痕直径的 2.5 倍,但不得小于 1mm。

m)在每个试件上的试验点数应不少于 4 点。对大批量试件的检验,点数可适当减少。

(4)冲击韧性

①主要仪器设备

A. 冲击试验机。

a)冲击试验机的标准打击能量为 300J ± 10J 或 150J ± 10J,打击瞬间摆锤的冲击速度应为 5.0 ~ 5.5m/s。根据需要也可使用其他冲击能量的试验机。

b)试验机的试样支座及摆锤刀刃尺寸应符合规定。

c)冲击试验机的其他技术条件应符合《摆锤式冲击试验机的检验》(GB/T 3808—2002)

规定。

d)对于高温或低温冲击试验,温度控制装置应能将试验温度稳定在规定值的 ±2℃之内。

e)使用液体介质加热或冷却试样时,恒温槽应有足够容量和介质,并应有使介质温度均匀的装置。

B. 测温仪器。

a)测温用的玻璃温度计最小分度值应不大于 1℃,误差应符合规定,测温热电偶应符 II 级热电偶要求。

b)测温仪器(数字指示装置或电位差计)的误差应不超过 ±0.1%。

c)热电偶参考端温度应保持恒定,偏差应不超过 0.5℃。

②试验要求

A. 试样。

a)规定以 10mm×10mm×55mm 带有 V 形缺口的试样为标准试样。试样的尺寸及偏差应符合规定。试样缺口底部应光滑,无与缺口轴线平行的明显划痕。进行仲裁试验时,试样缺口底部的光洁度不应低于 7。

b)试样毛坯切取的部位、取向、数量均应按照相应技术条件的规定。毛坯切取和试样加工过程中,不应受加工硬化或热影响而改变金属的冲击性能。

c)试样的标记不应影响支座对试样的支承,也不应使缺口附近产生加工硬化。一般可标记在试样的端面、侧面或缺口背面距端面 15 mm 以内,但不应标在支承面上。试样在加工和保存期间应防止锈蚀,缺口部位应避免划伤。

B. 试验前应检查摆锤空打是否指零(摆锤自由下垂时,使被动指针紧靠主动指针并对准最大冲击能量处,扬起摆锤空打,被动指针应指零位),其偏差不应超过最小分度值的 1/4。

C. 试样的放置应紧贴支座,并能使摆锤刀刃打击在背向缺口的一面。试样缺口对称面应位于两支座对称面上,其偏差不应大于 ±0.2mm。

D. 试验时检查试样尺寸用的量具精度不应低于 0.02mm。

E. 当没有规定具体温度时,试验温度一般为 20℃ ±5℃。

③结果计算

钢材冲击韧性 A_k 按式(2-1-7)和式(2-1-8)计算:

$$A_k = F(H - h) \tag{2-1-7}$$

$$A_k = FL(\cos\beta - \cos\alpha) \tag{2-1-8}$$

式中:F——摆锤静载(N);

L——摆锤重心到立柱间距离(m);

H——摆锤扬起时的高度;

h——摆锤回落时的高度。

(5)冷弯性能试验

冷弯性能试验钢筋在常温条件下进行的一项工艺性试验。试验可在配备弯曲装置的压力机或万能试验机上进行。常用弯曲装置有支辊式、V 形模具式、虎钳式、翻板式 4 种,其中使用最多的是支辊式弯曲装置。支辊长度应大于试样宽度或直径,支辊半径应为 1 ~ 10 倍试样厚度,且支辊应具有足够的硬度。支辊间距离应符合规定,在试验期间应保持不变。弯曲压头直径应符合规定,弯曲压头宽度应大于试样直径,且应具有足够的硬度。试验时将试样放在满足以上条件的设备上缓缓弯曲至规定的弯曲角度。若无裂纹、起层或断裂等现象,则认为合格。

如钢材含碳、磷量较高或受过不正常的热处理，则冷弯试验往往不能合格。

(6)反复弯曲试验

反复弯曲试验时，应将试样一端夹紧，然后绕着规定半径的圆柱形表面使试样弯曲90°，再向相反方向弯曲，如此反复。弯曲圆弧半径、圆弧顶部至拨杆底面的距离以及拨杆的孔径应按试件尺寸进行选择。

试样从起始位置向左右弯曲90°后返回至起始位置，作为第一次弯曲；再由起始位置向左右弯曲90°，再返回起始位置作为第二次弯曲；依次连续反复弯曲。试样折断时的最后一次不计。

弯曲次数达到或超过有关标准中所规定的弯曲次数为合格。

4. 预应力钢材试验检测

1)预应力混凝土用钢筋、钢丝和钢绞线的力学性能和表面质量要求

预应力混凝土用钢筋有热处理钢筋、冷拉钢筋和热轧螺纹钢筋。预应力混凝土用的钢丝有冷拔低碳钢丝、冷拉或消除应力的光圆钢丝、螺旋肋钢丝和刻痕钢丝。消除应力钢丝包括低松弛钢丝和普通松弛钢丝两种。桥涵工程用钢丝一般为低松弛钢丝。

(1)热处理钢筋

热处理钢筋由热轧螺纹钢筋经淬火和回火的调质处理而成。经热处理后改变了钢筋的内部组织结构，其性能得到改善，抗拉强度提高到预应力钢筋所需要的强度等级。热处理钢筋按其螺纹外形分为有纵肋和无纵肋。热处理钢筋的力学性能有屈服强度、抗拉强度和伸长率等指标。

表面质量要求：钢筋表面不得有肉眼可见的裂纹、结疤、折叠；允许有凸块，但不得有超过横肋高度的凸块；表面允许有不影响使用的缺陷，但不得沾油污。

尺寸偏差应符合有关规范的要求。

(2)冷拉钢筋

冷拉钢筋是将钢筋在常温下拉伸超过屈服点，以提高钢筋的屈服极限、强度极限和疲劳极限的一种加工工艺。但经冷拉后会降低钢筋的延伸率、断面收缩率、冷弯性能和冲击韧性。预应力混凝土结构所用钢筋，主要要求具有高的屈服强度、变形极限等强度性能，而对延伸率、断面收缩率、冷弯性能和冲击韧性要求不高。冷拉钢筋的力学性能包括屈服强度、抗拉强度、伸长率和冷弯性能。

表面质量要求：钢筋冷拉后，表面不应发生裂纹；冷弯试验后无裂纹、鳞落或断裂现象。

(3)精轧螺纹钢筋

精轧螺纹钢筋是用热轧方法直接生产的一种无纵肋钢筋。钢筋的连接是在端部用螺纹套筒进行连接接长。其力学性能包括屈服点、抗拉强度、冷弯性能和10h松弛率。

表面质量要求：钢筋表面不得有横向裂纹、结疤和机械损伤，钢筋表面允许有不影响力学性能和连接的缺陷。

(4)冷拔钢丝

冷拔钢丝是把直径6～8mm的普通碳素钢筋条用强力拉过比它本身直径还小的硬质合金拉丝模。这时钢筋同时受到纵向拉力和横向压力的作用，截面变小，长度拉长，经过几次拉丝，其强度比原来有极大的提高。冷拔钢丝的力学性能要求包括抗拉强度、伸长率和180°反复弯曲次数。

表面质量要求：钢丝表面不得有裂纹和机械损伤。

(5)高强钢丝

高强钢丝有冷拉钢丝、消除应力钢丝和消除应力刻痕钢丝。

冷拉钢丝是用盘条钢筋通过拔丝模或轧辊经冷加工而成、以盘卷供货的钢丝。力学性能要求包括抗拉强度、规定非比例伸长应力、最大力下总伸长率、弯曲次数、弯曲半径、断面收缩率、每 210mm 扭矩的扭转次数和初始应力相当于70% 公称抗拉强度时 1 000h 后应力松弛率。

消除应力钢丝是按一次性连续处理方法生产的钢丝。生产工艺如下:钢丝在塑性变形下进行短时热处理,得到的是低松弛钢丝;钢丝经过矫直工序后在适当的温度下进行短时的热处理,得到的是普通松弛应力钢丝;消除应力钢丝的力学性能要求包括抗拉强度、规定非比例伸长应力、最大力下总伸长率、弯曲次数、弯曲半径、初始应力相当于公称抗拉强度的百分数和 1 000h后应力松弛率。

刻痕钢丝是钢丝表面沿着长度方向具有规则间隔的压痕。其力学性能要求包括:抗拉强度、规定非比例伸长应力、最大力下总伸长率、弯曲次数、弯曲半径、初始应力相当于公称抗拉强度的百分数和 1 000h 后应力松弛率。

表面质量要求:钢丝表面不得有裂纹、小刺、机械损伤、氧化铁皮及油污;回火成品表面允许有回火颜色,表面允许有浮锈,但不得锈蚀成目视可见的麻坑。

(6)钢绞线

钢绞线是钢厂用优质碳素结构钢经过冷加工、再经回火和绞捻等加工而成,塑性好、无接头、使用方便,专供预应力混凝土结构使用。其力学性能要求包括抗拉强度、整根钢绞线的最大力、规定非比例延伸力、最大力总伸长率和 1 000h 后应力松弛率等。

表面质量要求:钢绞线表面不得带有降低钢绞线与混凝土黏结力的润滑剂、油渍等物质,允许有轻微的浮锈,但不得锈蚀成肉眼可见的麻坑。

2)预应力混凝土用钢筋、钢丝和钢绞线的力学性能检测

(1)组批规则

各种预应力混凝土用钢筋、钢丝、钢绞线应按批进行检查和验收,每批应由同一批号、同一外形、同一规格、同一生产工艺和同一交货状况的钢筋组成。

(2)取样、复验规则

①热处理钢筋

每批钢筋的质量不大于 60t。从每批钢筋中抽取 10% 的盘数(不小于 25 盘)进行表面质量和尺寸偏差检查。如果不合格,则应逐盘检查,从每批钢筋中抽取 10% 的盘数(不小于 25 盘)进行力学性能试验。试验结果如有一项不合格时,该盘不合格的应报废,并从未试验的钢筋中取双倍数量的试样进行复验;如仍有一项不合格,则该批钢筋为不合格。

②冷拉钢筋

冷拉钢筋应分批进行检验,每批质量不得大于 20t,钢筋的级别和直径均应相同。每批钢筋外观经逐根检查合格后,再从任选的 2 根钢筋上各取一套试件进行拉力试验和冷弯试验,如有一项不合格时,则取双倍数量的试件重做全部各项试验;如仍有一根不合格,则该批钢筋为不合格。

计算冷拉钢筋的屈服强度和抗拉强度时,采用冷拉前的公称截面面积。冷弯试验后,冷拉钢筋的外观不得有裂纹、鳞落或断裂现象。

③精轧螺纹钢筋

应分批进行检验,每批质量不大于 100t。对表面质量逐根进行目视检查,外观合格后在每批中任选 2 根钢筋截取试件进行拉伸试验,如有一项不合格时,则取双倍数量的试件重做全部各项试验;如仍有一根不合格,则该批钢筋为不合格。拉伸试验的试件不允许有任何形式的加工。

④冷拔低碳钢丝

应逐盘进行抗拉强度、伸长率和弯曲试验。从每盘钢丝上任一端截去不少于500mm后再取2个试样,分别进行拉力和180°反复弯曲试验,试验结果应符合要求。弯曲试验后不得有裂纹、鳞落或断裂现象。

⑤高强钢丝

应分批检验,每批质量不大于60t。先从每批中抽查5%,但不少于5盘,进行形状、尺寸和表面检查,如不合格,则将该批钢丝逐盘检查。在上述检查合格的钢丝中抽取5%,但不少于3盘,在每盘钢丝的两端取样进行抗拉强度、弯曲和伸长率试验。试验结果如有一项不合格时,该盘不合格的应报废,并从同批未试验过的钢丝中取双倍数量的试样进行该不合格项的复验,如仍有一项不合格,则该批钢丝为不合格。

⑥钢绞线

每批钢绞线的质量不大于60t。从每批钢绞线中任取3盘,并从每盘所选的钢绞线端部正常部位截取一根试样进行表面质量、直径偏差和力学性能试验。如每批少于3盘,则应逐盘进行上述试验。试验结果如有一项不合格时,该盘不合格的应报废,并从该批未试验过的钢绞线中取双倍数量的试样进行该不合格项的复验;如仍有一项不合格,则该批钢绞线为不合格。

⑦规定非比例延伸力测试

钢绞线规定非比例延伸力采用的是引伸计标距的非比例延伸达到原始标距0.2%时所受的力($F_{p0.2}$)。为方便供方日常检验,也可以测定规定总延伸达到原始标距1%的力(F_{t1}),其值符合标准规定的$F_{p0.2}$值时可以交货,但仲裁试验时测定$F_{p0.2}$。测定$F_{p0.2}$和F_{t1}时,预加负荷为规定非比例延伸力的10%。

⑧应力松弛性能试验

应力松弛是预应力筋在恒定长度下应力随时间而减小的现象。目前,桥涵施工中普遍要求测量预应力钢筋的松弛率。

应力松弛性能试验时,要求试验期间试样的环境温度始终保持在20℃±2℃内。试验标注长度不小于公称直径的60倍。试样制备后不得进行任何热处理加工和冷加工。初始负荷应在3~5min内均匀施加完毕,持荷1min后开始记录松弛值。允许用100h的测试数据推算1 000h的松弛率值。

5. 焊接钢筋质量检测方法

钢筋接头一般应采用焊接,螺纹筋可采用挤压套管接头或锥螺纹接头。钢筋的焊接应优先选用闪光对焊,当缺乏闪光对焊条件时,也可采用电弧焊、电渣压力焊、气压焊等。不同焊接方法的质量检测内容和标准如下。

1)钢筋闪光对焊接头

(1)批量规定

在同一台班内,由同一焊工按同一焊接参数完成的300个同类型(指钢筋级别和直径均相同的接头)接头作为一批。一周内连续焊接时可以连续计算,一周内累计不足300个接头时,也按一批计算。

(2)外观检查

每批抽查10%的接头,并不得少于10个。

(3)焊接等长预应力钢筋

焊接等长预应力钢筋(包括螺钉端杆与钢筋)时,可按生产时同等条件制作模拟试件。

螺钉端杆连接接头可只做拉伸试验。

(4)力学性能试验

包括拉伸试验和弯曲试验。应从每批成品中切取 6 个试件,3 个进行拉伸试验,3 个进行弯曲试验。试验结果应符合下列要求:

①3 个热轧钢筋接头试件的抗拉强度均不得小于该级别钢筋规定的抗拉强度,如热处理 III 级钢筋接头试件的抗拉强度均不得小于 HRB400 钢筋的抗拉强度。

②应至少有 2 个试件断于焊缝之外,并呈延性断裂;当试验结果有 1 个试件的抗拉强度小于规定值时,或有 2 个试件在焊缝或热影响区发生脆性断裂时,应再取 6 个试件进行复验。

③预应力钢筋与螺钉端杆闪光对焊接头拉伸试验结果,3 个试件应全部断于焊缝之外,呈延性断裂;当试验结果有 1 个试件在焊缝或热影响区发生脆性断裂时,应从成品中再切取 3 个试件进行复验;当仍有 1 个试件在焊缝或热影响区发生脆性断裂时,应确认该批为不合格品。

④模拟试件的试验结果不符合要求时,应从成品中再切取试件进行复验,其数量和要求应与初始试验时相同。

⑤闪光对焊接头弯曲试验时,应将受压面的金属毛刺和镦粗变形部分消除,且与母材的外表齐平。弯曲试验可在万能试验机、手动或电动液压弯曲试验器上进行。焊缝应处于弯曲中心,弯芯直径和弯曲角应符合规定。当弯至 90°时,至少有 2 个试件不得发生破断;当试验结果有 2 个试件发生破断时,应再取 6 个试件进行复验;当仍有 3 个试件发生破断,应确认该批接头为不合格品。

2)钢筋电弧焊接头

(1)批量规定

以 300 个同类型接头为一批,不足 300 个时仍作为一批。

(2)外观检查

应在接头清渣后逐个进行目测或量测,检查结果应符合下列要求。

①焊缝表面平整,不得有较大的凹陷、焊瘤。

②接头处不得有裂纹。

③咬边深度、气孔、夹渣的数量和大小以及接头偏差,不得超过规定的数值。

④坡口焊及熔槽帮条焊接头,其焊缝加强高度不大于 3mm。

⑤外观检查不合格的接头,经修整或补强后,可再次提交二次验收。

(3)强度检验试验

从成品中每批切取 3 个接头做拉伸试验,试验结果应符合下列要求。

①3 个热轧钢筋接头试件的抗拉强度均不得低于该级别钢筋的规定抗拉强度值,如热处理 III 级钢筋接头试件抗拉强度均不得小于 HRB400 钢筋规定的抗拉强度。

②至少有 2 个试件呈塑性断裂,3 个试件均断于焊缝之外。

③当检验结果有 1 个试件的抗拉强度低于规定指标或有 2 个试件发生脆性断裂时,应取双倍数量的试件进行复验。复验结果若仍有 1 个试件的抗拉强度低于规定指标,或有 1 个试件断于焊缝,或有 3 个试件呈脆性断裂时,则该批接头即为不合格品。

3)电渣压力焊

(1)接头质量检查

电渣压力焊接头应逐个进行外观检查。在做力学性能试验时,从每批接头中随机切取 3 个试件做拉伸试验,应符合下列要求。

①在一般构筑物中,以300个同级别钢筋接头作为一批。

②在现浇钢筋混凝土结构中,每一施工区段中以300个同级别钢筋接头作为一批,不足300个接头仍作为一批。

(2)外观检查质量要求

电渣压力焊接头外观检查结果应符合下列要求:

①接头焊毕,应停歇适当时间,才可回收焊剂和卸下焊接夹具。敲去渣壳,四周焊包应较均匀,凸出钢筋表面的高度至少4mm。

②电极与钢筋接触处,无明显的烧伤缺陷。

③接头处的弯折角不大于4°。

④接头处的轴线偏移不超过0.1倍钢筋直径,同时不大于2mm。

外观检查不合格的接头应切除重焊,或采取补强措施。

(3)拉伸试验质量要求

电渣压力焊接头拉伸试验结果,3个试件的抗拉强度均不得低于该级别钢筋规定的抗拉强度值。

当试验结果有1个试件的抗拉强度低于规定指标,应取6个试件进行复验,若仍有1个试件的抗拉强度低于规定指标,则确定该批接头为不合格品。

4)气压焊

(1)接头质量检查

气压焊接头应逐个进行外观检查。当进行力学性能试验时,应从每批接头中随机切取3个接头做拉伸试验。在梁、板的水平钢筋连接中,应另切取3个接头做弯曲试验,且应按下列规定抽取试件:以300个接头作为一批,不足300个接头仍作为一批。

气压焊接头外观检查结果应符合下列要求:

①偏心量e不得大于钢筋直径的0.15倍,同时不得大于4mm,当不同直径钢筋焊接时,按较小钢筋直径计算。当超过限量时,应切除重焊。

②两钢筋轴线弯折角不得大于4°,当超过限量时,应重新加热矫正。

③镦粗直径d不得小于钢筋直径的1.4倍,当小于此限量时,应重新加热镦粗。

④镦粗长度l_c不得小于钢筋直径的1.2倍,且凸起部分平缓圆滑。当小于此限量时,应重新加热镦长。

⑤压焊面偏移d_h不得大于钢筋直径的0.2倍。

(2)拉伸试验质量要求

气压焊接头拉伸试验结果,3个试件的抗拉强度均不得低于该级别钢筋规定的抗拉强度,并断于压焊面之外,呈延性断裂。若有1个试件不符合要求时,应切取6个试件进行复验,若仍有1个试件不符合要求,该批接头为不合格品。

(3)弯曲试验质量要求

气压焊接头弯曲试验时,应将试件受压面的凸起部分除去,与钢筋外表面齐平。弯芯直径应符合规定。

弯曲试验可在万能试验机、手动或电动液压弯曲试验器上进行。压焊面应处在弯曲中心点,弯至90°,3个试件均不得在压焊面发生破断。

当试验结果有1个试件不符合要求,应切取6个试件进行复验,若仍有1个试件不符合要求,该批接头为不合格品。

二、配制混凝土各组成材料的基本要求

1. 水泥

(1)选用水泥时,应注意其特性对混凝土结构强度、耐久性和使用条件是否有不利影响。

(2)选用水泥时,应以能使所配制的混凝土强度达到要求、收缩小、和易性好和节约水泥为原则。常用水泥的强度等级及软练胶砂抗压强度见《公路桥涵施工技术规范》(JTJ 041—2000)附录 F-1。

(3)水泥应符合现行国家标准,并附有制造厂的水泥品质试验报告等合格证明文件。水泥进场后,应按其品种、强度、证明文件以及出厂时间等情况分批进行检查验收。对所用水泥应进行复查试验,为快速鉴定水泥的现有强度,也可用促凝压蒸法进行复验。

(4)袋装水泥在运输和储存时应防止受潮,堆垛高度不宜超过 10 袋。不同强度等级、品种和出厂日期的水泥应分别堆放。

(5)散装水泥的储存,应尽可能采用水泥罐或散装水泥仓库。

(6)水泥如受潮或存放时间超过 3 个月,应重新取样检验,并按其复验结果使用。

2. 细集料

(1)桥涵混凝土的细集料,应采用级配良好、质地坚硬、颗粒洁净、粒径小于 5mm 的河砂,河砂不易得到时,也可用山砂或用硬质岩石加工的机制砂。细集料不宜采用海砂,不得不采用海砂时,其氯离子的含量对于钢筋混凝土应符合规定。细集料的试验可按现行《公路工程集料试验规程》(JTG E42—2005)执行。

(2)砂的筛分应符合下列规定:

①砂的分类见表 2-1-3。

砂的分类 表 2-1-3

砂 组	粗 砂	中 砂	细 砂
细度模数	3.7~3.1	3.0~2.3	2.2~1.6

注:细度模数主要反映全部颗粒的粗细程度,不完全反映颗粒的级配情况,混凝土配制时应同时考虑砂的细度模数和级配情况。

②砂的级配应符合表 2-1-4 中任何一个级配区所规定的级配范围。

砂的分区及级配范围 表 2-1-4

标准筛筛孔尺寸(mm)	级配区			标准筛筛孔尺寸(mm)	级配区		
	Ⅰ区	Ⅱ区	Ⅲ区		Ⅰ区	Ⅱ区	Ⅲ区
	累计筛余(%)				累计筛余(%)		
10.00	0	0	0	0.63	85~74	70~41	40~16
5.00	10~0	10~0	10~0	0.315	95~80	92~70	85~55
2.50	35~5	25~0	15~0	0.16	100~90	100~90	100~90
1.25	65~35	50~10	25~0				

注:1. 表中除 5mm、0.63mm、0.16mm 筛孔外,其余各筛孔累计筛余允许超出分界线,但其总量不得大于 5%。

2. Ⅰ区砂宜提高砂率以配低流动性混凝土;Ⅱ区砂宜优先选用以配不同等级的混凝土;Ⅲ区砂宜适当降低砂率以保证混凝土的强度。

3. 对于高强泵送混凝土用砂宜选用中砂,细度模数为 2.9~2.6。2.5mm 筛孔的累计筛余量不得大于 15%,0.315mm筛孔的累计筛余量宜在 85%~92%范围内。

③当对河砂、海砂或机制砂的坚固性有怀疑时，应用硫酸钠进行坚固性试验。试验时循环5次，砂的总质量损失应符合2-1-5的规定。

砂的坚固性指标 表2-1-5

混凝土所处的环境条件	循环后的质量损失
在寒冷地区室外使用，并经常处于潮湿或干燥交替状态下的混凝土	≤8
在其他条件下使用的混凝土	≤12

注：1. 寒冷地区系指最寒冷月份的月平均温度为0～-10℃，且日平均温度≤5℃的天数不超过145d的地区。

2. 对同一产源的砂，在类似的气候条件下使用已有可靠经验时，可不做坚固性检验。

3. 对于有抗疲劳、耐磨、抗冲击要求的混凝土用砂，或有腐蚀介质作用或经常处于水位变化区的地下结构混凝土用砂，其循环后的质量损失率应小于8%。

④砂中杂质的含量应通过试验测定，其最大含量不宜超过表2-1-6的规定。

砂中杂质的最大含量 表2-1-6

项　目	≥C30的混凝土	<C30的混凝土
含泥量（%）	≤3	≤5
其中泥块含量（%）	≤1.0	≤2.0
云母含量（%）	<2	
轻物质含量（%）	<1	
硫化物及硫酸盐折算为Sq（%）	<1	
有机质含量（用比色法试验）	颜色不应深于标准色，如深于标准色，应以水泥砂浆进行抗压强度对比试验，加以复核	

注：1. 对有抗冻、抗渗或其他特殊要求的混凝土用砂，总含泥量应不大于3%，其中泥块含量应不大于1.0%，云母含量不应超过1%。

2. 对有机质含量进行复核时，用原状砂配制的水泥砂浆抗压强度不低于用洗除有机质的砂所配制的砂浆的95%时为合格。

3. 砂中如含有颗粒状的硫酸盐或硫化物，则要进行混凝土耐久性试验，满足要求时方能使用。

4. 杂质含量均按质量计。

3. 粗集料

（1）桥涵混凝土的粗集料，应采用坚硬的卵石或碎石，应按产地、类别、加工方法和规格等不同情况，分批进行检验，机械集中生产时，每批不宜超过400m^3；人工分散生产时，每批不宜超过200m^3。粗集料的试验可按现行《公路工程集料试验规程》（JTG E42—2005）执行。

（2）粗集料的颗粒级配，可采用连续级配或连续级配与单粒级配合使用。在特殊情况下，通过试验证明混凝土无离析现象时，也可采用单粒级。粗集料的级配范围应符合表2-1-7的要求。

（3）粗集料最大粒径应按混凝土结构情况及施工方法选取，但最大粒径不得超过结构最小边尺寸的1/4和钢筋最小净距的3/4；在两层或多层密布钢筋结构中，不得超过钢筋最小净距的1/2，同时最大粒径不得超过100mm。用混凝土泵运送混凝土时的粗集料最大粒径，除应符合上述规定外，对碎石不宜超过输送管径的1/3；对于卵石不宜超过输送管径的1/2.5，同时应符合混凝土泵制造厂的规定。

碎石或卵石的颗粒级配规格 表 2-1-7

级配情况	公称粒级(mm)	累计筛余(按质量百分率计) 方孔筛筛孔尺寸(mm)											
		2.5	5	10	16	20	25	31.5	40	50	63	80	100
连续级配	5 ~ 10	95 ~ 100	80 ~ 100	0 ~ 15	0	—	—	—	—	—	—	—	—
	5 ~ 16	95 ~ 100	90 ~ 100	30 ~ 60	0 ~ 10	0	—	—	—	—	—	—	—
	5 ~ 20	95 ~ 100	90 ~ 100	40 ~ 70	—	0 ~ 10	0	—	—	—	—	—	—
	5 ~ 25	95 ~ 100	90 ~ 100	—	30 ~ 70	—	0 ~ 5	0	—	—	—	—	—
	5 ~ 31.5	95 ~ 100	90 ~ 100	70 ~ 90	—	15 ~ 40	—	0 ~ 5	0	—	—	—	—
	5 ~ 40	—	95 ~ 100	75 ~ 90	—	30 ~ 60	—	—	0 ~ 5	0	—	—	—
单粒级	10 ~ 20	—	95 ~ 100	85 ~ 100	—	0 ~ 15	0	—	—	—	—	—	—
	16 ~ 31.5	—	95 ~ 100	—	85 ~ 100	—	—	0 ~ 10	0	—	—	—	—
	20 ~ 40	—	—	95 ~ 100	—	80 ~ 100	—	—	0 ~ 10	0	—	—	—
	31.5 ~ 63	—	—	—	95 ~ 100	—	—	75 ~ 100	45 ~ 75	—	0 ~ 10	0	—
	40 ~ 80	—	—	—	—	95 ~ 100	—	—	70 ~ 100	—	30 ~ 60	0 ~ 10	0

(4)粗集料的技术要求及有害物质含量的规定见表 2-1-8 及表 2-1-9。

粗集料的技术要求 表 2-1-8

项　目	混凝土强度等级			
	C55 ~ C40	≤C35	≥C30	< C30
石料压碎指标值(%)	≤12	≤16	—	—
针片状颗粒含量(%)	—	—	≤15	≤25
含泥量(按质量计)(%)	—	—	≤1.0	≤2.0
泥块含量(按质量计)(%)	—	—	≤0.5	≤0.7
小于 2.5mm 的颗粒含量(按质量计)(%)	≤5	≤5	≤5	≤5

注:1. 混凝土强度等级为 C60 及以上时应进行岩石抗压强度检验,其他情况下,如有必要时也可进行岩石的抗压强度检验。岩石的抗压强度与混凝土强度等级之比对于大于或等于 C30 的混凝土,不应小于 2,其他不应小于 1.5。并且火成岩强度不宜低于 80MPa,变质岩不宜低于 60MPa,水成岩不宜低于 30MPa。岩石的抗压强度试验可按现行《公路工程岩石试验规程》(JTG E41—2005)执行。

2. 混凝土强度在 C10 及以下时,针片状颗粒最大含量可为 40%。

碎石或卵石中的有害物质含量 表 2-1-9

项　目	品 质 指 标
硫化物及硫酸盐折算为 SO_3(按质量计) 不大于(%)	1
卵石中有机质含量(用比色法试验)	颜色不应深于标准色,如深于标准色,则应配制混凝土进行强度试验,抗压强度应不低于 95%

注:如含有颗粒硫酸盐或硫化物,则要进行混凝土耐久性试验,确认能满足要求时方能用。

(5)混凝土结构物处于表 2-1-10 所列条件下时,应对碎石或卵石进行坚固性试验,试验结果应符合表 2-1-10 中的规定。

碎石或卵石的坚固性试验　　表 2-1-10

混凝土所处环境条件	在溶液中循环次数	试验后质量损失不宜大于(%)
寒冷地区,经常处于干湿交替状态	5	5
严寒地区,经常处于干湿交替状态	5	3
混凝土处于干燥条件,但粗集料风化或软弱颗粒过多时	5	12
混凝土处于干燥条件,但有抗疲劳、耐磨、抗冲击要求高或强度大于 C40	5	5

注:有抗冻、抗渗要求的混凝土用硫酸钠法进行坚固性试验不合格时,可再进行直接冻融试验。

(6)施工前应对所用的碎石或卵石进行碱活性检验,在条件许可时尽量避免采用有碱活性反应的集料,或采取必要的措施。具体试验方法可参照现行《公路工程集料试验规程》(JTG E42—2005)进行。

(7)集料在生产、采集、运输与储存过程中,严禁混入影响混凝土性能的有害物质。集料应按品种规格分别堆放,不得混杂。在装卸及存储时,应采取措施,使集料颗粒级配均匀,并保持洁净。

4. 拌和用水

拌制混凝土用的水,应符合下列要求:

(1)水中不应含有影响水泥正常凝结与硬化的有害杂质或油脂、糖类及游离酸类等。

(2)污水、pH 值小于 5 的酸性水及含硫酸盐量按 SO_4^{2-} 计超过水的质量 0.27mg/cm^3 不得使用。

(3)不得用海水拌制混凝土。

(4)供饮用的水,一般能满足上述条件,使用时可不经试验。

5. 外加剂

(1)应根据外加剂的特点,结合使用目的,通过技术、经济比较来确定外加剂的使用品种。如果使用一种以上的外加剂,必须经过配比设计,并按要求加入到混凝土拌和物中。在外加剂的品种确定后,掺量应根据使用要求、施工条件、混凝土原材料的变化进行调整。

(2)所采用的外加剂,必须是经过有关部门检验并附有检验合格证明的产品,其质量应符合现行《混凝土外加剂》(GB 8076—2008)的规定,使用前应复验其效果,使用时应符合产品说明及规范关于混凝土配合比、拌制、浇筑等各项规定以及外加剂标准中的有关规定。不同品种的外加剂应分别存储,做好标记,在运输与存储时不得混入杂物和遭受污染。

6. 混合材料

混合材料包括粉煤灰、火山灰质材料、粒化高炉矿渣等,应由生产单位专门加工,进行产品检验并出具产品合格证书,其技术条件应分别符合现行《用于水泥和混凝土中的粉煤灰》(GB/T 1596—2005)、《用于水泥中的火山灰质混合料》(GB/T 2847—2005)、《用于水泥和混凝土中的粒化高炉矿渣》(GB/T 203—2008)等标准的规定。使用方对产品质量有怀疑时,应对其质量进行复查。

混合材料在运输与存储中,应有明显标志,严禁与水泥等其他粉状材料混淆。

小结

通过学习,使学生能够掌握桥梁上部结构构件预制及安装的原材料试验内容、项目、方法和结果判定规则,熟悉相关试验检测规程,掌握试验技术指标;结合建筑材料的学习,独立进行试验操作,对试验结果作出正确评价。

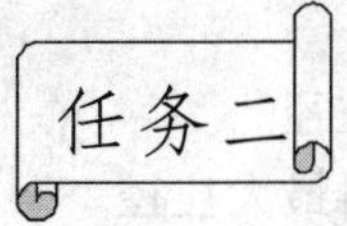

混凝土配合比设计

一、任务导入

【任务目的】 通过学习,使学生了解混凝土配合比设计方法和步骤,能够根据设计要求给定的混凝土强度等级及现场材料进行施工配合比计算,为施工顺利进行打下基础。

【情境设计】 设计强度等级为 C40 的预制预应力混凝土 T 梁,应如何进行混凝土施工配合比的设计计算?

【学生活动】 分小组进行混凝土施工配合比的设计计算。

二、任务分析

混凝土配合比,是指混凝土中各组成材料数量之间的比例关系。确定比例关系的工作为配合比设计。普通混凝土的配合比,应根据原材料性能及对混凝土的技术要求进行计算,并经试验室试配、调整后确定。

混凝土配合比设计包括两方面的内容:

①选料——按照桥梁设计和施工的要求,选择适合制备所需混凝土的材料。

②配料——按照桥梁设计中指定的混凝土性能(包括工作性能、强度、耐久性等)和经济的原则,选择混凝土各组分的最佳配合比和用料量。

关于选料的方法,在单元2.1原材料试验中已详述了混凝土中各种材料的技术质量与要求,在混凝土配合比设计时,应根据其性能来合理选用。本单元将详细阐述配料的方法。

混凝土配合比常用的表示方法有两种:一种是以 $1m^3$ 混凝土中各项材料的质量表示,如水泥(m_s)300kg、水(m_w)180kg、砂(m_s)720kg、石子(m_g)1 200kg;另一种表示方法是以各项材料相互间的质量比来表示(以水泥质量为1),如水泥: 细集料: 粗集料 = 1: 2. 14: 3. 82;水灰比 $W/C = 0.54$。

1. 混凝土配合比设计的基本要求

配合比设计的任务,就是根据原材料的技术性能及施工条件,确定出能满足工程所要求的技术经济指标的各项组成材料的用量。其基本要求是:

(1)达到混凝土结构设计的强度等级。

(2)满足混凝土施工所要求的和易性。

(3)满足工程所处环境和使用条件对混凝土耐久性的要求。

(4)符合经济原则,节约水泥,降低成本。

2. 混凝土配合比设计的资料准备

在设计混凝土配合比之前,必须通过调查研究,预先掌握下列基本资料:

(1)了解工程设计要求的混凝土强度等级、质量稳定性的强度标准差,以便确定混凝土配制强度。

(2)了解工程所处环境对混凝土耐久性的要求,以便确定所配制混凝土的最大水灰比和最小水泥用量。

(3)了解结构构件断面尺寸及钢筋配置情况,以便确定混凝土集料的最大粒径。

(4)了解混凝土施工方法及管理水平,以便选择混凝土拌和物坍落度及集料最大粒径。

(5)掌握原材料的性能指标,包括:水泥的品种、强度等级、密度;砂、石集料的种类,表观密度,级配、最大粒径;拌和用水的水质情况;外加剂的品种、性能、适宜掺量等。

3. 混凝土配合比设计中的 3 个参数

混凝土配合比设计,实质上就是确定水泥、水、砂与石子这四项基本组成材料用量之间的 3 个比例关系。即:水与水泥之间的比例关系,常用水灰比表示;砂与石子之间的比例关系,常用砂率表示;水泥浆与集料之间的比例关系,常用单位用水量来反映。水灰比、砂率、单位用水量是混凝土配合比的 3 个重要参数。在配合比设计中,正确地确定这三个参数,就能使混凝土满足配合比设计的四项基本要求。

确定这 3 个参数的基本原则是:在满足混凝土强度和耐久性的基础上,确定混凝土的水灰比;在满足混凝土施工要求的和易性的基础上,根据粗集料的种类和规格,确定混凝土的单位用水量;砂的数量,应以填充石子空隙后略有富余为原则,来确定砂率。

三、任务实施

1. 混凝土配合比设计的步骤

混凝土配合比设计步骤,首先按照已选择的原材料性能及对混凝土的技术要求进行初步计算,得出“初步计算配合比”。再经过试验室试拌调整,得出“基准配合比”。然后,经过强度检验(如有抗渗、抗冻等其他性能要求,应当进行相应的检验),定出满足设计和施工要求并比较经济的“设计配合比(试验室配合比)”。最后根据现场砂、石的实际含水率,对试验室配合比进行调整,求出“施工配合比”。

1)初步配合比的确定

根据原始资料,按我国现行的配合比设计方法,计算“初步配合比”,即水泥:水:细集料:粗集料 $= m_{c0}:m_{w0}:m_{s0}:m_{g0}$。

(1)配制强度($f_{cu,0}$)的确定

为了使混凝土的强度保证率达到 95% 的要求,在配合比设计时,必须使混凝土的配制强度($f_{cu,0}$)高于设计要求的强度标准值($f_{cu,k}$)。配制强度按式(2-2-1)计算:

$$f_{cu,0} = f_{cu,k} + 1.645\sigma \tag{2-2-1}$$

式中:$f_{cu,0}$——混凝土配制强度(MPa);

$f_{cu,k}$——混凝土立方体抗压强度标准值(MPa);

σ——由施工单位质量管理水平确定的混凝土强度标准差(MPa)。

其确定方法如下:

①当施工单位具有近期的同一品种混凝土强度资料时,其混凝土强度标准差按式(2-2-2)计算:

$$\sigma = \sqrt{\frac{\sum_{i=1}^{n} f_{cu,i}^2 - n\mu_{cu}^2}{n-1}} \tag{2-2-2}$$

式中：$f_{cu,i}$——第 i 组混凝土试件立方体抗压强度值（MPa）；

μ_{cu}——n 组混凝土试件立方体抗压强度的平均值（MPa）；

n——统计周期内相同等级的时间组数，$n \geqslant 25$ 组。

当混凝土强度等级为 C20 或 C25 时，如计算值 $\sigma < 2.5\text{MPa}$，取 $\sigma = 2.5\text{MPa}$；当强度等级等于或大于 C30 时，如计算值 $\sigma < 3.0\text{MPa}$，取 $\sigma = 3.0\text{MPa}$。

②当施工单位无历史统计资料时，σ 可按表 2-2-1 取用。

混凝土 σ 取值（单位：MPa）　　表 2-2-1

混凝土强度等级	<C20	C20 ~ C35	>C35
σ	4.0	5.0	6.0

③遇有下列情况时应提高混凝土配制强度：

a. 现场条件与试验室条件有显著差异时；

b. C30 及其以上强度等级的混凝土，采用非统计方法评定时。

（2）初步确定水灰比（W/C）

根据已知的混凝土配制强度（$f_{cu,0}$）及所用水泥的实际强度（f_{ce}）或水泥强度等级，按混凝土强度公式（2-2-3）计算出所要求的水灰比值。

混凝土强度等级小于 C60 级时，混凝土水灰比宜按式（2-2-3）计算：

$$W/C = \frac{\alpha_a \cdot f_{ce}}{f_{cu,0} + \alpha_a \cdot \alpha_b \cdot f_{ce}} \tag{2-2-3}$$

式中：α_a、α_b——回归系数；

f_{ce}——水泥 28d 抗压强度实测值（MPa）；

其余符号意义同前。

当无水泥 28d 抗压强度实测值时，f_{ce} 值可按下式确定：

$$f_{ce} = \gamma_c \cdot f_{ce,g} \tag{2-2-4}$$

式中：γ_c——水泥强度等级值的富余系数，可按实际统计资料确定；

$f_{ce,g}$——水泥强度等级值（MPa）；

$f_{ce,g}$ 值也可根据 3d 强度或快测强度推定 28d 强度关系式推定得出。

回归系数 α_a、α_b 宜按下列规定确定：

①回归系数 α_a、α_b 应根据工程所使用的水泥、集料，通过试验由建立的水灰比与混凝土强度关系式确定。

②当不具备上述试验统计资料时，其回归系数可按表 2-2-2 采用。

回归系数 α_a、α_b 选用表（JGJ 55—2000）　　表 2-2-2

石子品种 / 系数	碎石	卵石
α_a	0.46	0.48
α_b	0.07	0.33

为了保证混凝土的耐久性，水灰比还不得大于规范中规定的最大水灰比值，如计算所得的水灰比大于规定的最大水灰比值时，应取规定的最大水灰比值。

2)选取 1m^3 混凝土的用水量(m_{w0})

每立方米混凝土用水量的确定,应符合下列规定:

(1)干硬性和塑性混凝土用水量的确定

①水灰比在 0.40 ~0.80 范围时,根据粗集料的品种、粒径及施工要求的混凝土拌和物稠度,其用水量可按表 2-2-3 及表 2-2-4 选取。

②水灰比小于 0.40 的混凝土以及采用特殊成型工艺的混凝土的用水量,应通过试验确定。

干硬性混凝土的用水量(单位:kg/m^3) 表 2-2-3

拌和物稠度		卵石最大粒径(mm)			碎石最大粒径(mm)		
项目	指标	10	20	40	16	20	40
维勃稠度(s)	16 ~20	175	160	145	180	170	155
	11 ~15	180	165	150	185	175	160
	5 ~10	185	170	155	190	180	165

塑性混凝土的用水量(单位:kg/m^3) 表 2-2-4

拌和物稠度		卵石最大粒径(mm)				碎石最大粒径(mm)			
项目	指标	10	20	31.5	40	16	20	31.5	40
坍落度(mm)	10 ~30	190	170	160	150	200	185	175	165
	35 ~50	200	180	170	160	210	195	185	175
	55 ~70	210	190	180	170	220	205	195	185
	75 ~90	215	195	185	175	230	215	205	195

(2)流动性和大流动性混凝土的用水量计算

①以表 2-2-4 坍落度 90mm 的用水量为基础,按坍落度每增大 20mm,用水量增加 5kg,计算出未掺外加剂时混凝土的用水量。

②掺外加剂时的混凝土用水量按式(2-2-5)计算:

$$m_{wa} = m_{w0}(1-\beta) \tag{2-2-5}$$

式中:m_{wa}——掺外加剂时,每 1m^3 混凝土的用水量(kg/m^3);

m_{w0}——未掺外加剂时,每 1m^3 混凝土的用水量(kg/m^3);

β——外加剂的减水率(%),应经试验确定。

3)计算 1m^3 混凝土的水泥用量(m_{c0})

根据已初步确定的水灰比(W/C)和选用的单位用水量(m_{w0}),可计算出水泥用量(m_{c0}):

$$m_{c0} = \frac{m_{w0}}{W/C} \tag{2-2-6}$$

为保证混凝土的耐久性,由上式计算得出的水泥用量还应满足规范中规定的最小水泥用量的要求,如计算得出的水泥用量少于规定的最小水泥用量,则应取规定的最小水泥用量值。

4)选取合理的砂率值(β_s)

应当根据混凝土拌和物的和易性,通过试验求出合理砂率。如无历史资料,坍落度为 10 ~60mm的混凝土砂率可根据集料种类、规格和水灰比,按表 2-2-5 选用。

混凝土的砂率(%) 表2-2-5

水灰比	卵石最大粒径(mm)			碎石最大粒径(mm)		
	10	20	40	16	20	40
0.40	26~32	25~31	24~30	30~35	29~34	27~32
0.50	30~35	29~34	28~33	33~38	32~37	30~35
0.60	33~38	32~37	31~36	36~41	35~40	33~38
0.70	36~41	35~40	34~39	39~44	38~43	36~41

(1)计算粗、细集料的用量 m_{g0} 及 m_{s0}

粗、细集料的用量可用质量法或体积法求得。

①质量法

如果原材料情况比较稳定,所配制的混凝土拌和物的表观密度将接近一个固定值,如果可以先假设一个1m³ 混凝土拌和物的质量值,并可列出以下两式:

$$\begin{cases} m_{c0}+m_{g0}+m_{s0}+m_{w0}=m_{cp} \\ \beta_s=\dfrac{m_{s0}}{m_{s0}+m_{g0}}\times 100\% \end{cases} \tag{2-2-7}$$

式中:m_{c0}——1m³ 混凝土的水泥用量(kg/m³);

m_{g0}——1m³ 混凝土的粗集料用量(kg/m³);

m_{s0}——1m³ 混凝土的细集料用量(kg/m³);

β_s——砂率(%);

m_{cp}——1m³ 混凝土拌和物的假定质量(kg/m³),其值可取2 350~2 450 kg/m³。

联立两式,即可求出 m_{g0} 和 m_{s0}。

②体积法

假定混凝土拌和物的体积,等于各组成材料绝对体积和混凝土拌和物中所含空气体积之总和。因此,在计算1m³ 混凝土拌和物的各材料用量时,可列出以下两式:

$$\begin{cases} \dfrac{m_{c0}}{\rho_c}+\dfrac{m_{g0}}{\rho_g}+\dfrac{m_{s0}}{\rho_s}+\dfrac{m_{w0}}{\rho_w}+0.01\alpha=1 \\ \beta_s=\dfrac{m_{s0}}{m_{s0}+m_{g0}}\times 100\% \end{cases} \tag{2-2-8}$$

式中:ρ_c——水泥密度,可取2 900~3 100kg/m³;

ρ_g——粗集料的表观密度(kg/m³);

ρ_s——细集料的表观密度(kg/m³);

ρ_w——水的密度,可取1 000kg/m³;

α——混凝土的含气量百分数,在不使用引气型外加剂时,可取1。

联立两式,即可求出 m_{g0} 和 m_{s0}。

通过以上步骤,便可将水、水泥、沙子和石子的用量全部求出,得到初步计算配合比,供试配用。

以上混凝土配合比计算公式和表格,均以干燥状态集料(系指含水率小于0.5%的细集料和含水率小于0.2%的粗集料)为基准。当以饱和面干集料为基准进行计算时,则应做相应的修正。

(2)混凝土的配合比试配、调整与确定

①配合比的试配与调整

以上在初步计算的配合比中,所求出的各材料用量,是借助于一些经验公式和数据计算出来的,或是利用经验资料查得的,因而不一定能够完全符合具体的工程实际情况。必须通过试拌调整,直到混凝土拌和物的和易性符合要求为止,然后提出供检验强度用的基准配合比。

按初步计算配合比,称取实际工程中使用的材料,进行试拌。混凝土的搅拌方法,应与生产时使用的方法相同。当所用集料最大粒径 $D_{max} \leqslant 31.5$mm 时,试配的最小拌和量为 15L;当 D_{max} 为 40mm,试配的最小拌和量为 25L。混凝土搅拌均匀后,检查拌和物的性能。当试拌出的拌和物坍落度或维勃稠度不能满足要求,或黏聚性和保水性不良时,应在保持水灰比不变的条件下,相应调整用水量和砂率,直到符合要求为止。然后,提出供检验强度用的基准配合比。

经过和易性调整后得到的基准配合比,其水灰比选择不一定恰当,即混凝土的强度有可能不符合要求,所以应检验混凝土的强度。进行混凝土强度检验时,应至少采用 3 个不同的配合比。其一为基准配合比,另外两个配合比的水灰比,宜较基准配合比分别增加或减少 0.05,而其用水量与基准配合比相同,砂率可分别增加或减小 1%。当不同水灰比的混凝土拌和物坍落度与要求值的差超过允许偏差时,可通过增减用水量进行调整。每种配合比制作一组(3 块)试件,并经标准养护到 28d 时试压(在制作混凝土试件时,尚需检验混凝土拌和物的和易性及测定表观密度,并以此结果作为代表这一配和比的混凝土拌和物的性能值)。

②设计配合比的确定

由试验得出的各水灰比及其对应的混凝土强度的关系,用作图法或计算法求出与混凝土配制强度($f_{cu,0}$)相对应的灰水比,并按下列原则确定 1m^3 混凝土的材料用量。

用水量(m_w):取基准配合比中的用水量,并根据制作强度试件时测得的坍落度或维勃稠度,进行适当的调整。

水泥用量(m_c):以用水量乘以选定的灰水比计算确定。

粗、细集料用量(m_g,m_s):取基准配合比中的粗、细集料用量,并按选定的水灰比进行适当的调整。

③混凝土表观密度的校正

配合比经试配、调整和确定后,还需根据实测的混凝土表观密度($\rho_{c,t}$)做必要的校正,其步骤如下。

计算混凝土的表观密度计算值($\rho_{c,c}$):

$$\rho_{c,c} = m_w + m_c + m_g + m_s \tag{2-2-9}$$

计算混凝土配合比校正系数 δ:

$$\delta = \frac{\rho_{c,t}}{\rho_{c,c}} \tag{2-2-10}$$

当混凝土表观密度实测值($\rho_{c,t}$)与计算值($\rho_{c,c}$)之差的绝对值不超过计算值的 2% 时,由以上定出的配合比即为确定的设计配合比;当二者之差超过计算值的 2% 时,应将配合比中的各项材料用量均乘以校正系数 δ,即为确定的混凝土设计配合比。

(3)施工配合比的确定

设计配合比是以干燥材料为基准的,而工地存放的砂、石都含有一定的水分,且随着气候的变化而经常变化。所以,现场材料的实际称量应按工地砂、石的含水情况进行修正,修正后的配合比称施工配合比。

假定工地存放砂的含水率为 $a(\%)$，石子的含水率为 $b(\%)$，则将上述设计配合比换算为施工配合比，其材料称量为：

$$m'_c = m_c \qquad (kg) \tag{2-2-11}$$

$$m'_s = m_s(1 + 0.01a) \qquad (kg) \tag{2-2-12}$$

$$m'_g = m_g(1 + 0.01b) \qquad (kg) \tag{2-2-13}$$

$$m'_w = m_w - 0.01am_s - 0.01bm_g \qquad (kg) \tag{2-2-14}$$

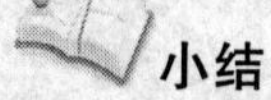

小结

通过学习，让学生掌握桥梁上部结构构件混凝土配合比计算方法及混凝土配合比设计的试验方法，并作出正确的评定。使同学们能够根据施工现场不同情况及设计强度等级确定混凝土的施工配合比。

学习情境3

施工场地规划与设计

情境导入：

无论是独立的工程项目还是作为分项工程，在施工承包人进行项目施工前，都要进行施工组织设计和施工方案设计。对于装配式桥梁工程施工，施工组织设计中重要的一项就是施工场地的规划与布置。

学习目标

【知识目标】 具备识图能力，熟悉桥梁施工机具设备的性能，具有力学分析计算能力。

【能力目标】 能够根据桥位附近地形等情况进行施工场地的布设，并合理调配各种桥梁施工机具设备。

情境设计

【实施时间】 开工前。

【实施地点】 项目经理部，施工现场。

【实施人员】 工程部技术员。

【实施内容】 (1)编写桥梁上部结构预制与安装工程施工场地规划。

(2)桥梁上部结构构件预制台座设计。

(3)施工设备的调配。

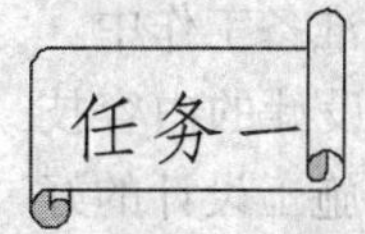

施工现场规划与设计

一、施工现场设计原则

(1)从施工现场实际条件出发,遵循施工方案和施工进度计划的要求,确定合理的规划和设计方案,有利于施工和现场管理,不占或少占农田。

(2)在保证工程顺利进行的前提下,充分挖掘施工现场潜力,尽可能利用已有的建筑物、构筑物、各种管道及道路,最大限度地减少临时工程的工程量,节约施工费用,降低工程成本。

(3)最大限度地缩短工地内部的运输距离,方便运输,节省运输费用。特别是尽可能避免场内二次搬运,以减少场内运转的材料损耗,节约劳动力。

(4)临时生产、生活设施及施工地点的布置应便于工人的生产和生活,这些设施尽可能采用装拆式,以利重复使用,降低临时设施费用。

(5)要符合劳动保护、安全技术和防火的规定。

为了保证施工的顺利进行,应注意施工现场的道路畅通,机械设备的钢丝绳、电缆、缆风等不得妨碍交通,对人体健康有害的设施(如沥青炉、石灰池及石灰消解场等)应布置在下风向。

在建设工地内应布置消防设施。在山区的工程还必须考虑防洪设施等特殊要求。

一般情况下,中小桥施工场地应布置在交通方便的一岸;大桥一般为减少场内搬运,可在一岸(交通方便)设置主要场地,在对岸设置辅助场地;特大桥梁一般都是两岸设置施工场地,各有独立的施工指挥系统;城市桥梁,一般只能沿街布置场地,在桥头工地只宜设置必需的仓库、工场,占地较大的预制、加工场地宜设于与交通线衔接的空旷地区;桥梁分段施工时,也可根据各阶段工程内容及其特点,采取各阶段不同的场地布置方案。

桥梁的施工方法对桥梁施工场地的布置起着主导作用。例如,连续梁顶推法和先简支后连续或悬臂拼装法,预制安装和就地现浇的简支梁等,在施工现场平面设计上差别很大。

二、施工现场规划与设计的内容

施工现场规划与设计是在施工方案确定之后,为完成施工所需的临时工程、临时设施、必需的自制设备、支架、模板、工艺过程等所做的设计以及许多技术性设计(砂浆、混凝土配合比、配料等)。施工设计的具体内容如下:

(1)临时工程。包括临时便道、便桥、临时轨道铺设、临时电力线路和临时电信线路等。

(2)辅助工程、施工设备的设计。包括模板、支架、吊篮、拱架、扒杆、自制吊装设备、导梁或架桥机等。

(3)现场设施的设计。包括临时职工宿舍、仓库、水塔、供水管路、供电线路、预制场等。

(4)施工工艺过程的设计。

(5)技术性设计。包括砂浆和混凝土配合比设计、钢筋配料设计、钢筋的替换设计、分部分项工程验收方案设计(抽样检验方案)以及标准试验等。

施工涉及的内容中，一部分要在施工前的准备阶段完成，而另一部分则在施工过程中完成。因此，有人认为施工设计是施工前准备工作的组成部分，故应列入施工前的准备工作中。

由于施工设计的内容相当一部分要在施工过程中完成，更为重要的是施工设计的内容技术性强、责任重大、对施工起关键作用，因此，列入施工组织设计内容更为合适。施工设计的好坏，直接影响到工程质量、工期、成本及施工安全，故应引起足够重视，将此项工作做好。

1.临时工程设计

1)临时工程的概念

临时工程只是起着参与永久性工程形成的作用，公路建成交付使用后，必须拆除恢复其原状。它与辅助工程具有相同的性质，但不同点在于临时工程一般不单作专一的服务对象，现行概预算定额规定临时工程有汽车便道、临时便桥、临时码头、轨道铺设、输电和通信线路 6 项。

例如，汽车便道既可运输生产物资，又可运输生活物资品；又如输电线路，既可为生产机械供电，又可为生活照明供电。因此，在实际中难以将其综合到哪个费用项目内，为了便于工程造价计算，将其归纳为临时工程，单独列项反映。

2)临时工程内容及其规定

(1)汽车便道。是指各种砂石料场与工地用料点或堆料场连接的道路，现有公路与拟建项目路的联络线路，预制场、拌和场与建设项目之间的连接便道。即新修或利用农村道路进行整修供汽车行驶的，方可列为汽车便道。

凡预制场、拌和场及生活区内部通行的汽车便道，均不能计入汽车便道的数量内，其项目属于现场经费中的临时设施内容，修建施工现场已包括场内道路，不能再重复计算。

汽车便道的道路标准，应根据运输量的大小合理确定，只要求晴天通行或运输量不大的路段，不必考虑铺筑路面。选定路线时，要注意利用地形，尽量不占或少占农田。

(2)临时便桥。修建汽车便道时，跨沟、跨河所必修的便桥，为大型桥梁水上施工需要搭设、可供汽车行驶的便桥，应根据现场的实际情况确定。

(3)临时码头。当拟建项目可利用水运材料或大型桥梁施工配有水上混凝土工厂及泥浆循环系统时，为装卸运输材料而必须修建的码头，应结合现场实际情况取定。

(4)轨道铺设。一般大型混凝土构件预制时才列入此项，它包括龙门架行走轨道、预制点至堆放点轨道、堆放点到吊装处的运输轨道，以及多孔简支梁桥采用桥上导梁或架桥机安装时，桥上必须铺设的轨道等。

(5)输电线路。当利用地方工业电源时才能计算，接高压线路或变电站接线处至工地变压器之间的距离作为输电线路计算长度。变压器或自备发电机房至现场用电点的距离不得计入输电线路内。

(6)通信线路。根据工程实际情况按修建的公路长度计算。

上述临时工程在项目竣工时，不需办理工程验收和工程点交接手续，只需将费用纳入竣工决算，但其必须予以拆除，恢复生态环境。

值得注意的是，为生产、生活而修建的现场临时设施，如办公室、宿舍、仓库、加工房、机械工棚等临时房屋，生活区内的汽车便道、便桥，变压器或发电房到施工现场的生活用电线路，施工和生活用的输水线路，架子车和机动翻斗车行驶的便道，施工机械搁置场地，以及临时围墙等，均按现行公路工程造价编制办法规定，综合为现场经费中的临时设施费，按费率计算，所以不得将上述内容归入临时工程。

2. 辅助工程设计

1）辅助工程的含义及其规定

辅助工程不构成永久性工程的实体，只是辅助其形成，辅助工程有它具体的要求和一定的适用范围及其施工技术规定。例如，在水中建造桥梁基础工程时，必须修筑围堰辅助工程，其结构形式因水深而异，没有围堰基础工程主体就无法施工，主体工程完成后辅助工程应及时予以拆除。辅助工程无统一计算工程数量的标准，必须根据工程项目实际情况，逐项分析研究才能确定其工程量。

在公路工程造价编制中，有些临时工程设施，如混凝土的模板、砌石工作的脚手架等，就其性质而言，也属于辅助工程范畴，但它与圬工体积直接相关，为了简化工程造价的编制工作，将其综合在相应的定额中，不单独计算这些临时工程设施所需的费用。

2）辅助工程的工程量

根据公路工程计划定额和设计文件的规定及要求，编制施工组织设计时，应合理地确定辅助工程的工程量。

桥涵工程由于结构形式多，地形及水文地质情况复杂，施工方法及施工技术也有所不同，所以考虑的辅助工程内容也很多。因此，应根据实际情况逐项计算分析并确定合理的辅助工程数量。例如，水中围堰结构形式，埋设钻孔灌注桩的护筒，墩、台、塔等的模板及施工电梯，支架及拱架形式，预制台座数量，预制场的面积，吊装设备，混凝土场内运距，基础开挖弃方运距，蒸汽养护的建筑面积等工程量的确定，均应按技术先进、安全可靠、经济合理的原则进行分析计算。

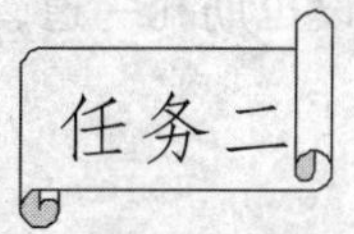

桥梁预制场、堆放场地的规划与设计

一、桥梁预制场、堆放场地的规划

桥梁预制构件的预制和堆放场的规划和布置是桥梁施工现场平面设计的主龙头，它的位置安排合理与否是现场平面图设计能否成功的关键。它的位置直接影响到砂石料堆放场、钢筋制作场、木材加工场、混凝土搅拌站、水泥库的位置，以及道路、水电线路的布置等，因此，应予以优先考虑。

桥梁预制构件、堆放场地，除特殊情况以外，一般宜设在工地，这样可避免大型构件远距离运输。设在工地内的预制场，应尽量靠近桥头，以缩短安装时运输距离和减少相应的临时设施。堆放场地宜靠近桥头，堆放场面积的大小不仅与预制梁体的片数有关，也与梁体安装时间安排和梁体预制时间安排有关，还与梁体堆放的有关规定有关。大梁预制的基座在满足工期对预制进度要求的情况下，不宜设置太多，以减少占地面积。

在预制场、堆放场的位置确定之后，上述砂石料堆放场、水泥库、模板和钢筋制作场的位置应尽量靠近预制场地设置，以减少搬运距离，且使用方便。使水泥库位置处于下风向，以防水泥进出库时灰尘飞扬，影响制作场、预制场工人的工作。而钢筋加工场、木材加工场应相应靠近钢筋制作和模板制作场。为了防止钢材切割和钢筋电焊引起火灾,将钢筋加工制作场和木材加工制作场分开设置,要注意符合安全规定。

这些场地的面积大小要根据预制件进度计划以及墩台、基础的施工进度计划来精确计算,尔后进行布置。水泥库的面积大小要根据水泥材料的需要量计划、供应计划来考虑,并且要符合存储论原理。场地面积过大会增加临时设施费用,过小会影响工程进度,增加现场管理的难度。而水泥库过大、存储水泥过多,不但增大临时设施费,而且水泥储存过久会导致受潮结块及强度降低,从而影响工程质量,增加工程成本(材料费);过小,则会出现停工待料,影响工程进度,推延工期。

二、桥梁构件预制台座的设计

预制台座的数量应根据桥梁预制构件的总数、工期要求和预制每一个构件所需的时间来决定。

(1)普通钢筋混凝土和后张法预应力混凝土梁或板的预制台座

普通钢筋混凝土和后张法预应力混凝土梁或板的预制台座采用钢筋混凝土修建,台面的尺寸与梁底尺寸相匹配,台面采用水磨石混凝土或钢板,同时作为预制梁板的底模板。台座出露的棱角用三角铁包边以防止在使用过程中掉角,台座上预留两侧边模的对拉孔和移梁钢丝绳槽(在梁的设计支撑点边缘)。台座顶面和两侧必须平整光滑,以保证侧模的安装就位和箱梁底的平整度。台座的基底必须有足够的承载力,并且台座间的地面用混凝土硬化,避免在施工过程中渗水到台座基底,引起台座下沉、开裂。做底模台座时,注意留好反拱度(一般按设计或计算做),由中部向两端渐变按二次抛物线布置。在台座端头2m长度范围内下设扩大基础,用以承担梁体在张拉后梁对台座端头的集中应力。在梁底座每隔一定距离设拉筋孔一道,便于支立或拆卸模板。

(2)先张法预应力混凝土梁或板的预制台座

先张法生产预制梁的台座是个薄弱环节,直接影响着工程质量,存在较多安全隐患。台座根据不同的地质条件有多种形式,如墩式台座、槽式台座和框架式台座等。

墩式台座是靠自重和土压力来平衡张拉力所产生的倾覆力矩,并靠土壤的反力和摩擦力抵抗水平位移。在地质条件良好、台座张拉线较长的情况下,采用墩式台座可节约大量混凝土。

当现场地质条件较差、台座又不很长时,可采用槽式台座。槽式台座与墩式台座不同之处在于预应力筋张拉力是由承力框架承受而得到平衡。

框架式台座适用于地质较软的地区,由牛腿、传力柱、配重、台面、钢横梁、沙箱等构件组成。

三、工地临时房屋的规划与设计

工地临时房屋主要包括:施工人员居住用房、办公用房、食堂和其他生活福利设施用房,以及试验室、动力站和其他仓库等。

在预制场、堆放场及砂石料堆放场和钢材木材的堆放、加工、制作场地确定之后,工地的临时房屋围绕上述场地布置,且方便生活、生产,并要注意安全和防火。

职工生活区及办公室,最好设在工地周围不太受施工噪声干扰的地方,符合安全、卫生条件,且按消防规定相互隔离,每间房都应配备灭火器,但不能远离工地,也要防止洪水淹没。

直接指挥生产的机构及施工现场调度室应该设在工地的中心地区,以使指挥和调度工作方便、及时。桥梁工程的施工,临时房屋的修建是不可缺少的。由于修建临时房屋的费用要占工程总造价相当大的比重,同时要耗费大量的劳力和材料,易拖长开工准备时间。因此,应采取措施尽可能减少临时房屋数量,这是降低工程成本、加快施工速度的有效措施之一,在平面设计中应周密计划、精打细算。至于减少临时房屋费用的措施有:提高机械化施工水平,减少劳动力需要量;合理安排施工计划,保持劳力稳定、均衡,使临时房屋得到充分合理利用;尽量招募工地附近的民工,减少这部分人的住房;尽量租用当地的房屋,一般要比新建的房屋费用低;广泛采用重复使用的装配式临时房屋和帐篷,要比修建临时房屋费用低;尽量利用当地材料修建构造简单的房屋等。

四、材料开采、加工场的布置及雷管、炸药库的设置位置

桥梁工程用的砂石材料开采场,一般总是设在材料产地,如有两个或多个产地可供选择时,选择的条件首先是材料的品质要符合设计要求。在保证质量的前提下,一般距工地近的总是比较理想的。但开采的难易程度、成材率的高低、运输和装卸的费用都是比选的条件,要通过综合经济技术比较,作出最终决定。

在山区修建桥梁时,经常要用炸药消除障碍,开凿基坑,因此,就得设置存放炸药和雷管的库房。国家对这一类爆破材料的管理有一套严格的规章和制度,例如雷管和炸药不得同车装运、同库储存;仓库距住宅区应有一定的安全距离,并严加警卫。

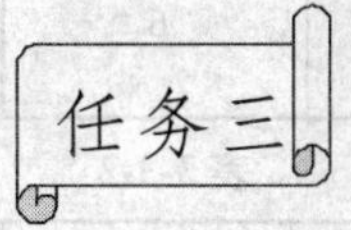

临时供电规划与设计

由于施工机械化程度的提高,桥梁施工用电驱动的机械越来越多,用电量越来越大。做好工地的供电工作,对保证施工的顺利进行有着密切的关系。临时供电工作包括以下内容:用电量的计算、选择电源、确定变压器、布置配电线路和确定电线截面。

一、用电需要量的确定

桥梁施工工地上临时供电,包括施工用电和照明用电。

桥梁施工中,每日各个时间的用电量是不均匀的,有时一天内最大用电量与最小用电量相差悬殊。在整个施工过程中,用电量始终是波动的、起伏不定的。因此,精确计算用电量是不可能的,意义也不大。我们的目的是估算出施工期间的最大负荷,以便下一步选择电源、确定变压器。

各种机械设备的用电量,以整个施工阶段内的最大负荷为准,根据施工进度计划计算出同时用电的机械设备和最高数量,乘以相应机械设备电动机的功率而得,一般桥梁施工中项目平行或搭接施工阶段内的电力负荷为最大。照明用电是指桥梁施工现场和生活福利区的室内外照明用电。

一般按下式计算:

$$P = (1.05 \sim 1.10)\left(K_1 \frac{\sum P_1}{\cos\phi} + K_2 \sum P_2 + K_3 \sum P_3 + K_4 \sum P_4\right) \tag{3-3-1}$$

式中：K_1、K_2、K_3、K_4——需要系数，参见表3-3-1；

P——工地总用电量(kW)；

P_1——电动机额定功率(kW)；

P_2——电动机额定容量(kW)；

P_3——室内照明容量(kW)，室内照明用电量，根据室内照明面积，乘以相应的用电定额(表3-3-2)而得；

P_4——室外照明容量(kW)，室外照明用电量，根据室外照明面积，乘以相应的用电定额(表3-3-2)而得；

$\cos\phi$——电动机平均功率因数，根据电量和负荷情况而定，最高0.75～0.78，一般为0.65～0.75。

需要系数*K*值表　　表3-3-1

序号	用电目的	用电量(W/m^2)	序号	用电目的	用电量(W/m^2)
	(一)露天场地照明			(二)室内照明	
1	人工土方施工	0.6～0.75	10	宿舍及住宅	5
2	机械化施工土方、砌石、打桩	0.8	11	厨房、食堂、普通办公室	10
3	浇筑混凝土、拌制砂浆、轧碎石及过筛	2～2.5	12	厕　所	3
			13	浴室、盥洗室	5
4	制造及装配金属结构	2.4～2.5	14	钢筋加工间、金属构件厂、机修间	13
5	露天堆场	0.5			
6	机械停放场	1.5～2.5	15	细木工车间	6
7	主要人行道及车行道	5kW/km	16	锯木厂	3～5
8	次要人行道及车行道	3kW/km	17	车　库	6
9	警卫、照明	2			

施工用电参考定额　　表3-3-2

用电名称	数　量	需要系数		备　注
		K	数值	
电动机	3～10台	K_1	0.7	如施工中需用电热时，应将其用电量计算进去。为使计算接近实际，式中各项用电根据不同性质分别计算
	11～30台		0.6	
	30台以下		0.5	
加工厂动力设备			0.5	
电焊机	3～10台	K_2	0.6	
	10台以上		0.5	
室内照明		K_3	0.8	
室外照明		K_4	1.0	

最大电力负荷量，是按施工用电量与照明用电量之和计算的。当单班工作制时，则不考虑照明用电，此时最大电力负荷量即等于施工用电量。这种单班工作制在桥梁施工中并不多见，特别是基础工程施工阶段，一般由于工艺过程的要求总是日夜连续进行的，有些工程因为特殊原因也要在夜间进行。

二、选择电源，确定变压器

工地临时供电的电源，可利用现场附近的高压电网，申请临时加设配电变压器，这是最经济的供电方式。如果当地没有电源，或电力供应不能满足施工用电需要，则要在工地设置临时发电站。若当地电源距离工地较远，需架设较长的临时输电线路时，则应与在工地设置临时发电站的供电方式进行综合分析比较后确定。但不论采用何种供电方案，一般都要考虑在工地配置1～2台发电机作为应急时的备用，特别是对于不能停工的工作，如连续浇混凝土的工程，必须要有备用发电机来保证供电的可靠性。

在选择电源时，必须注意到：

(1)现有电源可以利用的容量是否能满足施工期间最高的负荷，电源距离的远近、利用的可能性，以及与采用临时供电设施之间的费用比较。

(2)根据施工现场的大小、用电设备使用期限的长短、使用量的多少和设备布置的情况选择电源的位置，一般应该设在用电设备最集中、负荷最大而输电距离最短的地方。

临时发电站、发电机的电压，根据负荷大小和供电范围确定。当容量小于500kW、供电半径为500m以内时，采用380/220V电压的发电机，直接向工地供电；当容量超过500kW、供电半径超过500m时，可采用2～6kV电压的发电机，另在负荷中心设计降压变电所，把3.6kV电压降到380/220V电压供电。

临时变电所的数量和设置地点，取决于负荷中心的位置和工地的大小与形状。当分区设置时，应按区计算用电量。然后根据计算所得容量，可以从变压器产品目录中选用相近的变压器。

三、布置配电线路，确定导线截面

工地内的临时配电线路布置常用枝式，因为这种布置的输电线路长度最小、需电杆数量少，但此种线路网若在其中某一点发生故障时，则离电源较远的各用电地点无电供应，这对于必须连续供电的桥梁施工工地是不适宜的；从保证不断供电的要求上看，环式配电线网最为可靠，但这种方案布置输电线路最长、需电杆数最多；混合式可以兼有以上两种方案的优点，总输电线路用环式，交输电线路采用枝式，这样就对主要用电地点保证有可靠的供电条件。工地电力网，一般3～10kV的高压线路采用环式，380/220V的低压线采用枝式。

配电线路的计算及导线截面的选择，应满足下列要求：

(1)导线应有足够的力学强度。

(2)导线在正常的温度下，能持续通过最大的负荷电流而本身的温度不超过规定值。

(3)电压损失应在规定的允许范围内，能保证电气设备正常工作。

导线截面是根据负荷电流来选择的，然后再用电压及力学强度进行校核。

为架设方便，并可保存电线的完整，能重复使用，一般可采用架空线路。架空线路电杆之间间距为25～40m，可用木杆，离路面、地面或建筑物不应小于6m。临时低压电缆，可埋设于沟中，或吊在电杆支承的钢索上，这种方式比较经济，但使用时应充分考虑到施工安全。

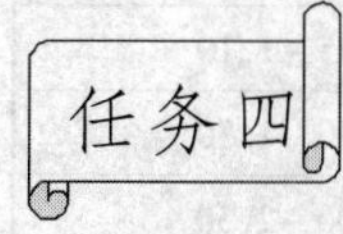

工地临时供水规划与设计

工地临时供水的类型主要有：生产用水，包括工程施工和机械设备用水；生活用水，包括施工现场和生活区的生活用水；消防用水。生产用水和生活用水的水质应符合各自用途的要求。

1. 用水量的计算

1)工程施工用水量

$$q_1 = K_1 \sum \frac{Q_1 N_1}{T_1 b} \cdot \frac{K_2}{8 \times 3\,600} \tag{3-4-1}$$

式中：q_1——工程施工用水量(L/s)；

K_1——未预见的施工用水系数,取1.05~1.15；

Q_1——年(季)度工程量(以实物计量单位表示)；

N_1——施工用水定额,参见表3-4-1；

T_1——年(季)度有效作业日(d)；

b——每天工作班数；

K_2——用水不均衡系数,参见表3-4-2。

施工用水定额 表3-4-1

序号	用水对象	单位	耗水量(L)	备注
1	浇筑混凝土全部用水	m^3	1 700~2 400	
2	搅拌普通混凝土	m^3	250	
3	搅拌轻质混凝土	m^3	300~350	
4	混凝土养生(自然养生)	m^3	200~400	
5	混凝土养生(蒸汽养生)	m^3	500~700	
6	湿润模板	m^3	10~15	
7	冲洗模板	m^3	5	
8	人工洗石子	m^3	1 000	
9	机械洗石子	m^3	600	
10	洗砂	m^3	1 000	
11	浇砖	千块	500	
12	砌砖工程全部用水	m^3	150~250	
13	砌石工程全部用水	m^3	50~80	
14	抹灰	m^3	4~6	不包括调制用水
15	搅拌砂浆	m^3	300	
16	消化生石灰	t	3 000	
17	素土路面路基	m^2	0.2~0.3	

施工用水不均衡系数 表3-4-2

用水名称	系数	用水名称	系数
施工工程用水	1.50	动力设备	1.05~1.10
生产企业用水	1.25	施工现场生活用水	1.30~1.50
施工机械、运输机具	2.00	居住区生活用水	2.00~2.50

2)施工机械用水量

$$q_2 = K_1 \sum Q_2 N_2 \frac{K_2}{8 \times 3\,600} \tag{3-4-2}$$

式中：q_2——施工机械用水量(L/s)；

K_1——未预见的施工用水系数,取1.05~1.15;

Q_2——同种机械台数(台);

N_2——施工机械台班用水定额,参见表3-4-3;

K_2——施工机械用水不均衡系数,参见表3-4-2。

施工机械用水量参考定额 表3-4-3

序号	机械名称	单位	耗水量	备注
1	内燃挖土机	L/台班·m^3	200~300	以斗容量m^3计
2	内燃起重机	L/台班·t	15~18	以起重吨数计
3	蒸汽打桩机	L/台班·t	1 000~1 200	以锤重吨数计
4	内燃压路机	L/台班·t	12~15	以压路机吨数计
5	拖拉机	L/昼夜·台	200~300	
6	汽车	L/昼夜·台	400~700	
7	空气压缩机	L/台班·(m^3/min)	40~80	以压缩空气排气量m^3/min计
8	内燃动力装置	L/台班·马力	120~300	直流水
9	内燃动力装置	L/台班·马力	25~40	循环水
10	锅炉	L/h·t	1 000	以小时蒸发量计
11	锅炉	L/h·m^2	15~30	以受热面积计
12	点焊机25型	L/h	100	
	75型	L/h	250~350	
13	对焊机	L/h	300	
14	冷拔机	L/h	300	
15	凿岩机YQ-100	L/min	8~12	
	01-45(TN-4)	L/min	5	

3)施工现场生活用水量

$$q_3=\frac{P_1N_3K_2}{b\times 8\times 3\ 600} \tag{3-4-3}$$

式中:q_3—— 施工现场生活用水量(L/s);

P_1——施工现场高峰期人数(人);

N_3——施工现场生活用水定额,一般为20~60L/人·班;

K_2——施工现场生活用水不均衡系数,参见表3-4-2;

b——每天工作班数(班)。

4)生活区生活用水量

$$q_4=\frac{P_2N_4K_2}{24\times 3\ 600} \tag{3-4-4}$$

式中:q_4——生活区生活用水量(L/s);

P_2——生活区居住人数(人);

N_4——生活区生活用水定额,参见表3-4-4;

K_2——生活区用水不均衡系数,参见表3-4-2。

生活用水量参考定额 表 3-4-4

序号	用水名称	单位	耗水量	备注
1	生活用水	L/人·日	20~30	盥洗、饮用
2	食堂	L/人·日	15~20	
3	淋浴	L/人·次	50	人数按出勤人数30%计
4	洗衣	L/人	30~50	
5	理发室	L/人·次	15	
6	工地医院	L/病床·日	100~150	
7	家属	L/人·日	50~60	有卫生设备
8	家属	L/人·日	25~30	无卫生设备

5）消防用水量

消防用水量以 q_5 表示，参见表 3-4-5。

消防用水量参考定额 表 3-4-5

序号	用水区域	用水情况	火灾同时发生次数	用水量（L/s）
1	居住区	5 000 人以内	1 次	10
		10 000 人以内	2 次	10~15
		25 000 人以内	2 次	15~20
2	施工现场	施工现场在 $25\times10^4\text{m}^2$ 以内	1 次	10~15
		施工现场每增加 $25\times10^4\text{m}^2$	1 次	5

6）总用水量

（1）当 $(q_1+q_2+q_3+q_4)\leqslant q_5$ 时

$$Q=q_5+\frac{1}{2}(q_1+q_2+q_3+q_4)$$

（2）当 $(q_1+q_2+q_3+q_4)>q_5$ 时

$$Q=q_1+q_2+q_3+q_4$$

（3）当工地面积小于 5 万 m^2，且 $(q_1+q_2+q_3+q_4)<q_5$ 时

$$Q=q_5$$

式中：Q——总用水量（L/s）；

其余符号意义同前。

最终计算得出的总用水量，还应增加 10 %，以补偿不可避免的水管渗漏损失。

2. 临时供水水源的选择

临时供水的水源，可用现成的给水管、地下水（如井水）及地面水（如河水、湖水等）3 种。在选择水源时，应该注意：水量能满足最大用水量的需要，生活用水的水质应符合卫生要求。

搅拌混凝土及灰浆用水的水质，对侵蚀性物质的含量应有一定的限制。如 CO_2 含量不得大于 5mg/L，硫酸盐的含量不得大于 800mg/L，且不得含有油脂、糖分及其他杂质，也不应是酸性的。饮用水应不含病菌及对健康有害的物质，须经卫生部门检查化验，还应经过消毒处理。

当选择河水作为水源时，应注意最高水位与最低水位的变化，冰层厚度，上游有无工业区、医院、住宅区等，其排出的污水是否有病菌污物。取水构筑物必须设置在水流通畅之处，应避

免设在容易发生涡流之处，因该处易积污物杂质。

地下水较地面水清洁，可以直接用作生活用水，水面高低差变化较小，因此不必设置复杂的取水构筑物，能就地吸取，不受河流及地形限制。所以选择水源时，应尽量利用地下水。但有时地下水硬度较高，涌水量不多，不能满足大量施工用水的需要。

对不同的水源方案，可从造价、劳动消耗量、物资消耗量、竣工期限和维护费用方面进行技术经济比较，作出最后的选择。

不论采用何种水源，都应满足以下要求：水量充足稳定，能保证施工最大需水量供应，符合生活饮用和生产用水的水质标准；取水、输水和净水设施经济安全可靠；供水设施的安装、运输、管理和维护方便。

3. 临时供水设施

工地的临时供水设施主要有：取水设施、净水设施、储水构造物和输水管道等。取水设施一般由进水装置、进水管及水泵站组成，取水口距河底或井底宜为0.25～0.9m，且取水用的水泵应有足够的抽水能力和扬程。当水泵不能连续工作时，应设置储水构造物，一般有水池、水塔或水箱等。工地可采用木支架或装配式常备钢构件来设置临时水塔，其储水箱用钢箱或钢筒，容量以每小时消防用水决定或不小于2h最大平均用水量。

水塔储水箱的高度（自地面起至箱底）可按下式确定：

$$H_1 = (Z_y - Z_t) + H_y + h \tag{3-4-5}$$

式中：H_1——水塔储水箱高度（m）；

Z_y——供水对象的最大高程（m）；

Z_t——水塔处的地面高程（m）；

H_y——供水对象最大高程处必须具有的自由水头（m），一般为8～10m；

h——水头损失（m）。

将水送至水塔时的水泵扬程按下式计算：

$$H_p = (Z_1 - Z_p) + H_t + a + \sum h' + h \tag{3-4-6}$$

式中：H_p——水泵所需扬程（m）；

Z_p——泵轴中线的高程（m）；

a——水塔储水箱的高度（m）；

$\sum h'$——从泵站到水塔间的水头损失（m）；

h——水泵的吸水高度（m）。

将水直接送到用水地点（无水塔）时，水泵扬程按下式计算：

$$H_p = (Z_y - Z_p) + H_y + \sum h' + h_s$$

式中符号意义同前。

输水管道的管径按下式计算确定：

$$D = \sqrt{\frac{4Q \times 1\,000}{\pi v}} \tag{3-4-7}$$

式中：D——输水管道内径（mm）；

Q——设计总用水量（m^3/s）；

v——管道内的水流速度（m/s），参见表3-4-6。

临时水管经济流速表 表 3-4-6

管　径	流速(m/s)	
	正常时间	消防时间
支管 $D<0.10$	2	
生产消防管道 $D=0.1 \sim 0.3$m	1.3	>3.0
生产消防管道 $D>0.3$m	1.5 ~ 1.7	2.5
生产用水管道 $D>0.3$m	1.5 ~ 2.5	3.0

小结

为了使工程能够根据业主的要求按时完成，并且承包人能够获得最大的经济效益，在接受施工任务后，施工之前必须根据施工任务的要求，结合施工现场的各种情况做好施工场地的设计和规划。

实战演练

学生以小组为单位，根据业主对某桥的建设任务要求及施工图纸进行施工场地布置，提交一份施工场地布置图。

学习情境 4

施工方案组织设计

情境导入

无论是独立的工程项目还是作为分项工程，在承包人进行项目施工前，为了保证工程质量和工程进度，使工程能够准时按合同规定的日期完工，获得最大的企业经济效益，在开工前要进行详细的施工方案组织设计。

学习目标

【知识目标】 完成本学习情境的学习，学生能够熟练地掌握桥梁上部结构预制与安装施工组织设计编制的要求、编制程序和编制内容。

【能力目标】 学生能够编制桥梁上部结构预制与安装施工方案组织设计。

情境设计

【实施时间】 开工前。

【实施地点】 项目经理部，施工现场。

【实施人员】 工程部技术员。

【实施内容】 根据施工图纸及工程项目要求编写桥梁上部结构预制与安装施工方案组织设计。

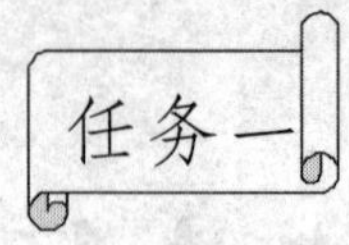

施工组织设计的内容与方法

一、施工组织设计的编制人员

当施工项目中标后,施工单位必须编制施工组织设计。谁为施工组织设计的编制者呢?应遵守“谁施工,谁编制”的原则,一般应由项目部总工(或技术负责人)组织,施工技术主管负责,主要分部分项工程施工技术人员参加编制。重大工程可由公司总工程师负责组织,公司有关人员编制(项目部必须派人参加)或以项目部有关人员为主,公司派人参加编制。

施工项目实行总包和分包的,由总包单位负责编制施工组织设计或者分阶段施工组织设计。分包单位在总包单位的总体部署下,负责编制分包工程的施工组织设计。施工组织设计应根据合同工期及有关的规定进行编制,并且要广泛征求各协作施工单位的意见。

对结构复杂、施工难度大以及采用新工艺和新技术的施工项目,要进行专业性的研究,必要时组织专门会议,邀请有经验的专业工程技术人员参加,集中群众智慧,为施工组织设计的编制和实施打下坚定的群众基础。

在施工组织设计编制过程中,要充分发挥各职能部门的作用,吸收他们参加编制和审定;充分利用公路企业的技术素质和管理素质,统筹安排、扬长避短,发挥建筑业企业的优势,合理地进行工序交叉配合的程序设计。

当比较完整的施工组织设计方案提出之后,要组织参加编制的人员及单位进行讨论,逐项逐条地研究,修改后确定,最终形成正式文件,送主管部门审批。

二、施工组织设计的编制依据

1. 计划文件与合同文件(包括设计文件、设计技术交底会议纪要)

计划文件和合同文件是指国家批准的基本建设计划文件,施工期限要求,建设单位对工程设计、施工的要求,施工单位上级主管部门下达的施工任务及与工程沿线单位签订的协议、合同、纪要等。

2. 现场调查资料或报告

(1)调查的目的和方法。

桥梁施工涉及面广、专业多,材料及机具种类繁多,投资大,需要协调的问题复杂。如果原始资料不全或出现错误,对施工组织设计的编制和施工作业的正常进行都会造成不利影响,常常导致延误工期、质量低劣、设计变更、工程事故等严重后果。因此,施工前应有计划、有步骤地认真做好原始资料的调查、搜集和分析工作。

为编制桥梁预算及招标文件,设计单位在野外勘察阶段由调查组进行原始资料的调查、搜集。为编制施工阶段的施工组织设计文件,施工单位要对施工所需原始资料进行调查,并对设计阶段调查结果进行复核和补充。设计阶段和施工阶段的调查方法和内容基本相同,都要深入现场,通过实地勘察、座谈访问、查阅历史资料,并采取必要的测试手段获得所需数据和资料。

(2)自然条件调查。

自然条件调查包括桥位及附近的地形、地貌、地质、水文、气象和其他自然条件等。重点调查公路沿线、大桥桥位、附属加工厂、工程困难地段的地形地貌。调查资料用于选择施工用地、布置施工平面图、规划临时设施、掌握障碍物及其数量等。

通过实验、观察和地质勘探等手段确定桥位及附近地质情况,用以复核地基基础设计及其施工方案,选定自采加工材料料场,制订障碍物的拆除计划等。

判定水质及其侵蚀性质和施工注意事项,研究降低地下水位的措施,选择基础施工方案,复核地下排水设计。调查汛期和枯水期地面水的最高水位,用于制订水下工程施工方案、选择施工季节、复核地面排水设计。

调查冬季最低气温、冬季期月数及夏季最高气温,用于确定冬季施工项目及夏季防暑降温措施,估计混凝土、水泥砂浆的强度增长情况,选择桥梁上部结构构件预制与安装工程的施工季节。调查雨季期月数和降雨量,用于确定雨季施工措施、工地排水及防洪方案,确定全年施工作业的有效工作天数及桥涵下部构造的施工季节。

调查当地最大风力、风向及大风季节,用于布置临时设施,确定高空作业及吊装的方案与安全措施。

对地震、泥石流、滑坡等,必要时也应进行调查,并注意它们对桥梁施工的影响,以便采取专门的施工保障措施。

(3)施工资源调查。

①建桥所需材料。外购材料的发货地点、规格、品种、可供应数量、运输方式及运输费用等;地方材料的分布情况、质量、单价、运输方式及运输费用等;自采加工材料的料场选择、料场位置、可开采数量、运距等。

②运输情况调查。公路沿线及邻近地区的铁路、公路、河流的位置;车站、码头存储货物的能力及到工地的距离;装卸费和运杂费标准;公路及桥梁的最大承载能力;航道的运输能力;当地汽车修理厂的情况及水平;民间运输能力。

③供水、供电、通信情况调查。当地水源位置、供水数量、水压、水质、水费;当地电源位置、供电的容量、电压、电费、每月停电次数;对于通信,除调查当地邮电机构设置情况,还应调查清楚当地通信能力。如果以上水、电、通信当地都有能力解决,应签订相应的协议书,以利于有关部门提前做好准备。

(4)劳动力及生活设施。

桥位附近可利用的劳动力人数、技术水平,还应了解沿线民风、民俗,有无可利用的房屋、面积有多大,文化教育、生活、医疗、消防、治安情况及支援能力,周围有无有害气体、液体,有无地方性疾病。

(5)施工干扰调查。

调查行车、行人干扰,用于确定施工方法和考虑安全措施。

(6)国家和行业现行的相关施工技术规范、试验规程、工程质量检验评定标准。

(7)现行相关的专业预算定额、施工定额。

三、施工组织设计编制的原则

(1)严格遵守合同条款或上级下达的施工期限,保质保量按期完成施工任务。对工期较长的关键项目，要根据施工情况对大、中桥（涵）编制单项工程的施工组织设计，以确保总工期。

(2)科学而合理地安排施工程序，在保证质量的基础上，尽可能缩短工期，加快施工进度。

(3)应用科学的计划方法确定最合理的施工组织方法，根据工程特点和工期要求，因地制宜地采用快速施工，平行作业。对于复杂工程及控制工艺的大中桥涵，通过网络计划找出最佳的施工组织方案。

(4)采用先进的施工方法和技术，不断提高施工机械化，预制装配化，减轻劳动强度，提高劳动生产率。

(5)精打细算、开源节流，充分利用现有设施，尽量减少临时工程，降低工程成本，提高经济效益。

(6)落实冬、雨季施工的措施，确保全年连续施工，全面平衡工人、材料的需用量，力求实现均衡生产。

(7)妥善安排施工现场，确保施工安全，实现文明施工。

四、施工组织设计编制的要求

(1)项目部技术负责人应组织有关施工技术人员、物资装备管理人员、工程质检人员，学习、熟悉合同文件和设计文件，将编制任务分工落实，限时完成并有考核措施。

(2)施工组织设计应有目录，并应在目录中注明各部分的编制者。

(3)尽量采用图表和示意图，做到图文并茂。

(4)应附有缩小比例的工程主要结构物平面和立面图。

(5)若工程地质情况复杂，可附上必要的地质资料（或图表、岩土力学性能试验报告）。

(6)多人合作编制的施工组织设计，必须由工程技术主管统一审核，以免重复叙述或遗漏等。

(7)如果选择的施工方案与投标时的施工方案有较大差异，应将选择的施工方案征得监理工程师和业主的认可。

(8)一般工程的施工组织设计应在收齐图纸后一个月内完成，重大工程项目在两个月内完成或在监理工程师要求的时间内完成。

五、施工组织设计编制的程序

编制施工组织设计要遵循一定的程序，一般的编制程序为：分析设计资料，选择施工方案和方法→编制工程进度图→计算人工、材料、机具需要量，制订供应计划→临时工程、供水、供电、供热计划→工地运输组织→布置施工平面图→编制技术措施计划与计算技术经济指标→编写说明书。

(1)施工组织总设计的编制程序（图4-1-1）

(2)单位工程施工组织设计的编制程序（图4-1-2）

由图4-1-1、图4-1-2可以看出，在编制施工组织设计时，除了要采用正确合理的编制方法外，还要采用科学的编制程序，同时必须注意有关信息的反馈。施工组织设计的编制过程是由粗到细，反复协调进行的，最终达到优化施工组织设计的目的。

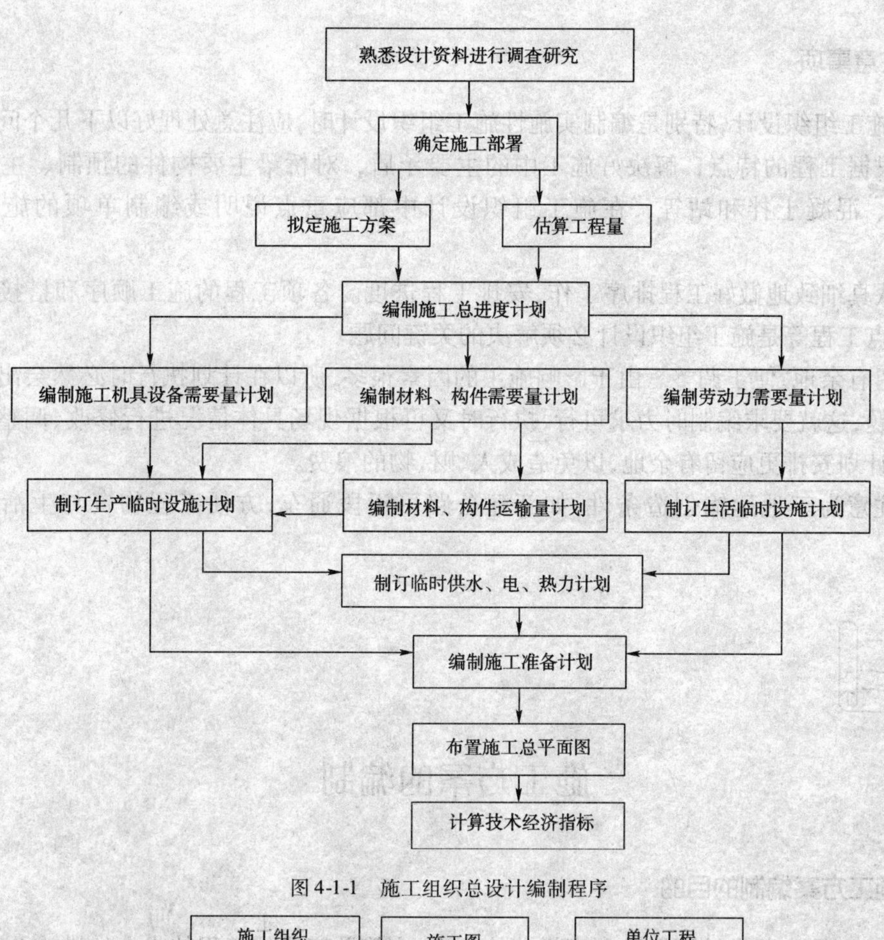

图 4-1-1　施工组织总设计编制程序

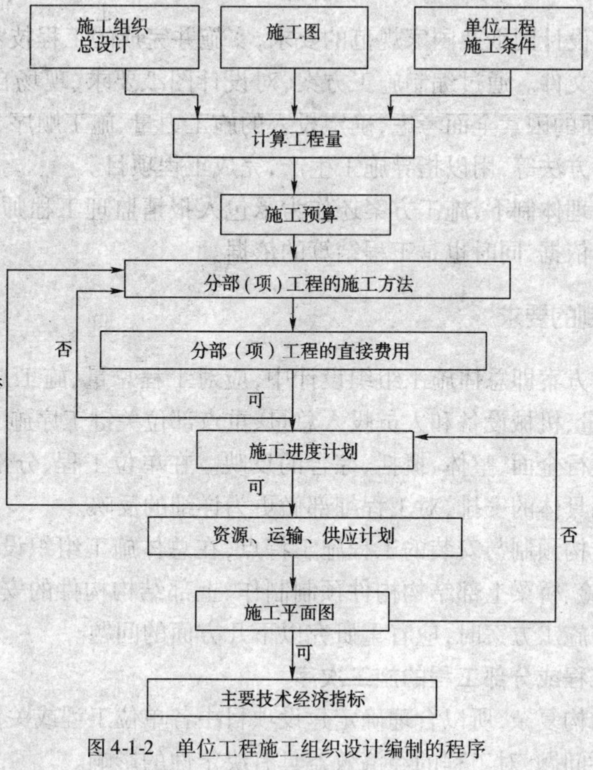

施工组织总设计
施工图
单位工程施工条件
计算工程量
施工预算
分部（项）工程的施工方法
分部（项）工程的直接费用
否
否
可
施工进度计划
可
资源、运输、供应计划
否
施工平面图
可
主要技术经济指标

图 4-1-2　单位工程施工组织设计编制的程序

六、注意事项

编制施工组织设计，特别是编制实施性施工组织设计时，应注意处理好以下几个问题：

(1)根据工程的特点，解决好施工中的主要矛盾，对桥梁主要构件的预制、主梁的运输与安装、混凝土拌和站等，在施工组织设计中都应重点说明或编制单项的施工组织设计。

(2)认真细致地做好工程排序工作，安排工程进度。各项工程的施工顺序和搭接关系以及保证重点工程等是施工组织设计必须解决的关键问题。

(3)留有余地，便于调整。由于影响施工的因素很多，所以在计划执行时必然会出现不可预见的问题，这就要求编制时力求可行，执行时又可根据现场具体情况进行修改、调整、补充。施工初期计划安排更应留有余地，以免造成人、财、物的浪费。

(4)注意为工地运输创造条件，如新建公路可逐段通车，方便工程物资与生活资料的补给。

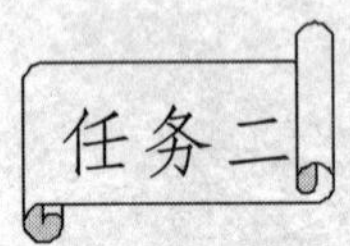

施工方案的编制

一、施工方案编制的目的

施工方案是按照设计图纸及国家规范的要求，实施并完成的工程技术上的措施及方案，是指导施工生产的重要文件。通过编制施工方案，对设计图纸要求、现场自然条件、施工机械设备、施工人员等各方面的因素全面考虑，确定投入的施工力量、施工顺序、进度计划、材料数量、重点部位工序的施工方法等，用以指导施工生产，完成工程项目。

在菲迪克条款管理体制下，施工方案还作为承包人报请监理工程师审批开工的依据和施工过程中管理检查的依据，同时也是工程结算的依据。

二、施工方案编制的要求

在工程总体施工方案即总体施工组织设计中，应对工程总量、施工总体进度安排、单位工程控制工期、材料总量、机械设备和人员投入总量、重点部位关键工序施工方法、总体质量标准及质量保证措施等进行全面、整体、概括、综合的反映。在单位工程、分部工程施工方案中，应针对具体项目做更加具体的安排，对工程细部做更为详细的反映。

针对桥梁上部结构预制与安装的工程施工特点，在总体施工组织设计中应对施工控制测量、原材料及成品实验、桥梁上部结构构件预制制作、上部结构构件的安装施工等工程项目做较全面的反映。拟定施工方案时，应着重研究以下几方面的问题。

1. 确定各单位工程或分部工程的施工次序

由于桥梁工程结构复杂，所以合理确定建设项目中各单位工程或关键项目的施工顺序，是确定施工方案的首要问题，对工程的经济效益具有决定性的影响。

确定施工顺序,不仅需要从时间上和空间上定性地分析判断,而且要利用各种手段和方法(如数学方法)来定量地分析确定。确定工程项目的施工顺序,可参考下列原则:

(1)首先要考虑影响全局的关键工程的合理施工顺序。如主梁的预制,若不在预定时期内完成,将导致其他工程不能施工(如无法运输材料、机械等)而拖延工期,此时应集中力量首先完成关键工程。

(2)必须充分考虑自然条件的影响。安排工程项目施工顺序时,必须考虑水文、地质、气象等的影响。如桥梁的基础工程一定要安排在汛期之前完成或安排在汛期之后进行等。

(3)施工顺序要与施工方法、施工机具协调一致。如现浇钢筋混凝土上部构造的施工顺序与采用架桥机进行装配化施工顺序就显然不同。

(4)要考虑施工组织条件对施工顺序的影响。如某种关键机械能否按时供应,某拆迁工程能否按时拆迁,高寒山区的生活条件或生活供应能否按时解决等。

(5)必须符合工艺要求。公路工程项目的各施工过程或工序之间,存在着一定的工艺顺序要求。如钻孔灌注桩在钻孔后应尽快灌注水下混凝土,以防坍孔,所以两道工序必须紧密衔接。

(6)必须考虑施工质量要求。在安排施工顺序时,要以能确保工程质量作为前提条件之一,否则要重新安排或采取必要的技术措施。

(7)必须考虑安全生产的要求。在安排施工顺序时,必须力求各施工过程的衔接不至于产生不安全因素,以防安全事故的发生。

(8)尽力体现施工过程组织的基本原则,即施工过程的连续性、协调性、均衡性以及经济性。

2. 确定各施工过程的施工方式、方法及施工机具

正确地选择施工方法是确定施工方案的关键。各个施工过程,均可采用各种施工方法进行施工,而每一种方法都有其各自的特点。我们的任务在于从若干可行的施工方法中,选择一个最先进、最可行、最经济的施工方法。选择施工方法的依据主要是:

(1)工程特点。主要是指工程项目的规模、构造、工艺要求、技术要求等方面的特点。

(2)工期要求。要明确本工程的总工期或分部工程的工期是属于紧迫、正常、充裕三种情况中的哪一种。

(3)施工组织条件。主要指气候等自然条件,施工单位的技术水平和管理水平,所需设备、材料、资金等供应的可能性。

对任何工程项目,均有多种施工方法可供选择。例如,沥青表面处治路面的施工,可采用层铺法和拌和法两种;开挖基坑可分为人工开挖和机械开挖两种;主梁安装可采用木扒杆、单导梁、跨墩门架、架桥机等多种施工方法。但究竟采用何种方法,将对施工方案的内容产生巨大影响。

选择施工方法主要是针对主导工程而言。所谓主导工程是指对工期起关键作用的工程项目或工序。制订施工方案以及选择施工方法时,一定要抓住关键、突出重点。

在确定施工方法的同时,应明确提出技术措施、质量标准、安全要求。

3. 进行总体设想与安排

主要包括空间组织、时间组织、技术组织、生产力组织、施工条件组织、物资组织以及资金组织等方面的总体设想和安排。

三、施工方案编制的步骤及一般方法

编制施工方案，首先要熟悉设计图纸，把桥梁平面、纵断面、结构形式等各方面联系起来，对照、穿插，形成对工程整体印象；然后对结构工程进行详细的研究，对桥梁工程的细部设计做详细了解，对照工程数量表进行计算，在仔细研读设计图纸的基础上计算出工程的工程量及材料用量，作为编制施工方案及组织生产的依据。

在熟悉图纸的同时，要搜集与工程有关的国家规范、技术规程、实验标准等资料，国际监理工程还要搜集有关国家的技术标准，与此同时，对本单位的机械设备、实验设备仪器、施工人员等作详细的调查，取得详实可靠的第一手资料。

在此基础上，对施工现场及周围自然环境情况进行调查，收集水源、电源、道路、驻地气候、地质、料场等情况，对外界因素作全面了解。

结合设计图纸、规范、外在因素、本单位的具体情况，对重点工程、重点工序提出详细的施工方案。如桥梁桩基工程、桥梁梁体预制工程、砌石工程、土方填筑工程、混凝土搅拌、沥青混凝土摊铺等工序及部位，针对各自的特点、要求，制订完整的方案，对质量标准及保证措施提出明确的要求。

在总体施工组织设计中，应根据工程量及施工顺序安排，分别提出单位工程的控制工期，安排施工进度，找出控制工期的关键工程。根据总体施工组织设计的安排，具体制订出各单位工程施工组织设计。单位工程施工组织设计应力争详细、全面、切实可行，用以指导各单位工程的施工。

四、选择施工方法和施工机械

选择施工方法和施工机械是施工方案中的关键问题，它直接影响施工进度、施工质量和安全，以及工程成本。编制施工组织设计时，必须根据工程的桥型结构、抗震要求、工程量的大小、工期长短、资源供应情况、施工现场的条件和周围环境，制订出可行方案，并且进行技术经济比较，确定出最优方案。

1. 选择施工方法

选择施工方法时，应着重考虑影响整个单位工程施工的分部分项工程，如工程量大的且在单位工程中占重要地位的分部(分项)工程，施工技术复杂或采用新技术、新工艺及对工程质量起关键作用的分部(分项)工程，以及不熟悉的特殊结构工程或由专业施工单位施工的特殊专业工程的施工方法，而对于按照常规做法和工人熟悉的分项工程，则不必详细拟定，只要提出应注意的特殊问题即可。

(1)钢筋混凝土工程

①确定模板类型及支撑方法，对于复杂的还需进行模板设计及绘制模板放样图。

②选择钢筋的加工、绑扎和焊接方法。

③选择混凝土的搅拌、输送及浇筑顺序和方法，确定混凝土搅拌、振捣和泵送方法等，选择设备的类型和规格，确定施工缝的留设位置。

④确定预应力混凝土的施工方法、控制应力和张拉设备。

(2)桥梁安装工程

①确定桥梁安装方法和起重机械。

②确定梁板构件的运输方式及堆放要求。

2. 选择施工机械

选择施工方法必然涉及施工机械的选择问题。机械化施工是改变建筑工业生产落后面貌,实现建筑工业化的基础,因此,施工机械的选择是施工方法选择的中心环节。选择施工机械时,应着重考虑以下几方面:

(1)选择施工机械时,应首先根据工程特点,选择适宜的主导工程的施工机械。如在选择桥梁安装用的起重机类型时,当工程量较大而集中时,可以采用生产率较高的架桥机(或安装门架);但当工程量小或工程量虽大却相当分散时,则采用吊车较经济;在选择起重机型号时,应使起重机在起重臂外伸长度一定的条件下能适应起重量及安装高度的要求。

(2)各种辅助机械或运输工具应与主导机械的生产能力协调配套,以充分发挥主导机械的效率。如土方工程中采用汽车运土时,汽车的载重量应为挖土机斗容量的整数倍,汽车的数量应保证挖土机连续工作。

(3)在同一工地上,应力求建筑机械的种类和型号尽可能少一些,以利于机械管理。为此,工程量大且分散时,宜采用多用途机械施工,如挖土机既可用于挖土,又能用于装卸和起重。

(4)机械选择应考虑充分发挥施工单位现有机械的能力。当本单位的机械能力不能满足工程需要时,则应购置或租赁所需新型机械或多用途机械。

3. 施工方案的技术经济评价

对施工方案进行技术经济评价是选择最优施工方案的重要环节之一。因为任何一个分部(分项)工程,都有几个可行的施工方案,而施工方案的技术经济评价的目的就是对每一分部(分项)工程的施工方案进行优选,选出一个工期短、质量好、材料省、劳动力安排合理、工程成本低的最优方案。

施工方案的技术经济评价涉及的因素多而复杂,一般只需对一些主要分部工程的施工方案进行技术经济比较,当然有时也需对一些重大工程项目的总体施工方案进行全面技术经济评价。

一般来说,施工方案的技术经济评价有定性分析评价和定量分析评价两种。

(1)定性分析评价

施工方案的定性技术经济分析评价是结合施工实际经验,对若干施工方案的优点进行分析比较。如技术上是否可行、施工复杂程度和安全可靠性如何、劳动力和机械设备能否满足需要、是否能充分发挥现有机械的作用、保证质量的措施是否完善可靠、对冬季施工带来多大困难等。

(2)定量分析评价

施工方案的定量技术经济分析评价是通过计算各方案的几个主要技术经济指标,进行综合比较分析,从中选择技术经济指标较佳的方案。

定量分析的指标通常有:

①工期指标。当要求工程尽快完成以便尽早投入生产或使用时,选择施工方案就要在确保工程质量、安全和成本较低的条件下,优先考虑缩短工期。

②劳动量指标。它能反映施工机械化程度和劳动生产率水平。通常,在方案中劳动消耗量越小,机械化程度和劳动生产率越高。劳动消耗指标以工日数计算。

③主要材料消耗指标。反映若干施工方案的主要材料节约情况。

④成本指标。反映施工方案的成本高低,一般需计算方案所用的直接费和间接费。

五、编制施工方案时应注意的一些问题

(1)要紧密结合当地的实际情况。例如雨季进行土方施工时要考虑土方晾晒时间,对特殊地质情况如钙质风化岩、膨胀土等要有相应的处理方法;石料供应应与当地的开采生产量相适应等。

(2)要充分考虑布置施工道路。高速公路是带状线形工程,大量材料需要运输,运输车辆通行和构筑物施工与附近农民的农业生产会产生许多矛盾,在安排施工时,要充分考虑,采取措施,保证施工车辆的畅通。

(3)对设计图纸中存在的问题要及时提出修改意见,以便取得对施工及工程有利的方案。设计图纸中往往有一些与现场实际情况、与施工单位机械设备情况不一致的问题,设计人员考虑一些问题有不周全的地方,施工单位技术人员在工程施工前应仔细分析,提出合理建议,会同设计人员找出最佳方案。

(4)在计划安排上要充分估计可能遇到的各种情况,留有余地。高速公路施工受自然、社会条件、原材料供应等影响很大,在计划安排上要有所考虑。

(5)要吃透规范,对实验内容、标准、施工方法、检验手段、质量标准等要逐项分析,提出详细的实施要求。

(6)要注意吸收、推广、应用先进的机械、设备、工艺、方法,把科研与施工生产结合起来,解决施工生产中遇到的问题,在桥梁基桩承载力检测、桥梁预制梁预应力张拉、桥梁涵洞台背回填、结构物伸缩缝制作安装、沥青混凝土搅拌摊铺等方面都有比较先进的工艺方法,应注意学习应用。

六、施工方案、施工组织设计、施工工艺设计之间的联系与区别

施工单位在承接桥涵施工任务前,一般已由其业务开发部门对设计文件和图纸资料进行了初步了解和研究;但在正式承接桥涵施工任务后,具体参加施工的人员必须对设计文件、图纸、资料作进一步的了解和研究,并进行现场核对,必要时还须进行补充调查,以便编制符合实际情况的施工方案和施工组织设计。

核对和补充调查的内容一般为:河流水文、河床地质、两岸地形、气候条件、自采加工料场、当地材料、可利用的房屋、当地劳力、工业加工能力、运输条件与当地运输工具、施工场地、水源、电源、生活物质供应、卫生防疫状况、当地风俗习惯等。以上内容为编制施工组织设计时所必需的,设计文件中可能简略或不完善,故施工单位在开工前必须进行核对和补充。

大桥、特大桥的实施性施工组织设计,应根据施工方案单独编制,其内容比施工方案明确、详尽。主要内容包括:工程特点、主要施工方法、技术措施、施工进度、工程数量、完成工作量计划、材料设备及劳力计划、施工现场平面布置图、施工图纸、施工安全和施工质量保证措施等。

一般中、小桥涵的实施性施工组织设计,应配合路基施工方案编制,以便路基施工和桥涵施工统一安排,内容可以适当简化。

实施性施工组织设计中规划的临时设施,应包括生产房屋、生活房屋、施工便桥、工程现场内外交通道路、工地供电和供水设备、临时通信设施、临时供热设施(生产供热和生活保暖)及其他小型临时设施等,宜在桥梁正式开工前完成。

施工方案与实施性施工组织设计的区别,前者是原则性的,后者则比较详尽,应尽量符合实际,以起指导具体施工的作用。

实施性施工组织设计的主要内容有:

(1)工程特点。简要叙述工程结构特点,地质、水文、气候等因素对工程的影响及施工中拟采取的措施。

(2)主要施工方法和技术措施。根据工程特点,简要叙述主要工程的施工方法和保证工程质量、施工安全、节约以及推广新工艺、新技术、新材料的技术措施。

(3)施工布置。包括工程数量、施工进度、机械设备、材料数量等,应按统筹方法编制工程总进度图和各主要工程的施工顺序;对控制全桥进度的关键工程项目,应充分注意。开工后,施工组织设计因故发生大的变化时,应及时调整。

(4)施工现场平面布置图。图中包括用地范围、临时性生产房屋和生活房屋、预制构件加工场和堆放场、水电供应及设备、大中型机械设备、施工道路及其他临时设施的布置等。

(5)施工图纸补充。包括设计文件和标准图中没有包括的施工结构详图、辅助设备图、大型临时设施的设计图等。

这里有必要简述一下施工方案、施工组织设计、施工工艺设计之间的联系与区别。

施工方案:针对工程特点确定施工方法,选择施工机械,编写施工工艺梗概。

施工组织设计:是施工总体规划性、实施性、强制性文件。原则上以施工方案为基础,强调施工组织,即工程施工所需要的各种资源,简要叙述施工工艺过程,简单讲就是方案加组织。

施工工艺设计:以施工方案为基础,强调施工工艺流程,即选择施工方法,确定工艺流程,对一些重要或关键部位要有详细的工程计算及说明。

小结

为了使工程能够根据业主的要求按时完成,并且能够获得最大的经济效益,承包人在接受施工任务后开始施工前,必须根据施工任务的要求,结合施工现场的各种情况做好施工组织设计和规划。

实战演练

学生以小组为单位,根据业主对某桥的建设任务要求及施工图纸进行施工组织设计,提交一份施工组织设计报告。

学习情境5

上部结构预制及安装

情境导入：施工技术人员在制订好施工方案组织设计后，要拟定各分项工程或构件的详细施工方案，并组织人员进行施工。

学习目标

【知识目标】 完成本学习情境的学习，学生懂得施工工艺流程设计的方法，以及装配式桥梁上部结构主梁预制与安装当中对工程材料、施工过程及方法和主梁安装过程中的工艺与技术要求。

【能力目标】 完成本学习情境的学习，学生能够根据桥梁结构形式，进行施工工艺流程设计，正确选择施工机具设备，安排与指挥施工。

情境设计

【实施时间】 开工前，施工过程中。

【实施地点】 项目经理部，施工现场。

【实施人员】 工程部技术员、施工员。

【实施内容】 (1)根据施工图纸及工程项目要求编写桥梁上部结构预制与安装施工方案设计。

(2)组织桥梁上部结构预制与安装施工。

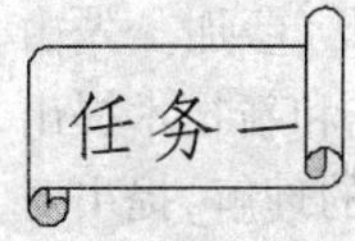

施工准备

施工准备工作的基本任务是为桥梁工程的施工建立必要的技术和物资条件，统筹安排施工力量和施工现场，是施工企业搞好目标管理，推行技术经济承包的重要依据，也是施工得以顺利进行的基本保证。

施工单位在承接了施工任务后，要尽快做好各项准备工作，创造有利的施工条件，使施工工作能连续、均衡、有节奏、有计划地进行，从而按质、按量、按期完成施工任务。

施工准备通常包括技术准备、劳动组织准备、物资准备和施工现场准备等工作。

一、技术准备

技术准备是施工准备的核心。由于任何技术上的差错和隐患都可能危及人身安全并造成质量事故，带来生命、财产和经济的巨大损失，因此必须认真做好技术准备工作。

1. 熟悉设计文件、研究施工图纸及现场核对

施工单位在收到拟建工程的设计图纸和有关技术文件后，应尽快组织工程技术人员熟悉、研究所有技术文件和图纸，全面领会设计意图；检查图纸与其各组成部分之间有无矛盾和错误；在几何尺寸、坐标、高程、说明等方面是否一致；技术要求是否正确；并与现场情况进行核对，同时要做好详细记录，提出对设计图纸的疑问和有关建议等。

2. 原始资料的进一步调查分析

对拟建工程进行实地勘察，进一步获得有关原始数据的第一手资料，这对于正确选择施工方案、制订技术措施、合理安排施工顺序和施工进度计划是非常必要的。

(1) 自然条件的调查分析

①地质。应了解的主要内容有：地质构造、墩（台）位处的基岩埋深、岩层状态、岩石性质、覆盖层土质、土的性质和类别、地基土的承载力、土的冻结深度、妨碍基础施工的障碍物、地震级别和烈度等。

②水文。应了解的主要内容有：河流流量和水质、年水位变化情况、最高洪水位和最低枯水位的时期及持续时间；流速、地下水位的高低变化、含水层的厚度和流向；冰冻地区的河流封冻时间、融冰时间、流冰水位及冰块大小；受潮汐影响河流或水域中潮水的涨落时间、潮汐水位的变化规律等情况。

③气象。调查的内容一般包括：气温、气候、降雨、降雪、冰冻、台风（含龙卷风、雷雨大风等突发性灾害）、风向、风速等变化规律及历年记录；冬、雨季的期限及冬季地层冻结厚度等情况。

④施工现场的地形地物。

(2) 技术经济条件的调查分析

主要内容包括：施工现场的动迁状况、当地可利用的地方材料状况、地方能源和交通运输状况、地方劳动力和技术水平状况、当地生活物资供应状况、可提供的施工用水用电状况、设备租赁状况、当地消防治安状况及分包单位的实力状况等。

3. 施工前的设计技术交底

设计技术交底一般由建设单位(业主)主持,设计、监理和施工单位(承包人)参加。先由设计单位说明工程的设计依据、意图和功能要求,并对特殊结构、新材料、新工艺和新技术提出设计要求,进行技术交底。然后施工单位根据研究图纸的记录以及对设计意图的理解,提出对设计图纸的疑问、建议和变更。最后在统一认识的基础上,对所探讨的问题逐一做好记录,形成"设计技术交底纪要",由建设单位正式行文,参加单位共同会签盖章,作为与设计文件同时使用的技术文件和指导施工的依据,以及建设单位与施工单位进行工程结算的依据。当工程为设计施工总承包时,应由总承包人主持进行内部设计技术交底。

4. 制订施工方案,进行施工设计

在全面掌握设计文件和设计图纸,正确理解了设计意图和技术要求,以及进行以施工为目的的各项调查之后,就根据进一步掌握的情况和资料,对投标时初步拟定的施工方法和技术措施等进行重新评价和深入研究,以制订出详尽的更符合现场实际情况的施工方案。

施工方案一经确定,即可进行各项临时性结构诸如施工的预制场地和主梁预制台座、主梁安装用的导梁或架桥机、模板支架及脚手架、自制起重吊装设备、施工便桥便道及装卸码头等的施工设计。

施工设计应在保证安全的前提下尽量考虑使用现有材料和设备,因地制宜,使设计出的临时结构经济适用、装拆简便、功能性强。

5. 编制施工组织设计

施工组织设计是施工准备工作的重要组成部分,也是指导工程施工中全部生产活动的基本技术经济文件。编制施工组织设计的目的在于全面、合理、有计划地组织施工,从而具体实现设计意图,优质高效地完成施工任务。详细内容可参考学习情境4"施工方案组织设计"。

6. 编制施工预算

施工预算是根据施工图纸、施工组织设计或施工方案、施工定额等文件进行编制的。施工预算是施工企业内部控制各项成本支出、考核用工、签发施工任务单、限额领料以及基层进行经济核算的依据,也是制订分包合同时确定分包价格的依据。

二、劳动组织准备

1. 建立施工组织结构

建立组织机构应遵循下列原则:根据工程项目的规模、结构特点确定机构中各职能部门的设置;各部门人员的配备应力求精干,以适应任务的需要;并坚持合理分工与密切协作相结合,分工明确,责权具体,以便于指挥和管理。

2. 合理设置施工班组

施工班组的建立,应注意以下几点:

(1)认真考虑专业和工种之间的合理配置,技工和普通工的比例应满足合理的劳动组织。

(2)符合流水作业生产方式的要求。

(3)要制订出工程的劳动力需要量计划。

3. 施工力量的集结进场和培训

进场后应对工人进行技术、安全操作规程以及消防、文明施工等方面的培训教育。

4. 向施工班组和操作工人进行开工前的交底

在单位工程或分项工程开工之前,应将工程的设计内容、施工组织设计、施工计划和施工技术等要求，详尽地向施工班组和工人进行交底，以保证工程严格地按照设计图纸、施工组织设计、安全操作规程和施工验收规范等要求进行施工；新技术、新材料、新结构和新工艺的实施方案和保证措施要落实；图纸会审中所确定的有关部位的设计变更和技术核定等事项必须贯彻执行。

每个班组、工人接受施工组织设计、计划和技术交底后，要组织其成员认真地进行分析研究，弄清关键部位、质量标准、安全措施和操作要领。

5. 建立健全各项管理制度

在施工工地建立健全各项管理制度，有利于各项施工活动的顺利进行。这些管理制度的内容包括：技术质量责任制度、工程技术档案管理制度、施工图纸会审制度、技术交底制度、技术部门及各级人员的岗位责任制、工程材料和构件的检查与验收制度、工程质量检查与验收制度、材料出入库制度、安全操作制度、机具使用保养制度等。

三、物质准备

物质准备工作的内容主要包括：工程材料的准备、构件和制品的加工准备、施工机具设备的准备以及各种工具和备件的准备。

物质准备工作的程序一般为：根据施工预算、分部分项工程的施工方法和施工进度安排制订需要量的计划；与有关单位签订供货合同；拟订运输计划和运输方案；按施工平面图的要求，组织物质按计划时间进场，在指定地点、按规定方式进行储存或堆放，以便随时提供给工程使用。

四、施工现场准备

施工单位接到中标通知书后，与业主进行合同签订的同时，开始施工现场准备工作，主要是为了给拟建工程的施工创造有利的施工条件和物资保证，从而实现优质、高速、低消耗的目标。

施工现场准备工作主要应做好以下几项工作：

1. 复查和了解现场

复查和了解现场的地形、地质、文化、气象、水源、电源、料源或料场、交通运输、通信联络以及城镇建设规划、农田水利设施、环境保护等有关情况。

对于扩（改）建工程，应将拟保留的原有通信、供电、供水、供暖、供油、排水沟管等地下设施复查清楚，在施工中要采取保护措施，防止损坏。

2. 确定工地范围

施工单位应根据施工图纸和施工临时需要确定工地范围，及在此范围内有多少土地，哪些是永久占地、哪些是临时占地，并与地方有关人员到现场一一核实（是荒地或是良田、果园等）、绘出地界、设立标志。

3. 清除现场障碍

施工现场范围内的障碍如建筑物、坟墓、暗穴、水井、各种管线、道路、灌溉渠道、民房等必须拆除或改建，以利施工的全面展开。

4. 办妥有关手续

上述占地、移民和障碍物的拆迁等都必须事先与有关部门协商，办妥一切手续后方可进行。

5. 作好现场规划

施工单位按照施工总平面图搭设工棚、仓库、加工厂和预制厂；安装供水管线、架设供电和通信线路；设置料场、车场、搅拌站；修筑临时道路和临时排水设施等。在有洪水威胁的地区，防洪设施应在汛期前完成。

6. 安装、调试施工机具

按照施工机具拟订计划，组织施工机具进场，根据施工总平面图将施工机具安置在规定的地点或仓库。对于固定的机具要进行就位、搭棚、接电源、保养和调试等工作。对所有工机具都必须在开工之前进行检查和试运转，保证机具设备处于完好状态。

7. 储存和堆放预制梁体和材料

按照材料的需要量计划，及时提出材料的试验申请计划，如混凝土和砂浆的配合比和强度、钢材的机械性能等试验，并组织材料进场，根据施工总平面图规定的地点和指定的方式进行储存和堆放。

8. 搞好"三通一平"

"三通一平"是指路通、水通、电通和平整场地。为混凝土蒸汽养护及寒冷地区采暖的需要，还要考虑暖气供热的要求。

(1)路通

为了给建筑材料进场、堆放创造有利条件，拟建工程开工前，必须按照施工总平面图的要求，修好施工现场必要的临时性道路，形成完整畅通的运输网络。

(2)水通

为了保证施工现场的生产和生活正常运行，在桥梁工程开工之前，必须按照施工总平面图的要求，接通施工用水和生活用水的管线，使其尽可能与永久性的给水系统结合起来，做好地面排水系统。

(3)电通

为了确保施工现场动力设备和通信设备的正常运行，桥梁工程开工前，要按照施工组织设计的要求，接通电力和电信设施。如果无法接通外界电源，应提前做好发电设备的进场。

(4)平整场地

按照施工需求，首先应拆除施工红线范围内的建筑物或构筑物，然后根据施工图规定的高程，进行挖(填)土方的工程量计算，确定平整场地的施工方案，进行平整场地的工作。

桥梁施工需要许多大型的车辆机械和设备，原有道路及桥涵能否承受此种重载，需要进行调查、验算，不合要求的应作加宽或加固处理，保证道路安全畅通。

9. 设置消防、保安设施

按照施工组织设计的要求，根据施工总平面图的布置，建立安全、环保及文明施工等组织机构和有关的规章制度，提出和安排好安全、环保及文明施工等措施，这些对桥梁施工尤为重要。

任务二

普通钢筋混凝土板梁施工工艺

【知识目标】 普通钢筋混凝土板(梁)预制施工工艺流程。

【能力目标】 能进行钢筋下料长度计算、钢筋骨架绑扎和模板安装、梁体混凝土浇筑控制、混凝土梁体的养生。

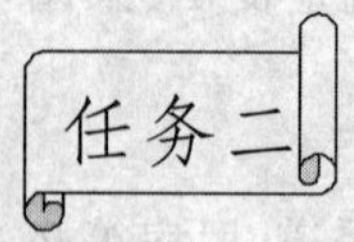

项目导入 在装配式普通钢筋混凝土简支梁桥施工中，作为上部结构的钢筋混凝

土梁（板）的预制施工是与桥梁下部结构同时进行的，待下部结构施工完毕，材料强度达到设计要求时，即可进行预制梁（板）的安装施工，这样可缩短工期。

工序一　施工工艺流程设计

钢筋混凝土T梁（板）的预制施工工艺流程如图5-2-1所示。

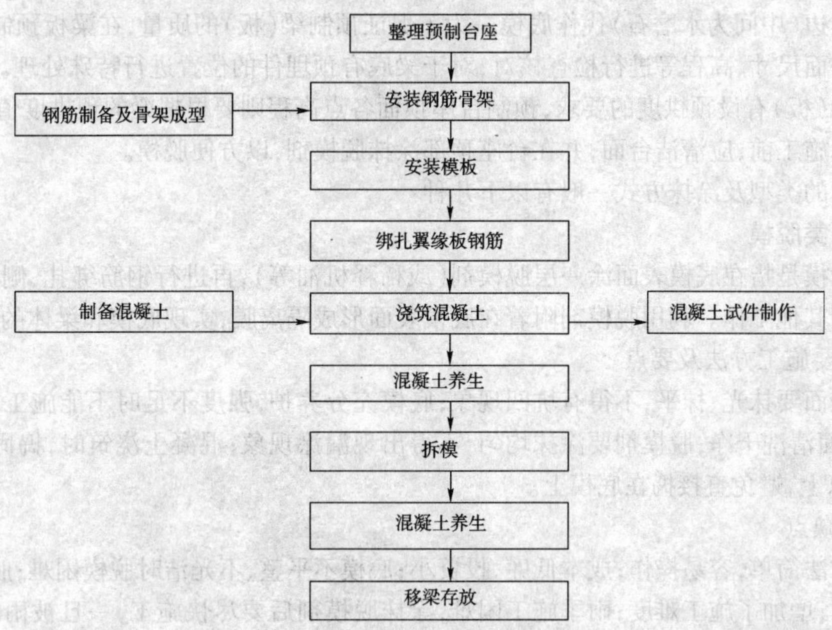

图5-2-1　钢筋混凝土T梁的预制施工工艺流程

钢筋混凝土空心板的预制施工工艺流程如图5-2-2所示。

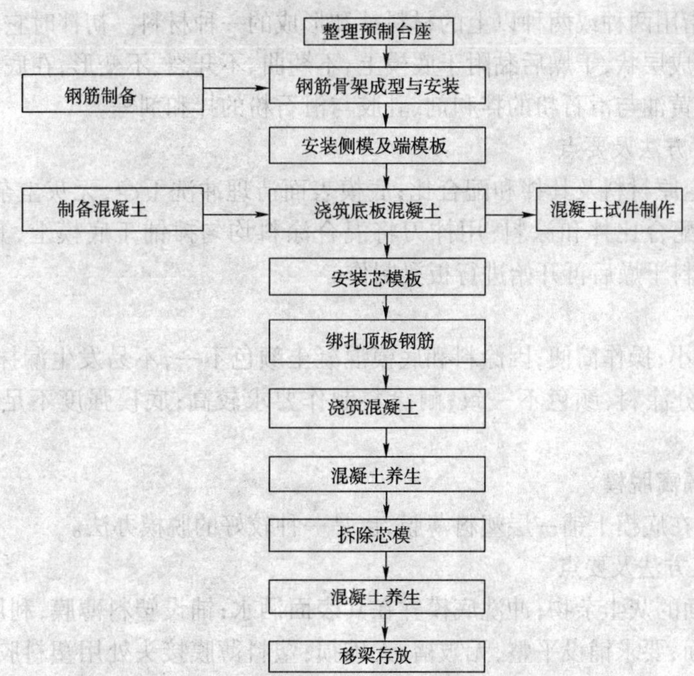

图5-2-2　钢筋混凝土空心板的预制施工工艺流程

工序二　整理检查预制台座

在准备工作做好以后，征得施工监理的同意后，即可对钢筋混凝土梁（板）进行预制施工。

钢筋混凝土梁（板）施工的第一个任务便是对预制台座进行整理和检查。台座用表面压光的钢筋混凝土梁（板）筑成，应坚固不沉陷，确保底模沉降小于等于2mm，台座上铺钢板底模或用角钢镶边（中间为水磨石）代作底模。为了保证预制梁（板）的质量，在梁板预制前应对预制台座的平面尺寸、高程等进行检查核对，对于梁底有预埋件的位置进行特殊处理。如果施工图纸中主梁（板）有设预拱度的要求，预制台座顶面各点高程则要根据梁的预拱度值设计。

在梁板施工前，应清洁台面，并在台座顶部涂抹脱模剂，以方便脱模。

脱模剂的类型及涂抹方式一般有以下几种：

1. 油剂类脱模

此类脱模是指在底模表面涂一层脱模剂（或稀释机油等），再进行钢筋绑扎、侧模安装、混凝土浇筑等其他工作。利用脱模剂附着在底模表面形成隔离膜，实现底模和梁体的顺利分离。

（1）主要施工方法及要点

底模表面要抹光、抹平，不得有坑凹现象；底模充分养护，强度不足时不能施工；涂脱模剂前，底模表面清洗干净；脱模剂要涂抹均匀，不得出现漏涂现象；混凝土浇筑时，捣固棒要离开底模5cm以上，避免直接捣在底模上。

（2）优缺点

施工方法简单，容易操作；成本低廉，投资小；底模不平整、不光洁时脱模困难；脱模剂容易粘到钢筋上，增加了施工难度；雨季施工困难，涂抹脱模剂后要尽快施工，一旦被雨水冲刷，需重新涂抹；漏涂处或雨水冲刷处会粘模；底模强度不足时，容易被捣固棒捣破。

2. 混合涂料隔离层脱模

混合涂料是指用两种或两种以上的材料拌和形成的一种材料。初拌时它具有足够的黏稠度，能够均匀摊铺成层状，干燥后黏附于底模上，不翘曲、不开裂、不变形，在底模和梁体之间形成隔离层。例如，黄油与滑石粉的拌和剂、乳胶与滑石粉的拌和剂等。

（1）主要施工方法及要点

通过试验确定原材料及其拌和配合比；底模表面清理冲洗干净，无灰尘杂物，以防翘曲；根据试验确定的配合比拌和涂料；用抹刀将混合涂料均匀摊铺于底模上，其厚度以不超过0.5mm为宜；混合料干燥后再开始进行板梁制作。

（2）优缺点

成本低，投入小；操作简便；因涂料和底模混凝土颜色不一，不易发生漏抹现象；板梁安装初期梁底部有部分涂料，颜色不一致；耐涂料制作要求较高；底模强度不足时，易被捣固棒捣破。

3. 塑料薄膜隔离脱模

板梁施工前，在底模上铺一层塑料薄膜，也是一种较好的脱模办法。

（1）主要施工方法及要点

清理底模表面的灰尘杂物；冲洗底模并在其表面洒水；铺设塑料薄膜，利用水的吸附力使之密贴于底模表面；要求铺设平整，无皱褶、无破损；塑料薄膜接头处用塑料胶带黏结牢固；塑料薄膜四周固定在底模侧壁，注意拉紧薄膜；钢筋笼安放应一次到位，砂浆垫块（控制保护层用)压在薄膜上时尽量避免移动;浇捣梁体混凝土时保持捣固棒距底模的距离。

(2)优缺点

成本低,投资小;操作简便,容易施工;板梁底部的线形和颜色易于保持;混凝土表面光洁度较好;薄膜在混凝土浇筑时容易起皱褶;钢筋笼移动时,砂浆垫块易将薄膜挂破:钢筋笼个别部位焊接时,焊渣会将薄膜烧坏,出现个别小面积黏结现象。

4. 铺设地板革脱模

鉴于塑料薄膜铺设容易起皱褶的缺点,将薄膜改为人造地板革,以此作为底模和梁体混凝土的隔离层。

(1)主要施工方法及要点

清理干净底模表面的灰尘杂物;将人造地板革光面向上铺于底模上,地板革宽度应满足两边各宽出底模 10mm 以上;地板革接头对齐,用塑料胶带粘贴,地板革不得重叠;地板革四周用小钉固定于底模侧面,注意地板革应平整拉紧,不得存留松动;钢筋笼安装一次到位,砂浆垫块压在底模上时尽量避免移动;板梁侧模安装时谨慎施工,防止拉动地板革引起偏斜错位、起皱。

(2)优缺点

操作简便,易施工;板梁线形和颜色保持良好;底板光洁度好;投资大,成本高;底模表面有杂物时会形成明显的坑凹现象。

5. 蜡层隔离脱模

底模浇制完成充分凝固后,在其表面涂一层薄薄的石蜡,再进行板梁的制作。

(1)主要施工方法及要点

底模表面清理干净并用水冲洗;石蜡置于铁盆内,在火上融化成液态;用软毛刷将蜡液均匀涂于底模表面;底模表面应充分冲洗干净,并干燥无水,便于黏结;待蜡液冷却凝固,在底模表面形成一层隔离膜后,即可开始钢筋绑扎、模板安装及浇筑板梁混凝土的施工;安装钢筋笼时,应尽量避免钢筋和蜡层接触。

(2)优缺点

成本低,投资小;脱模效果较好;板梁线形保持较好;气温较高时效果差,固蜡层受热软化易被钢筋垫块或其他施工工具黏走;气温高时易黏附在钢筋上,难于清理;被其他硬物碰破后,会有小面积粘模;阴雨天无法施工。

工序三　钢筋骨架制备与安装

一、钢筋加工前的准备工作

1. 钢筋的检查

钢筋进场后,应检查钢筋出厂质量证明书和试验报告单。对桥涵所用的钢筋应抽取试样做力学性能试验。

2. 钢筋的调直

直径 10mm 以下的钢筋多卷成盘形,粗钢筋常弯成“发卡”形,以便运输和储存,因此,运到工地的钢筋,应先调直。

盘圆钢筋应先放开,把它截成 30 ~ 40m 的长度,然后用人力或电动绞车拉直。图 5-2-3 所示为人工绞磨拉直钢筋。也可用钢筋调直机调直。

3. 钢筋的除锈去污

钢筋应有洁净的表面,使钢筋与混凝土间有可靠的黏结力。油渍、漆皮、鳞锈等均应在使用前清除干净。

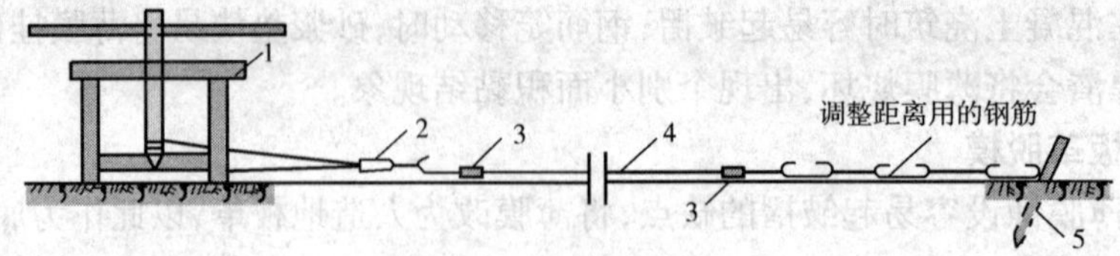

图 5-2-3　人工绞磨调直钢筋

1-绞架; 2-滑轮; 3-夹具; 4-钢筋; 5-固定桩

4. 钢筋的画线配料

配料工作应以施工图纸中每一根钢筋的下料长度和库存材料规格为依据,将不同直径和不同长度的各号钢筋依顺序填写配料单,按表列各种长度及数量进行配料。

(1)钢筋下料长度计算

①弯曲伸长计算

一般可按下列数字估算伸长量:弯45°时伸长$0.5d$,弯90°时伸长$1d$,弯180°时伸长$1.5d$。

②下料长度计算

下料长度 = 钢筋设计长度 + 接头长度 - 弯曲伸长量

(2)配料注意事项

①对于焊接接头,受拉钢筋接头的截面积在同一截面(钢筋长度方向$35d$并$\not<$50cm)内不得超过钢筋总面积的50%。

②对于绑扎搭接接头,其截面积在同一截面内(钢筋搭接长度范围内)受拉区不能超过钢筋总面积的25%,受压区不能超过钢筋总面积的50%。

5. 钢筋替换

当施工图中采用的钢筋品种或规格与库存材料不一致时,可参考下列原则进行替换:

(1)等强度替换。结构构件系强度控制,钢筋按强度相等原则进行替换。

(2)等面积替换。结构构件系最小配筋率控制,钢筋按面积相等原则进行替换。

(3)替换后的构件,如果不进行裂缝验算,替换钢筋的直径不宜大于原设计钢筋直径,钢筋强度不宜大于原设计钢筋强度。

重要结构中的主钢筋在替换时,应由原设计单位做变更设计。

6. 钢筋切断

钢筋切断可依其直径的大小,用人工或机械方法进行。人工截切直径为10~22mm的钢筋可用上下搭口及铁锤割断[图5-2-4a)],10mm以下的钢筋可用剪刀剪断[图5-2-4b)]。

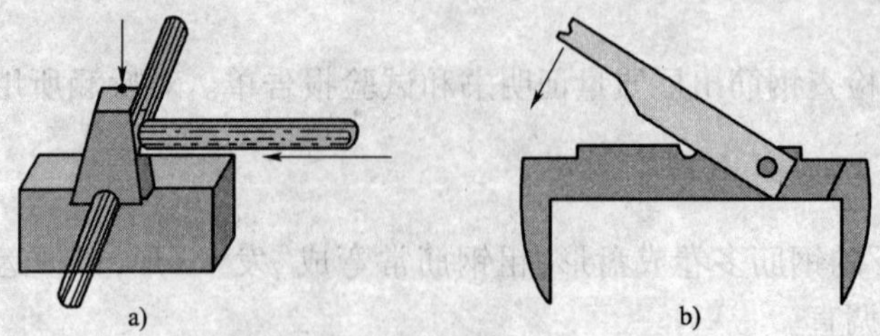

图 5-2-4　用人工法切断钢筋

a)以上下搭口切断钢筋; b)用剪刀剪钢筋

二、钢筋加工

1. 钢筋接长

钢筋接长的方式有闪光接触对焊、电弧焊和绑扎搭接3种。闪光接触对焊用于接长钢筋，一般电焊均以采用闪光焊为宜。绑扎接头的质量差，费钢料，只有在没有焊接条件的情况下才可采用。

(1)闪光接触对焊

图5-2-5所示为接触对焊示意图，图5-2-6所示为接触对焊的接头形式。

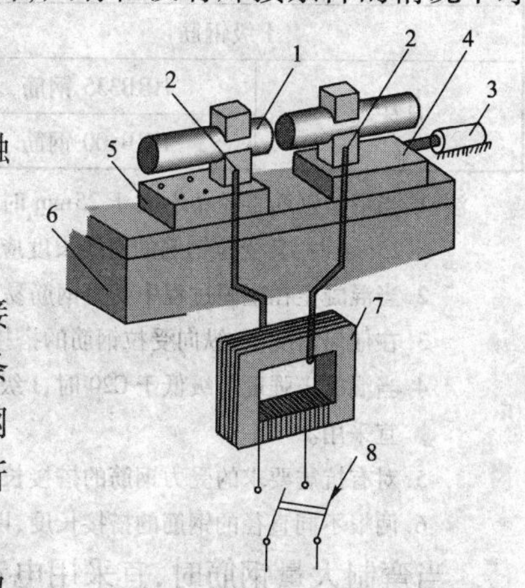

图5-2-5　接触对焊示意图

1-钢筋；2-电极；3-压力构件；4-活动平板；5-固定平板；6-机身；7-变压器；8-闸刀

(2)电弧焊

电弧焊系将一根导线接在被焊钢筋上，另一根导线接在夹有焊条的焊钳上，将接触焊件接通电流，并立即将焊条提起2～3mm，产生电弧(温度高达4 000℃)，将焊条和钢筋熔化并汇合成一条焊缝，至此焊接过程结束。图5-2-7所示为电弧焊的接头形式。

钢筋焊接完毕，同样应对接头进行外观检查，并进行力学性能试验。外观检查应满足下列要求：

①焊缝应没有缺口、裂缝和较大的金属焊瘤。

②接头处钢筋轴线的曲折，其角度不得大于4°。

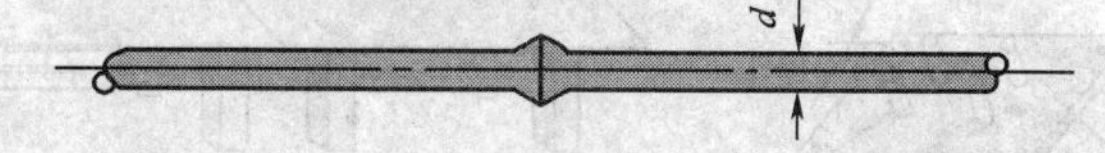

图5-2-6　接触对焊接头

③接头处钢筋轴线的偏移不得大于钢筋直径的0.1倍，亦不得大于3mm。

④焊缝宽度和高度应按图5-2-8所示的尺寸进行测量。

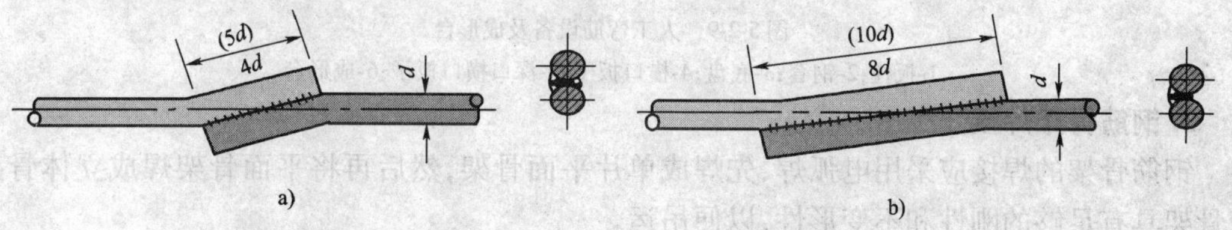

图5-2-7　电弧焊接头(不带括号的适用于Ⅰ级钢筋，带括号的适用于Ⅱ、Ⅲ级钢筋)

a)双面焊缝；b)单面焊缝

力学性能试验，其抗拉极限强度不能小于该种钢筋的抗拉极限强度。

钢筋电弧焊所采用的焊条，其性能应符合低碳钢和低合金电焊条标准的有关规定，其牌号应符合设计要求。

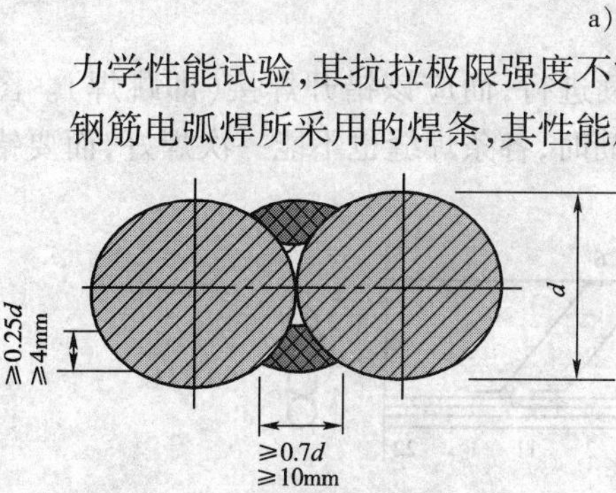

图5-2-8　焊缝宽度和高度

(3)铁丝绑扎接头

当没有条件采用焊接时，接头可用铁丝绑扎搭接，但钢筋直径不应超过25mm。其搭接长度见表5-2-1。

2. 钢筋的弯制成形

钢筋应按设计尺寸和形状用冷弯方法弯制成形。

当弯制钢筋的工作量不大时,可用人工弯筋器在成形台上弯制。人工弯筋器由扳子和底盘组成,如图 5-2-9 所示。

受拉钢筋绑扎接头的搭接长度　　表 5-2-1

钢筋类型		混凝土强度等级		
		C20	C25	高于 C25
Ⅰ级钢筋		35d	30d	25d
月牙纹	HRB335 钢筋	45d	40d	35d
	HRB400 钢筋	55d	50d	45d

注:1. 当带肋钢筋直径 d 不大于 25mm 时,其受拉钢筋的搭接长度应按表中值减少 5d 采用;当带肋钢筋直径 d 大于 25mm 时,其受拉钢筋的搭接长度应按表中值增加 5d 采用。
2. 当混凝土在凝固过程中受力钢筋易受扰动时,其搭接长度宜适当增加。
3. 在任何情况下,纵向受拉钢筋的搭接长度不应小于 300mm;受压钢筋的搭接长度不应小于 200mm。
4. 当混凝土强度等级低于 C20 时,Ⅰ级、HRB335 钢筋的搭接长度应按表中 C20 的数值相应增加 10d;HRB500 钢筋不宜采用。
5. 对有抗震要求的受力钢筋的搭接长度,当抗震烈度为七度(及以上)时应增加 5d。
6. 两根不同直径的钢筋的搭接长度,以较细的钢筋直径计算。

当弯制大量钢筋时,宜采用电动弯曲机,能弯制直径为 6 ~ 40mm 的钢筋。

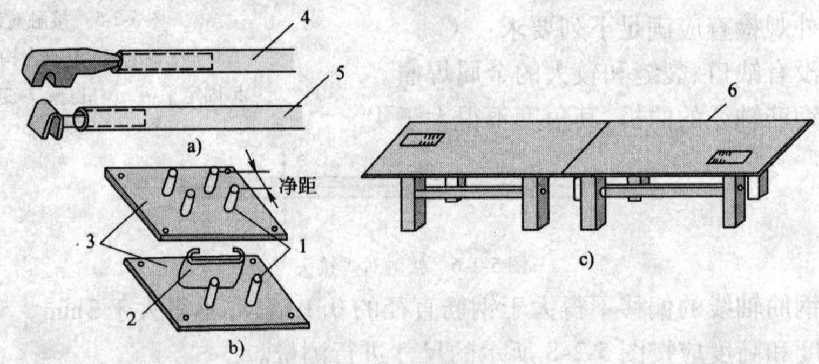

图 5-2-9　人工弯筋设备及成形台

1-扳柱;2-钢套;3-底盘;4-横口扳子;5-深口横口扳子;6-成形台

3. 钢筋骨架焊接

钢筋骨架的焊接应采用电弧焊,先焊成单片平面骨架,然后再将平面骨架焊成立体骨架,使骨架具有足够的刚性和不变形性,以便吊运。

工作台[图 5-2-9c)]的形式很多,台高一般为 30 ~ 40cm,钢筋按照骨架的尺寸用角钢固定在台面上,每根斜筋的两侧也用木条固定。

无论是点焊或施焊,骨架相邻部位的钢筋不能连续进行,而应该错开焊接(即跳焊)。图 5-2-10 所示为钢筋骨架焊接顺序。同一部位有多层钢筋时,各条焊缝也不能一次焊好,而要错开施焊。

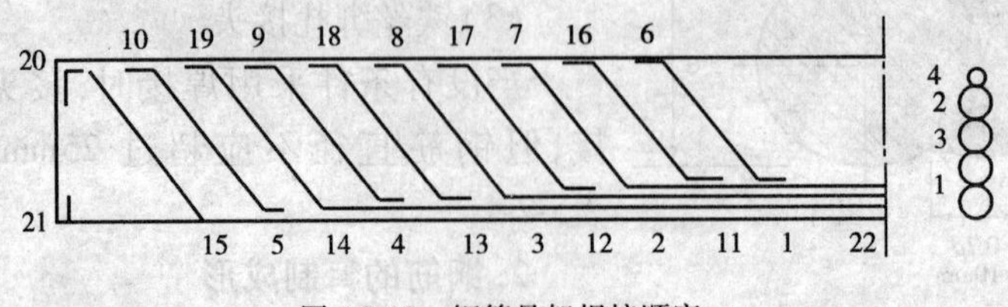

图 5-2-10　钢筋骨架焊接顺序

4. 钢筋的安装

安装钢筋之前，应详细检查模板各部分尺寸、裂缝和变形。安装钢筋时，应使其位置准确。为了保证底模板与钢筋间具有一定厚度的保护层，可在钢筋下面垫以预先制好的砂浆垫块，并用预埋在垫块中的铁丝绑扎在钢筋上，以免浇筑混凝土时发生移动。

在钢筋骨架安装完成后，要对照施工图纸进行检查，并填写“钢筋施工原始记录表”（见附表II-2），以备日后检查及工程存档。

工序四　模板安装与拆除

一、模板的类型及一般要求

1. 模板设计原则

根据《公路桥涵施工技术规范》(JTJ 041—2000)的规定，模板的设计原则如下：

(1)宜优先使用胶合板和钢模板。

(2)在计算荷载作用下，对模板结构按受力程序分别验算其强度、刚度及稳定性。

(3)模板板面之间应平整，接缝严密，不漏浆，保证结构物外露面美观、线条流畅，可设倒角。

(4)结构简单，制作、拆装方便。

2. 模板的类型

(1)木模

在桥梁建筑中最常用的模板是木模，它由模板、肋木、立柱或由模板、直枋、横枋组成(图 5-2-11)。木模的优点是制作容易。

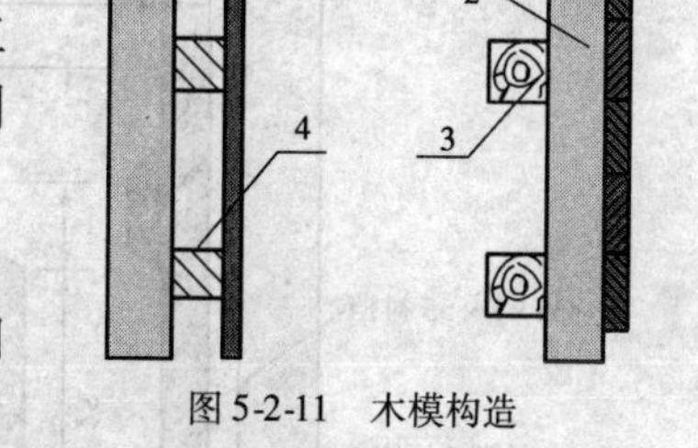

图 5-2-11　木模构造

1-模板；2-直枋；3-横枋；4-肋木；5-立柱

(2)钢模

钢模是用钢板代替木模板，用角钢代替肋木和立柱。钢模的优点是周转次数多，浇筑的构件表面光滑。

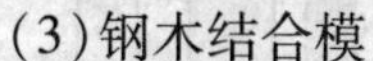

(3)钢木结合模

用角钢作支架，木模板用平头开槽螺栓连接于角钢上，表面钉以黑铁皮。

3. 一般要求

(1)在浇筑混凝土之前，模板应涂刷脱模剂，外露面混凝土模板的脱模剂应采用同一品种，不得使用废机油等油料，且不得污染钢筋及混凝土的施工缝处。

(2)重复使用的模板应经常检查、维修。

二、常用模板的构造

1. 实心板模板

图 5-2-12 所示为装配式钢筋混凝土实心板的模板构造。设置模板的地基应夯实整平，在地基较软的情况下应采用小木桩基础。

2. 空心板模板

图 5-2-13 所示为装配式钢筋混凝土空心板的模板构造。

3. T 形梁模板

图 5-2-14 所示为装配式钢筋混凝土 T 形梁的模板构造。

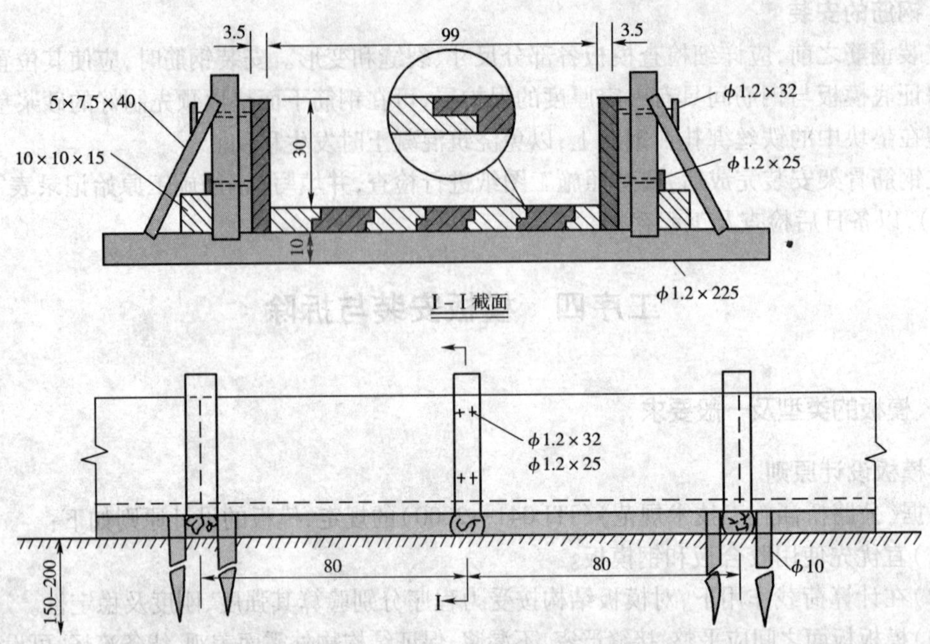

图 5-2-12 实心板模板构造（横截面）（尺寸单位：铁件为 mm，其他为 cm）

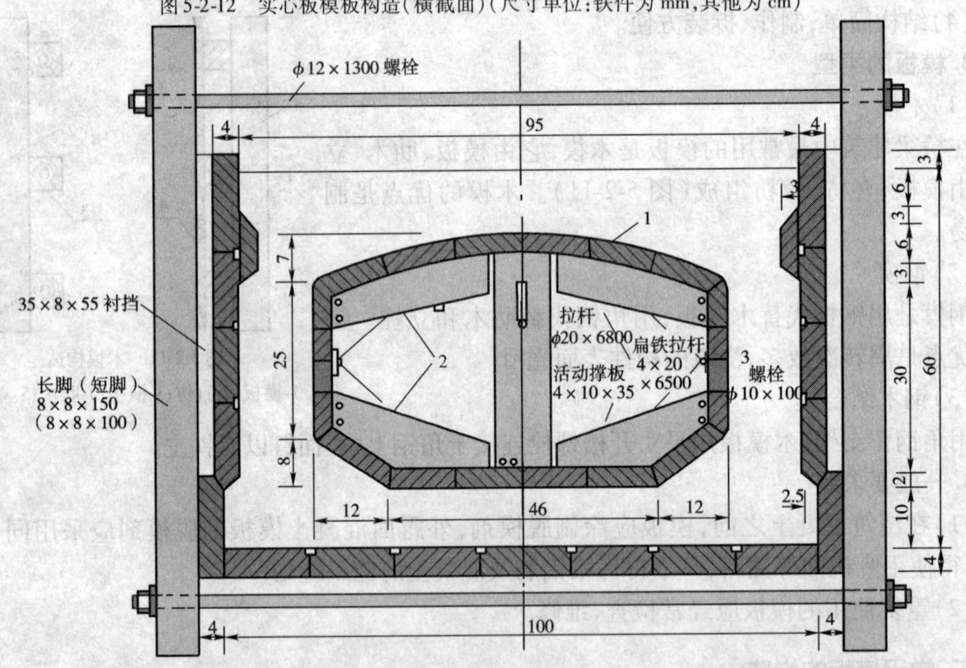

图 5-2-13 空心板模板构造（横截面）（尺寸单位：铁件为 mm，其他为 cm）

1-芯模板；2-骨架；3-铁铰链

三、模板制作及安装要求

1. 钢模板制作

（1）钢模板宜采用标准化的组合模板。组合钢模板的拼装应符合现行国家标准《组合钢模板技术规范》（GB 50214—2001）。各种螺栓连接件应符合国家现行有关标准的规定。

（2）钢模板及其配件应按批准的加工图加工，成品经检验合格后方可使用。

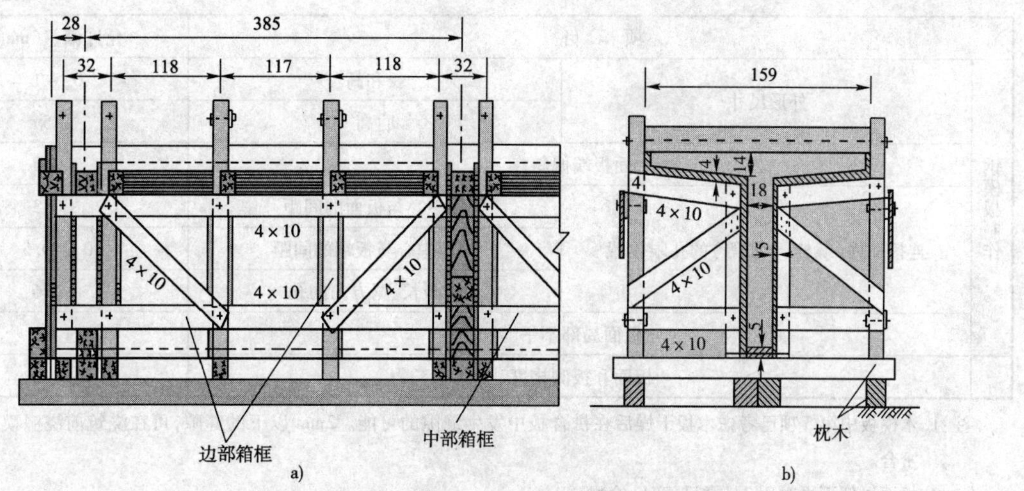

图 5-2-14 装配式钢筋混凝土 T 形梁板构造(尺寸单位:cm)

2. 木模板制作

(1)木模板可在工厂或施工现场制作,木模与混凝土接触的表面应平整、光滑,多次重复使用的木模应在内侧加钉薄铁皮。常用的接缝形式(图 5-2-15)有平缝、搭接缝和企口缝等。

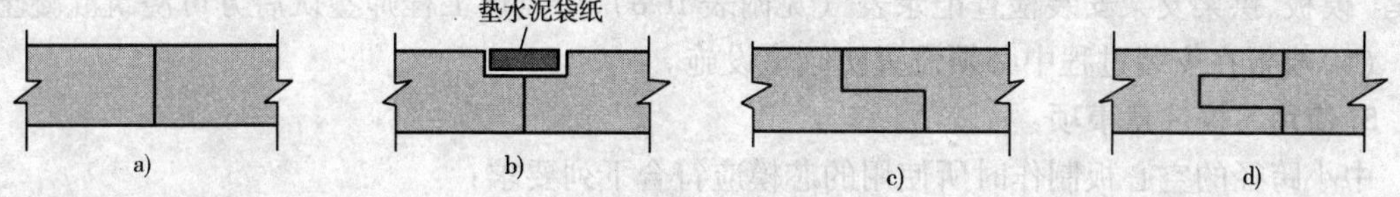

图 5-2-15 木模板接缝类

(2)重复使用的模板应始终保持其表面平整、形状准确、不漏浆、有足够的强度和刚度。

3. 其他材料模板制作

(1)钢框覆面胶合板模板的板面组配宜采用错缝布置,支撑系统的强度和刚度应满足要求。

(2)高分子合成材料面板、硬塑料或玻璃钢模板,制作接缝必须严密,边肋及加强肋安装牢固,与模板成一整体。各种模板制作时的允许偏差见表 5-2-2。

模板制作时的允许偏差 表 5-2-2

<table>
<tr><th colspan="3">项 目</th><th>允许偏差(mm)</th></tr>
<tr><td rowspan="8">木模板制作</td><td colspan="2">模板的长度和宽度</td><td>±5</td></tr>
<tr><td colspan="2">不刨光模板相邻两板表面高低差</td><td>3</td></tr>
<tr><td colspan="2">刨光模板相邻两板表面高低差</td><td>1</td></tr>
<tr><td rowspan="2">平板模板表面最大的局部不平</td><td>刨光模板</td><td>3</td></tr>
<tr><td>不刨光模板</td><td>5</td></tr>
<tr><td colspan="2">拼合板中木板间的缝隙宽度</td><td>2</td></tr>
<tr><td colspan="2">支架、拱架尺寸</td><td>±5</td></tr>
<tr><td colspan="2">榫槽嵌接紧密度</td><td>2</td></tr>
</table>

续上表

<table>
<tr><th colspan="3">项 目</th><th>允许偏差(mm)</th></tr>
<tr><td rowspan="7">钢模板制作</td><td rowspan="2">外形尺寸</td><td>长和高</td><td>0,-1</td></tr>
<tr><td>肋高</td><td>±5</td></tr>
<tr><td colspan="2">面板端偏斜</td><td>≤0.5</td></tr>
<tr><td rowspan="3">连接配件(螺栓、卡子等)的孔眼位置</td><td>孔中心与板面的间距</td><td>±0.3</td></tr>
<tr><td>板端中心与板端的间距</td><td>0,-0.5</td></tr>
<tr><td>沿板长、宽方向的孔</td><td>±0.6</td></tr>
<tr><td colspan="2">板面局部不平</td><td>1.0</td></tr>
<tr><td></td><td colspan="2">板面和板侧挠度</td><td>±1.0</td></tr>
</table>

注:1. 木模板中第5项已考虑木板干燥后在拼合板中发生缝隙的可能。2mm以下的缝隙,可在浇筑前浇湿模板,使其密合。

2. 板面局部不平时用2m靠尺、塞尺检测。

4. 模板安装的技术要求

(1)安装模板前,应在模板内侧刷涂脱模剂,以利脱模。

(2)模板与钢筋安装工作应配合进行,妨碍绑扎钢筋的模板应待钢筋安装完毕后安设。

(3)安装侧模时,应防止模板移位和凸出。

(4)模板安装完毕后,应对其平面位置、顶部高程、节点联系及纵横向稳定性进行检查,并填写"模板、拱架支架安装检查记录表"(见附表II-8),待监理工程师签认后方可浇筑混凝土。

(5)模板在安装过程中必须设置防倾覆设施。

5. 使用芯模注意事项

中小跨径的空心板制作时所使用的芯模应符合下列要求:

(1)充气胶囊在使用前应经过检查,不得漏气;安装时应有专人检查钢丝头,钢丝头应弯向内侧,胶囊涂刷隔离剂。

(2)从开始浇筑混凝土到胶囊放气为止,其充气压力应保持稳定。

(3)浇筑混凝土时,为防止胶囊上浮和偏位,应采取有效措施加以固定,并应对称平衡地进行浇筑。

(4)胶囊的放气时间应经试验确定,以混凝土强度达到能保持构件不变形为宜。

(5)木芯模使用时应防止漏浆和采取措施便于脱模;应根据施工条件,通过试验确定拆除芯模时间。

(6)钢管芯模应由表面匀直、光滑的无缝钢管制作,混凝土终凝后,即可将芯模轻轻转动,然后边转边拔出。

(7)对于钢制芯模,结构要利于安装和拆卸。对于结合缝,一定要塞紧,以防浇注混凝土时漏浆。

6. 模板的拆除

(1)拆除期限的原则规定

模板的拆除期限应根据结构物特点、模板部位和混凝土所达到的强度来决定。

(2)拆除时的技术要求

①模板拆除应按设计的顺序进行,设计无规定时,应遵循先支后拆,后支先拆的顺序。拆时严禁抛扔。

②模板拆除后,应维修整理、分类妥善存放。

7. 模板制作及安装质量标准

(1)模板制作应根据设计要求确定模板的形式及精度要求。

(2)模板安装的允许偏差,应符合表5-2-3的规定。

模板安装的允许偏差 表5-2-3

项　目	允许偏差(mm)
模板内部尺寸	+5,0
轴线偏位	10
装配式构件支承面的高程	+2,-5
模板相邻两板表面高低差	2
模板表面平整	5
预埋件中心线位置	3
预留孔洞中心线位置	10
预留孔洞截面内部尺寸	+10,0

工序五　浇筑混凝土

一、混凝土材料及外掺剂

拌制混凝土所使用的各项材料及拌和物的质量应经过检验,试验方法应符合现行《公路工程水泥及水泥混凝土试验规程》(JTG E30—2005)的有关规定。未列入该规程的试验项目,可参照其他有关试验规程及学习情景2的有关内容。

二、混凝土的配合比

混凝土的配合比应以质量比计,并应通过设计和试配选定。试配时应使用施工实际采用的材料。

普通混凝土的配合比可参照现行《普通混凝土配合比设计规程》(JGJ 55—2000)通过试配确定。混凝土的试配强度应根据设计强度等级,考虑施工条件的差异和变化以及材料质量可能的波动,计算确定。

配制混凝土时,应根据结构情况和施工条件确定混凝土拌和物的坍落度,浇筑时的坍落度可按表5-2-4选用。

混凝土浇筑入模时的坍落度(单位:mm) 表5-2-4

结构类别	坍落度(振动器振动)
普通配筋率的钢筋混凝土结构	30~50
配筋较密、断面较小的钢筋混凝土结构	50~70
配筋极密、断面高而窄的钢筋混凝土结构	70~90

注:1. 泵送混凝土的坍落度,符合《公路桥涵施工技术规范》(JTJ 041—2000)的有关规定。

2. 用人工捣实时,坍落度宜增加20~30mm。

混凝土的最大水灰比和最小水泥用量应符合表5-2-5的规定。

混凝土的最大水灰比和最小水泥用量 表 5-2-5

混凝土结构所处环境	钢筋混凝土	
	最大水灰比	最小水泥用量(kg/m^3)
温暖地区或寒冷地区,无侵蚀物质影响,与土直接接触	0.55	275
严寒地区或使用除冰盐的桥涵	0.50	300
受侵蚀性物质影响	0.40	325

注:1. 本表中的水灰比,系指水与水泥(包括外掺混合材料)用量的比值。

2. 本表中的最小水泥用量,包括外掺混合材料。当采用人工捣实混凝土时,水泥用量应增加 $25kg/m^3$。当掺用外加剂且能有效地改善混凝土的和易性时,水泥用量可减少 $25kg/m^3$。

3. 严寒地区系指最冷月份平均气温≤-10℃且日平均温度≤5℃的天数≥145d 的地区。

对于混凝土的最大水泥用量(包括代替部分水泥的混合材料),《公路桥涵施工技术规范》(JTJ 041—2000)中规定不宜超过 $500kg/m^3$,大体积混凝土不宜超过 $350kg/m^3$。

(1)在混凝土中掺入外加剂时还应符合下列规定:

①在钢筋混凝土中不得掺用氯化钙、氯化钠等氯盐。

②位于温暖或严寒地区,无侵蚀性物质影响及与土直接接触的钢筋混凝土构件及位于严寒和海水区域、受侵蚀环境和使用除冰盐的桥涵,均应严格控制混凝土中氯离子的含量。当采用洁净水和无氯集料时,氯离子含量可主要以外加剂或混合材料的氯离子含量控制。

③无筋混凝土的氯化钙或氯化钠掺量,以干质量计,不得超过水泥用量的 3%。

④掺入加气剂的混凝土含气量宜为 3.5% ~5.5%。

⑤对由外加剂带入混凝土的碱含量应进行控制。每立方米混凝土的总含碱量,对一般桥涵不宜大于 $3.0kg/m^3$,对特殊大桥、大桥和重要桥梁不宜大于 $1.8kg/m^3$;当处于受严重侵蚀的环境下,不得使用有碱活性反应的集料。

(2)如果混凝土采用工厂拌和或商业混凝土,混凝土要通过混凝土运输车运输并通过混凝土输送泵输送,对于泵送混凝土的配合比宜符合下列规定:

①集料最大粒径与输送管内径之比应符合粗集料的规定。

②最小水泥用量 280 ~ $300kg/m^3$(输送管径 100 ~ 150mm)。

③混凝土拌和物的坍落度宜为 80 ~ 180mm。

④宜掺用适量的外加剂或混合材料。

通过设计和试配确定配合比后,应填写试配报告单,提交施工监理或有关方面批准。混凝土配合比使用过程中,应根据混凝土质量的动态信息及时进行调整、报批。

三、混凝土的拌和、运输及浇筑

1. 混凝土的拌制

拌制混凝土配料时,各种衡器应保持准确。配料数量的允许偏差(以质量计)见表 5-2-6。

配料数量允许偏差 表 5-2-6

材料类别	允许偏差(%)	
	现场拌制	预制场或集中搅拌站拌制
水泥、混合材料	±2	±1
粗、细集料	±3	±2
水、外加剂	±2	±1

混凝土应使用机械搅拌，零星工程的塑性混凝土也可用人工拌和。用机械搅拌时，自全部材料装入搅拌筒至开始出料的最短搅拌时间应按设备出厂说明书的规定并经试验确定，且不得低于表5-2-7的规定。

混凝土最短搅拌时间 表5-2-7

<table>
<tr><td rowspan="3">搅拌机类别</td><td rowspan="3">搅拌机容量(L)</td><td colspan="3">混凝土坍落度(cm)</td></tr>
<tr><td><30</td><td>30~70</td><td>>70</td></tr>
<tr><td colspan="3">混凝土最短搅拌时间(min)</td></tr>
<tr><td rowspan="3">自落式</td><td>≤400</td><td>2.0</td><td>1.5</td><td>1.0</td></tr>
<tr><td>≤800</td><td>2.5</td><td>2.0</td><td>1.5</td></tr>
<tr><td>≤1 200</td><td>—</td><td>2.5</td><td>1.5</td></tr>
<tr><td rowspan="2">强制式</td><td>≤400</td><td>1.5</td><td>1.0</td><td>1.0</td></tr>
<tr><td>≤1 500</td><td>2.5</td><td>1.5</td><td>1.5</td></tr>
</table>

注：1. 搅拌细砂混凝土或掺有外加剂的混凝土时，搅拌时间应适当延长1~2min。

2. 外加剂应先调成适当浓度的溶液再掺入。

3. 搅拌机装料数量(装入粗集料、细集料、水泥等松体积的总数)不应大于搅拌机标定容量的110%。

4. 搅拌时间不宜过长，每一工作班至少应抽查2次。

5. 表列时间为从搅拌加水算起。

6. 当采用其他形式的搅拌设备时，搅拌的最短时间应按设备说明书的规定或经试验确定。

对于在施工现场集中搅拌的混凝土，应检查混凝土拌和物的均匀性。混凝土拌和物应拌和均匀，颜色一致，不得有离析和泌水现象。混凝土拌和物均匀性的检测方法应按现行国家标准《混凝土搅拌机》(GB/T 9142—2000)的规定进行。

检查混凝土拌和物均匀性时，应在搅拌机卸料过程中，从卸料流的1/4至3/4之间部位，采取试样，进行试验，其检测结果应符合下列规定：混凝土中砂浆密度2次测值的相对误差不应大于0.8%；单位体积混凝土中粗集料含量2次测值的相对误差不应大于5%。

混凝土搅拌完毕后，应按下列要求检测混凝土拌和物的各项性能：

①混凝土拌和物的坍落度应在搅拌地点和浇筑地点分别取样检测，每一工作班或每一单元结构物不应少于2次，检测坍落度时，还应观察混凝土拌和物的黏聚性和保水性。

②根据需要还应检测混凝土拌和物的其他质量指标。

掺用高效减水剂或速凝剂且混凝土运距较远时，可运至浇筑地点再掺入重拌。

2. 混凝土的运输

混凝土的运输能力应适应混凝土凝结速度和浇筑速度的需要，使浇筑工作不间断并使混凝土运到浇筑地点时仍保持均匀性和规定的坍落度。当混凝土拌和运距较近时，可采用无搅拌器的运输工具运输；当运距较远时，宜采用搅拌运输车运输。运输时间不宜超过表5-2-8的规定。

混凝土拌和物运输时间限制 表5-2-8

气　温(℃)	无搅拌设施运输(min)	有搅拌设施运输(min)
20~30	30	60
10~19	45	75
5~9	60	90

注：1. 当运距较远时，可用搅拌运输车运干拌料到浇筑地点后再加水搅拌。

2. 掺用外加剂或采用快硬水泥拌制混凝土时，应通过试验查明所配制混凝土的凝结时间后，确定运输时间限制。

3. 表列时间系指从加水搅拌至入模时间。

用无搅拌运输工具运送混凝土时,应采用不漏浆、不吸水、有顶盖且能直接将混凝土倾入浇筑位置的盛器。

采用泵送混凝土应符合下列规定:

①混凝土的供应必须保证输送混凝土的泵能连续工作。

②输送管线宜直,转弯宜缓,接头应严密,如管道向下倾斜,应防止混入空气,产生阻塞。

③泵送前应先用适量的、与混凝土内成分相同的水泥浆润滑输送管内壁。混凝土出现离析现象时,应立即用压力水或其他方法冲洗管内残留的混凝土,泵送间歇时间不宜超过 15min。

④在泵送过程中,受料斗内应具有足够的混凝土,以防止吸入空气产生阻塞。

用搅拌运输车运输已拌成的混凝土时,途中应以 2~4r/min 的慢速进行搅动,混凝土的装载量约为搅拌筒几何容量的 2/3。

混凝土运至浇筑地点后发生离析、严重泌水或坍落度不符合要求时,应进行第二次搅拌。二次搅拌时不得任意加水,确有必要时,可同时加水和水泥以保持其原水灰比不变。如二次搅拌仍不符合要求,则不得使用。

3. 混凝土的浇筑

浇筑混凝土前,应对模板、钢筋和预埋件进行检查,并做好记录,符合设计要求后方可浇筑。模板内的杂物、积水和钢筋上的污垢应清理干净。模板如有缝隙,应填塞严密,模板内面应涂脱模剂。浇筑混凝土前,应检查混凝土的均匀性和坍落度。

混凝土浇筑方法可采用水平分层浇筑。由梁的两端向跨中全长内分层浇筑,在跨中合龙,且应在下层混凝土初凝或能重塑前浇筑完成上层混凝土。混凝土分层浇筑厚度不宜超过 300mm。在向模板内倾卸混凝土时,要防止混凝土离析。

浇筑混凝土时,除少量塑性混凝土可用人工捣实外,宜采用振动器振实。用振动器振捣时,应符合下列规定:

①使用插入式振动器时,移动间距不应超过振动器作用半径的 1.5 倍;与侧模应保持 50~100mm的距离;插入下层混凝土 50~100mm;每一处振动完毕后应边振动边徐徐提出振动棒;应避免振动棒碰撞模板、钢筋及其他预埋件。

②表面振动器的移位间距应以使振动器平板能覆盖已振实部分 100mm 左右为宜。

③附着式振动器布置的距离应根据构件形状及振动器的性能等情况并通过试验确定。

④对每一振动部位必须振动到该部位混凝土密实为止。密实的标志是混凝土停止下沉,不再冒出气泡,表面呈现平坦、泛浆。

混凝土的浇筑应连续进行,如因故必须间断时,其间断时间应小于前层混凝土的初凝时间或能重塑的时间。混凝土运输、浇筑及间歇的全部时间不得超过表 5-2-9 的规定,当需要超过时应预留施工缝。

混凝土运输、浇筑及间歇的全部允许时间(单位:min) 表 5-2-9

混凝土强度等级	气温不高于 25℃	气温高于 25℃
≤C30	210	180
>C30	180	150

注:当混凝土中掺有促凝或缓凝剂时,其允许时间应根据试验结果确定。

施工缝的位置应在混凝土浇筑之前确定,宜留置在结构受剪力和弯矩较小且便于施工的部位,并应按下列要求进行处理:

①应凿除处理层混凝土表面的水泥砂浆和松弱层，但凿除时，处理层混凝土须达到下列强度：用水冲洗凿毛时，须达到0.5MPa；用人工凿毛时，须达到2.5MPa；用风动机凿毛时，须达到10MPa。

②经凿毛处理的混凝土面应用水冲洗干净，在浇筑次层混凝土前，对垂直施工缝宜刷一层水泥净浆，对水平缝宜铺一层厚10～20mm的1:2的水泥砂浆。

③重要部位及有防震要求的混凝土结构或钢筋稀疏的钢筋混凝土结构，应在施工缝处补插锚固钢筋或石榫；有抗渗要求的施工缝宜做成凹形、凸形或设置止水带。

④施工缝为斜面时，应浇筑成或凿成台阶状。

⑤施工缝处理后，须待处理层混凝土强度达到2.5MPa后才能继续浇筑混凝土。混凝土达到上述抗压强度的时间宜通过试验确定。

⑥在浇筑过程中或浇筑完成时，如混凝土表面泌水较多，须在不扰动已浇筑混凝土的条件下，采取措施将水排除。继续浇筑混凝土时，应查明原因，采取措施，减少泌水。

⑦结构混凝土浇筑完成后，对混凝土裸露面应及时进行修整、抹平，待定浆后再抹第二遍并压光或拉毛。当裸露面面积较大或气候不良时，应加盖防护，但在开始养生前，覆盖物不得接触混凝土面。

⑧浇筑混凝土期间，应设专人检查支架、模板、钢筋和预埋件等稳固情况，当发现有松动、变形、移位时，应及时处理。

⑨浇筑混凝土时，应填写"混凝土施工原始记录表"（见附表II-1）。

4. 混凝土的养护及修饰

混凝土浇筑完成后进行养生，能促使混凝土硬化，并在获得规定强度的同时，防止混凝土干缩引起裂缝，防止混凝土受雨淋、日晒、受冻及受荷载的振动、冲击。由于混凝土在硬化过程中发热，在夏季和干燥的气候下应进行湿润养生，而冬季则主要保护其不受冻，采用加温的养生。

(1)混凝土的养护

对于在施工现场集中养护的混凝土，应根据施工对象、环境、水泥品种、外加剂以及对混凝土性能的要求，提出具体的养护方案，并应严格执行规定的养护制度。

一般混凝土浇筑完成后，应在收浆后尽快予以覆盖和洒水养护。对干硬性混凝土、炎热天气浇筑的混凝土以及桥面等大面积裸露的混凝土，有条件的可在浇筑完成后立即加设棚罩，待收浆后再予以覆盖和洒水养生。当气温低于5℃时应覆盖保温，不得向混凝土面上洒水。

混凝土洒水养护时间一般为7d，可根据空气的湿度、温度和水泥品种及掺用的外加剂等情况酌情延长或缩短。每天洒水次数以能保持混凝土表面经常处于湿润状态为度。用加压成形、真空吸水等法施工的混凝土，其养护时间可酌情缩短。采用塑料薄膜或喷化学浆液等养护时，可不洒水养护。

(2)构件混凝土表面处理

装配式桥梁的横向联结一般采用铰接或现浇混凝土联结，对于联结面混凝土应进行凿毛处理。

5. 热期、雨期混凝土的施工

1)热期混凝土的施工

热期混凝土施工，应制订在高温条件下保证工程质量的技术措施，并应符合如下要求。

(1)混凝土配制和搅拌

①材料要求:拌和水使用冷却装置,对水管及水箱加遮荫和隔热设施;水泥、砂、石料应遮荫防晒,以降低集料温度,可在砂石料堆上喷水降温。

②配合比设计应考虑坍落度损失。

③可掺加减水剂以减少水泥用量和提高混凝土的早期强度。

④掺用活性材料粉煤灰取代部分水泥,减少水泥用量。

⑤拌和站料斗、储水器、皮带运输机、拌和楼都要尽可能遮荫;尽量缩短拌和时间;经常测混凝土的坍落度,以调整混凝土的配合比,满足施工所必需的坍落度。

(2)混凝土的运输及浇筑

①运输时尽量缩短时间,宜采用混凝土运输搅拌车,运输中应慢速搅拌。

②不得在运输过程中加水搅拌。

③热期施工混凝土、钢筋混凝土、预应力混凝土应有全面的组织计划,准备工作充分,施工设备有足够的备件,保证连续进行;从拌和机到入仓的传递时间及浇筑时间要尽量缩短,并尽快开始养护。

④混凝土的浇筑温度应控制在32℃以下,宜选在一天温度较低的时间内进行。

⑤浇筑场地应遮荫,以降低模板、钢筋的温度和改善工作条件;也可在模板、钢筋和地基上喷水降温,但在浇筑时不能有附着水。

⑥应加快混凝土的修整速度,修整时可用喷雾器洒少量水,防止表面裂纹,但不准直接往混凝土表面洒水。

(3)混凝土的养护

混凝土浇筑完,表面应立即覆盖清洁的塑料膜,初凝后撤去塑料膜,用浸湿的粗麻布覆盖,经常洒水,保持潮湿状态最少7d。湿养期间应采取遮光和挡风措施,以控制温度和干热风的影响。构造物的竖直面拆模后,宜立即用湿粗麻布把构件缠起来,麻布处整个用塑料膜包紧,粗麻布应至少7d保持潮湿状态,随后可用树脂类养生化合物喷涂。应注意以下几点:

①不宜单独使用专用养护膜覆盖法养护高强度混凝土,除非当地无足够的清洁水用于养护混凝土。

②洒水养护宜用自动喷水系统和喷雾器,湿养护应不间断,不得形成干湿循环。

(4)热期施工检查

热期施工检查下列项目:

①砂、石料的含水率检查,每台班不少于1次。

②混凝土浇筑与养护时,环境温度每日检查4次,并做好检查记录;当温度超过热期规定的要求时,混凝土拌和时应采取有效降温、防晒措施,以保证混凝土的浇筑质量,否则应停止施工。

③混凝土热期施工,除应留标准条件下养护的试件外,还应制取相同数量的试件与结构在相同的环境条件下养护,检查28d的试件强度以指导施工。

④在混凝土浇筑前应通过试验确定在最高气温条件下,混凝土分层浇筑的覆盖时间,施工时应严格控制,不得超过。

⑤在混凝土浇筑过程中,应严格控制缓凝剂的掺量,并检查混凝土的凝固时间,以防因缓凝剂掺量不准造成危害。

2)雨期混凝土的施工

混凝土雨期施工是指在降雨量集中季节且对混凝土的质量造成影响时进行的施工。雨期施工要按时收集天气预报资料,混凝土施工要尽可能避开大风大雨天气;雨期施工应制订防洪水、防台风措施,施工场地、生活区应做好排水措施;施工材料如钢材、水泥的码放应防雨漏及潮湿;建立安全用电措施,防漏电、触电。

(1)雨期施工准备

①准备雨期施工的防洪材料、机具和必要的遮雨设施。

②工程材料特别是水泥、钢筋应防水、防潮;施工机械应防洪水淹没。

(2)施工方法及技术措施

①雨期施工的工作面不宜过大,应逐段、逐片分期施工;对受洪水危害的工程应停止施工,若必须施工时,应有防洪抢险措施。

②由于雨期集料及砂等含水率变化大,施工时应随时测定材料含水率,及时调整混凝土施工配合比。

③施工前对排水系统应进行检查、疏通或加固,必要时增加排水措施。

④雨后模板及钢筋上的淤泥、杂物,在浇筑混凝土前应清除干净。

⑤雷区应设置防雷措施,高耸结构应有防雷设计。沿海地区应考虑防台风措施,露天使用的电器设备要有可靠的防漏电措施。

四、混凝土质量控制

1. 质量控制

实施混凝土质量控制应符合下列规定:

(1)通过对原材料的质量检验与控制、混凝土配合比的确定与控制、混凝土生产和施工过程各工序的质量检验与控制,以及合格性检验控制,使混凝土的质量符合规定要求。

(2)在施工过程中应进行质量检测,应用各种质量管理图表,掌握动态信息,控制整个生产和施工期间的混凝土质量,制订保证质量的措施,完善质量控制过程。

(3)必须配备相应的技术人员和必要的检验及试验设备,建立和健全必要的技术管理与质量控制制度。

2. 质量检验

(1)各种材料、各工程项目和各个工序,应经常进行检验,保证符合设计文件和《公路工程质量检验评定标准》(JTG F80/1—2004)的要求。检验项目和频率应符合下列规定:

①浇筑混凝土前的检验:

a. 施工设备和场地;

b. 混凝土组成材料及配合比(包括外加剂);

c. 混凝土凝结速度等性能;

d. 钢筋、预埋件等隐蔽工程及模板;

e. 养护方法及设施,安全设施。

②拌制和浇筑混凝土时的检验:

a. 混凝土组成材料的外观及配料、拌制,每一工作班至少检验2次,必要时随时抽样试验;

b. 混凝土的和易性(坍落度等)每工作班至少检验2次;

c. 砂石材料的含水率,每日开工前检验1次,气候有较大变化时随时检测,当含水率变化较大、将使配料偏差超过规定时,应及时调整;

d. 钢筋、模板等的稳固性和安装位置;

e. 混凝土的运输、浇筑方法和质量；

f. 外加剂使用效果；

g. 制取混凝土试件。

③浇筑混凝土后的检验：

a. 养护情况；

b. 混凝土强度，拆模时间；

c. 混凝土外露面或装饰质量；

d. 结构外形尺寸、位置、变形和沉降。

(2)隐蔽工程检查、分部工程检查、工程变更设计、施工技术修改、施工方案变更、质量事故的发生和处理等事项，应按有关规定及时通知有关人员。

(3)对混凝土的强度，应制取试件检验其在标准养护条件下28d龄期的抗压极限强度。试件制取组数应符合相关规定。

(4)应根据施工需要，制取与结构物同条件养护的试件作为考核结构混凝土在拆模、出池、吊装、承受载荷等阶段强度的依据。

3. 质量标准

(1)混凝土抗压强度应以标准条件下养护28d龄期试件的抗压强度进行评定，其合格条件如下：

①应以强度等级相同、龄期相同以及生产工艺条件和配合比相同的混凝土组成同一验收批，同一验收批的混凝土强度应以同批内所有各组标准尺寸试件的强度测定值(当为非标准尺寸试件时应进行强度换算)为代表值。

②每片梁长16m以下应制取1组，16～30m制取2组，31～50m制取3组，50m以上者不少于5组。

(2)预留试块有效测试值数量不满足混凝土强度评定的要求时，可采用无损检测或钻芯取样法评定。若预留试块评定不合格，应作为质量事故处理并作出结论，提交有关单位共同研究处理。

(3)梁板混凝土应符合下列规定：

①表面应密实、平整。

②如有蜂窝、麻面，其面积不超过结构同侧面积的0.5%。

③如有裂缝，其宽度不得大于设计规范的有关规定。

④对蜂窝、麻面、掉角等缺陷，应凿除松弱层，用钢丝刷清理干净，用压力水冲洗、湿润，再用较高强度的水泥砂浆或混凝土填塞捣实，覆盖养护；用环氧树脂等胶凝材料修补时，应先经试验验证。

⑤如有严重缺陷，影响结构性能时，应分析情况，研究处理。

工序六　移梁存放

1. 梁板移运

混凝土强度达75%后就可以将梁从预制台座上起吊运输到梁的堆放场。梁的起吊一般采用龙门吊，吊点的位置应严格按照设计图纸的标示选定，如图纸无规定，为了保证梁在起吊过程中的受力，梁、板构件的吊点应根据计算决定。构件的吊环应顺直。吊绳与起吊构件的交角小于60°时，应设置吊架或扁担，尽可能使吊环垂直受力。

梁、板移运和堆放的支承位置应与吊点位置一致，并应支承牢固，避免损伤构件。

吊移板式构件时，不得吊错上、下面，以免折断。构件运输时，应有特制的固定架以稳定构件。小构件宜顺宽度方向侧立放置，并注意防止倾倒，如平放，两端吊点处必须设置支搁方木。

梁的运输应顺高度方向竖立放置，并有防止倾倒的固定措施。装卸梁时，必须等支撑稳妥后，才许卸除吊钩。

2. 梁板的堆放

堆放预制梁板的堆放场地应整平夯实。梁板堆垛时，应放置在垫木上，吊环向上，标志向外。混凝土养护期未满的，应继续洒水养护。

水平分层堆放梁板时，其堆垛高度应按构件强度、地面承载力、垫木强度以及堆垛的稳定性而定。主梁(板)一般以2层为宜，不应超过3层，层与层之间应以垫木隔开，各层垫木的位置应在吊点处，上下层垫木必须在一条竖直线上。

雨季和春季融冻期间，必须注意防止因地面软化下沉而造成构件断裂及损坏。

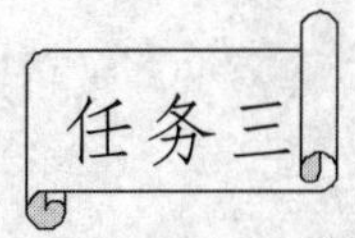

先张法预应力混凝土板梁施工工艺

【知识目标】 先张法施工工艺流程，预制台座的形式及技术要求，预应力钢筋张拉要点。

【能力目标】 能够进行先张法预应力混凝土板梁的施工工艺流程设计；能够进行预制台座的设计并进行预应力钢筋张拉控制；能够进行先张法预应力混凝土板梁的施工技术管理。

项目导入：先张法的制梁工艺是在浇筑混凝土前张拉预应力筋，将其临时锚固在张拉台座上，然后立模浇筑混凝土，待混凝土达到规定强度(不得低于设计强度等级的70%)时，逐渐将预应力筋放松，这样就因预应力筋的弹性回缩通过其与混凝土之间的黏结作用，使混凝土获得预压应力。

工序一　施工工艺流程图设计

先张法施工工艺主要用在预应力混凝土空心板的预制过程中，由于空心板截面形状的不同，在板预制过程中所采用的芯模各有差异，底板混凝土浇筑与芯模安装的施工过程也将不同。对于类似小箱梁的空心板，往往采用先浇底板混凝土，后安装芯模，然后再安装顶板钢筋，浇筑其他部位混凝土的施工流程；而对于采用圆形等空心截面的空心板梁，则是先安装芯模后浇筑混凝土的施工流程。先张法施工工艺基本流程如图5-3-1所示。

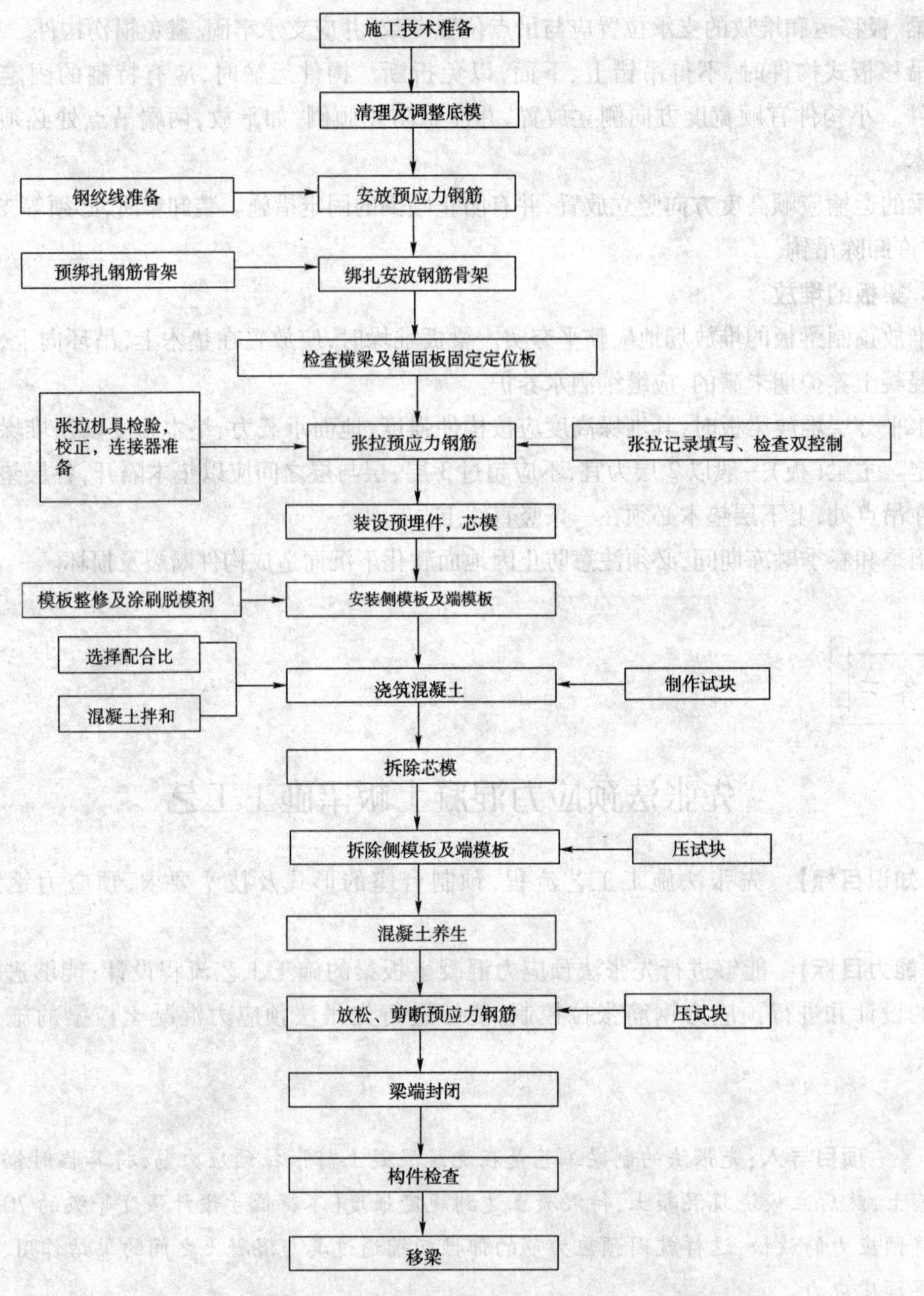

图 5-3-1 先张法施工工艺基本流程

工序二 清理及调整台座和底模

一、先张法预应力混凝土构件的张拉台座

台座是先张法施加预应力的主要设备之一，它承受预应力筋在构件制作时的全部张拉力。张拉台座必须在受力后不倾覆、不移动、不变形。张拉台座类型：按构造形式分为框架式、槽式和墩式；按受力形式分为轴心压柱式、偏心压柱式和无压柱式；按使用分为可拆装配式和固定

式;按材料分为钢筋混凝土式、钢筋混凝土和型钢组合式及钢管混凝土式等。

1. 墩式和槽式张拉台座

墩式和槽式张拉台座的形式与构造见图 5-3-2。台座的长度和宽度根据施工现场的实际情况和生产板梁的数量决定,长度一般为 50 ~ 120m。台座主要由底板、承力架(支承架)、梁、定位板和固端装置几部分组成,见图 5-3-2。

墩式台座的横梁直接和墩或桩基连成整体共同承受张拉力,一般分重力式和桩式 2 类,见图 5-3-2a)。台座底板的制作和要求与框架式台座相同。优点是构造简单,造价合理;缺点是稳定性较差,变形较大。重力式台座须具有足够强度和刚度,抗倾覆系数不应小于 1.5,抗滑系数不应小于 1.3。当预制板梁的数量较少,张拉吨位较小时选用墩式台座。

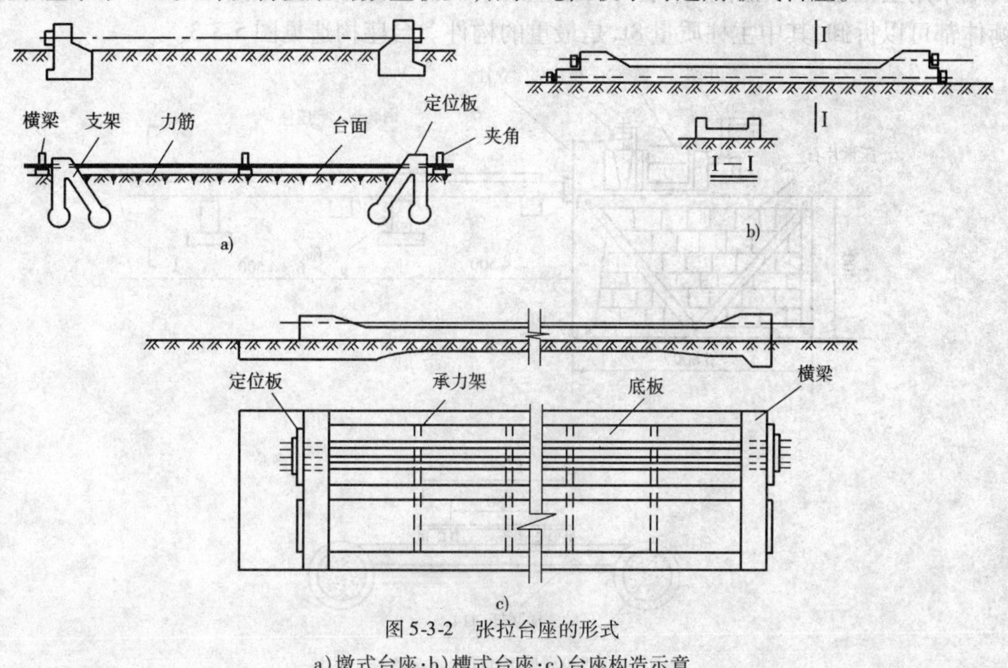

图 5-3-2　张拉台座的形式

a)墩式台座;b)槽式台座;c)台座构造示意

(1)底板

底板作为预制构件的底模,有整体式混凝土台面或装配式台面 2 种。其宽度由制作预应力构件的宽度决定。

(2)承力架(支承架)

承力架为台座的主要受力结构,是台座的支承架。它要求承受全部张拉力,在制造时,要保证承力架变形小,经济、安全、便于操作等。承力架形式很多,如框架式、墩式、槽式等。

(3)横梁

横梁是将预应力筋的张拉力传给承力架的横向构件,常用型钢或钢筋混凝土制作。其断面尺寸由横梁的跨径、张拉力的大小决定,并且应保证刚度和稳定的要求。

(4)定位板

定位板用来固定预应力筋,一般是用钢板制成,连接在横梁上,它必须保证承受张拉后具有足够的强度和刚度。孔的位置按照梁体预应力筋的位置设置,孔径比力筋大 2 ~ 4mm,以便于穿筋。

(5)固定端装置

用于固定力筋位置并在梁预制完成后放松力筋,它设在非张拉端,仅用于一端张拉的先张台座。

2. 框架式台座

此类台座由纵梁(压柱)、横梁、横系梁组成框架,承受张拉力。一般是采用钢筋混凝土在现场整体浇筑。其中横梁也可采用装配式型钢组合梁,现场只浇筑混凝土纵梁和系梁。底板应选择在硬地基上,若有局部软土需进行地基处理,压实整平地基后铺设砾石(碎石)层,浇筑混凝土底板。底板高程要严格控制,要求底板平整、光滑,可直接作底模板。

3. 拼装式钢管混凝土台座

具有施工迅速、方便、重复使用、节省造价的特点,铁路桥梁常采用此种形式。

它以钢管混凝土作为压柱,压柱每节长 4.5m,节间用法兰盘连接,每节质量为 2.4t。压柱的两端采用型钢主柱和型钢框架装片石压重的平衡体,与压柱连接组成台座承力架。主柱和平衡体都可以拆卸,其中主柱质量 8t,是最重的构件。台座构造见图 5-3-3。

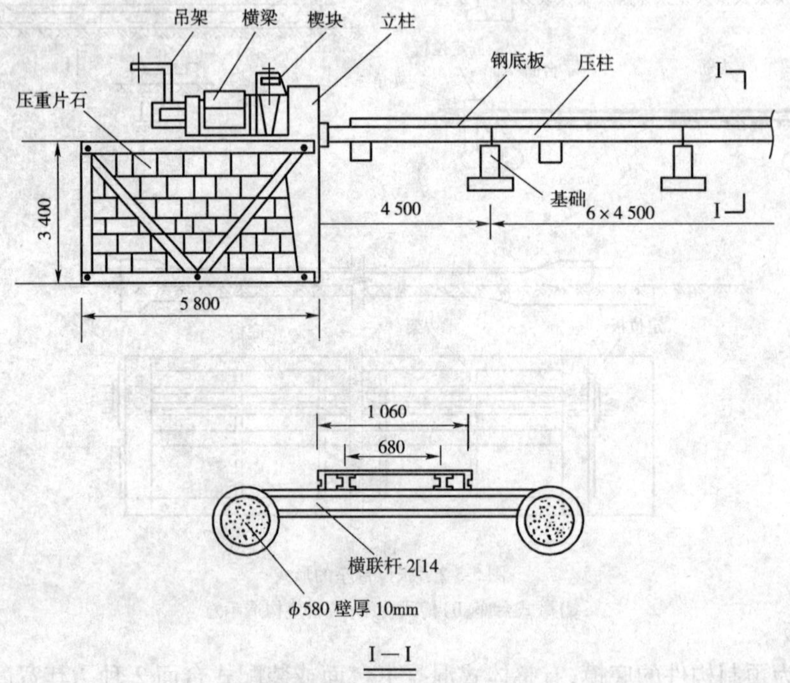

图 5-3-3 钢管混凝土台座(尺寸单位:mm)

二、清理及调整张拉台座

清除底模上覆的所有杂物,并擦拭干净,均匀涂刷脱模剂。对于底模钢板缺损的部位应及时进行修补找平,以免影响浇筑出的梁体底板的平整度。

工序三 安装与拆除模板

根据工程规模和预制工作量大小,模板可采用钢制、木制或钢木结合的。制作板梁的模板,包括底模、侧模和端模。底模支承在底座上,底座有木底座和混凝土底座 2 种。制作空心板构件,尚需用芯模。模板制作与普通钢筋混凝土空心板相同,此处不再赘述。

选择模板时应注意:

①模板必须有足够的强度、刚度和稳定性;

②模板的接缝必须密合;

③模板应尽量做成装配式组件或块件(特别是芯模),以利于拆卸。

先张法预应力板梁施工时,模板的制作除满足一般要求外,还有如下要求:

(1)将先张台座的混凝土底板作为预制构件的底模,要求地基不产生非均匀沉陷;底板制作必须平整光滑、排水畅通,预应力筋放松,梁体中段拱起,两端压力增大;梁位端部的底模应满足强度要求和重复使用的要求。

(2)端模预应力筋孔的位置要准确,安装后与定位板上对应的力筋孔要求均在一条中心线上。由于施工中实际上存在偏差,力筋张拉时筋位有移动,制作时端模力筋孔径可按力筋直径扩大 2 ~4mm。力筋孔水平向还可做成椭圆形。

(3)先张法制作预应力板梁,预应力钢筋放松后板梁压缩量为1‰左右,为保证梁体外形尺寸,侧模制作要增长1‰。

模板拆除过程及要求与普通钢筋混凝土板梁相同。

工序四　安装钢筋骨架及预应力筋张拉锚固

一、钢筋骨架安装及预应力钢筋安放

1. 普通钢筋的制备及骨架安装

普通钢筋工作包括钢筋整直、切断、除锈、弯钩、焊接和绑扎成型等工作。工作的要求和内容与普通钢筋混凝土桥梁基本相同。对于各种预埋件,包括构件的接缝和接头部位的预埋角钢、预埋钢板、预埋钢筋(伸出钢筋)、吊点的吊环等,须与钢筋骨架牢固地联结。

普通钢筋安装可以在预应力筋张拉后安装,也可以在预应力筋张拉前安装。

2. 预应力筋制作

预应力筋的下料长度应通过计算确定,计算时应考虑预制台座长度、锚夹具厚度、千斤顶长度、焊接接头或镦头预留量、冷拉伸长值、弹性回缩值、张拉伸长值和外露长度等因素。

钢丝束两端采用镦头锚具时,同一束中各根钢丝下料长度的相对差值,当钢丝束长度 L 小于或等于 20m 时,不宜大于 $L/3\,000$;当钢丝束长度大于 20m 时,不宜大于 $L/5\,000$,且不大于 5mm。长度不大于 6m 的先张构件,当钢丝成组张拉时,同组钢丝下料长度的相对差值不得大于 2mm。预应力筋下料长度按计算长度、工作长度和原材料试验数据确定,采用钢绞线和粗钢筋。张拉时,在台座张拉端和锚固端尽量用拉杆和连接器代替预应力筋,减少预应力筋工作长度;长度为 6m 及小于 6m 先张构件的钢丝成组张拉时,下料长度的相对误差不得大于 2mm。

先张拉预应力的粗钢筋,在冷拉或张拉时,通过连接器和锚具进行,也可采用镦头钢筋和开孔的垫板代替锚具或夹具,节省钢材。

先张法镦头锚的钢丝镦头强度不应低于钢丝标准抗拉强度的 90%。

3. 安放预应力钢筋

预应力筋的安放在台面上的脱模剂干燥之后进行,脱模剂要求具有良好的隔离效果,不能影响混凝土与钢绞线的黏结力。如钢绞线遭受污染,应使用适当用溶剂加以清刷干净。预应力筋的安放和下料可同时进行,以提高工效。

在预应力筋就位前首先考虑台座两端至横梁伸出锚固端部分的工具线。采用工具线可多次倒用,节省钢绞线,在工具线的锚固端安装锚固板和夹片,预应力筋与工具线接头处安装连接器。连接器内夹片、锚固板内的夹片外部应涂点蜡油,以便放张时夹片自动脱出。在施工过

程中注意经常检查连接器、锚板内的夹片是否有损伤,如发现有损伤应立即更换,以防钢绞线出现滑移,飞出伤人。

设计失效部分用塑料管套好并编号,分别放入台座内或台座一侧,拉伸预应力筋的同时穿上失效管。

调整各相邻预应力筋的位置,根据编号使其准确就位,将其连接在两端横梁的连接器上,同时穿入各分丝板的预留孔内(分丝板设在活动横梁一侧,分丝板根据预应力筋型号设计打孔)。

在安装过程中,注意对预应力筋进行检验,如发现有局部损伤、锈蚀严重的应立即更换,并按要求重新下料。

当预应力筋为粗钢筋时,可在绑钢筋架的同时放入梁体。

预应力筋制作安装的允许偏差列于表 5-3-1。

先张预应力筋制作安装允许偏差 表 5-3-1

项目		允许偏差(mm)
镦头钢丝同束长度相对差	束长 >20m	L/5 000 及 5
	束长 6 ~ 20m	L/3 000
	束长 <6m	2
冷拉钢筋接头在同一平面的轴线偏位		2 及 1/10 直径
力筋张拉后的位置与设计位置之间偏位		4% 构件最短边长及 5

二、预应力筋张拉与锚固

1. 张拉机具及设备

施加预应力所用的机具设备及仪表应由专人使用和管理,并应定期维护和校验。千斤顶与压力表应配套校验,以确定张拉力与压力表之间的关系曲线。校验应在经主管部门授权的法定计量技术机构定期进行。

张拉机具设备应与锚具配套使用,并应在进场时进行检查和校验。对长期不使用的张拉机具设备,应在使用前进行全面校验。使用期间的校验期限应视机具设备的情况确定,当千斤顶使用超过 6 个月或 200 次,或在使用过程中出现不正常现象,或检修以后应重新校验。弹簧测力计的校验期限不宜超过 2 个月。

2. 施加预应力的准备工作

对力筋施加预应力之前,必须完成或检验以下工作:

(1)施工现场应具备经批准的张拉程序和现场施工说明书。

(2)现场已有具备预应力施工知识和正确操作的施工人员。

(3)锚具安装正确。

(4)施工现场已具备确保全体操作人员和设备安全的必要的预防措施。

先张法梁的预应力筋是在底模整理后,在台座上进行张拉。对于长线台座,预应力筋或者预应力筋与拉杆、力筋的连接,必须先用连接器串联后才能张拉。先张法通常采用一端张拉,另一端在张拉前要设置好固定装置或安放好预应力筋的放松装置。但也有采用两端张拉的方法。

张拉前,应先安装定位板,检查定位板的力筋孔位置和孔径大小是否符合设计要求,然后将定位板固定在横梁上。在检查预应力筋数量、位置、张拉设备和锚具后,方可进行张拉。先张法的张拉布置见图 5-3-4。

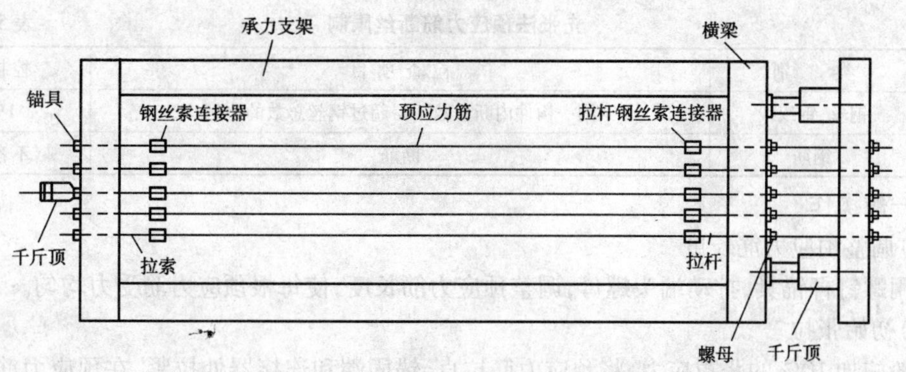

图 5-3-4 先张法张拉台座布置图

3. 张拉工艺

先张法施加预应力工艺是在预制构件时,先在台座上张拉力筋,然后支模浇筑混凝土使构件成型的施工方法。

先张法张拉预应力筋,分单根张拉和多根张拉,单向张拉和双向张拉。单根张拉设备比较简单,吨位要求小,但张拉速度慢,张拉的顺序应不致使台座承受过大的偏心力。多根张拉一般需有两个大吨位千斤顶,张拉速度快。数根预应力筋张拉时,必须使它们的初始长度一致,张拉后每根力筋的应力均匀。因此,可在预应力筋的一端选用螺钉杆锚具和横梁、千斤顶组成张拉端,另一端选用镦粗夹具为固定端,这样可以利用螺钉端杆的螺母调整各根力筋的初始长度。如果力筋直径较小,在保证每根力筋下料长度精确的情况下,可两端采用镦粗夹具。将多根张拉固定端的镦粗夹具改为夹片锚具(如 OBM 锚),用小型穿心式张拉千斤顶先单根施加部分拉力,同时使每根预应力筋均匀受力,然后在另一端多根张拉到位,就是双向张拉。双向张拉速度快,预应力筋拉力均匀。此外,多根张拉必须使 2 个千斤顶与预应力筋对称布置,2 个千斤顶油路串通,同步顶进。

实施张拉时,应使千斤顶的张拉力作用线与预应力筋的轴线重合一致。

(1)张拉程序

先张法预应力筋张拉的程序依钢筋的类型而异。可参照下列规定(见表 5-3-2)进行:

先张法预应力筋张拉程序　　表 5-3-2

预应力筋种类	张 拉 程 序
钢筋	0→初应力→$1.05\sigma_{con}$(持荷 2min)→$0.9\sigma_{con}$→σ_{con}(锚固)
钢丝、钢绞线	0→初应力→$1.05\sigma_{con}$(持荷 2min)→0→σ_{con}(锚固)
	对于夹片式等具有自锚性能的锚具: 普通松弛力筋 0→初应力→$1.03\sigma_{con}$(锚固) 低松弛力筋 0→初应力→σ_{con}(持荷 2min 锚固)

表中,σ_{con} 为张拉时控制应力(包括预应力损失在内)。张拉控制应力应符合设计要求,需要超张拉时,可比设计要求增加 5%,但不得超过最大张拉应力的规定。张拉力筋时,为保证施工安全,应在超张拉放松至 $0.90\sigma_k$ 时安装模板、普通钢筋及预埋件等。

(2)断丝、断筋

张拉时预应力筋的断丝、断筋数量,不得超过表 5-3-3 的规定。

先张法预应力筋断丝限制　　表5-3-3

项次	类　别	检 查 项 目	控制数
1	钢丝、钢绞线	同一构件内断丝数不得超过钢丝总数的比例	1%
2	钢筋	断筋	不容许

4. 一般操作

(1)调整预应力筋长度

采用螺钉杆锚具,拧动端头螺母,调整预应力筋长度,使每根预应力筋受力均匀。

(2)初始张拉

一般施加10%的张拉应力,将预应力筋拉直,锚固端和连接器处拉紧,在预应力筋上选定适当的位置刻画标记,作为测量延伸量的基点。

(3)正式张拉

①一端固定,一端单根张拉。张拉顺序由中间向两侧对称进行,如横梁、承力架受力安全也可从一侧进行。单根预应力筋张拉吨位不可一次拉至超张拉应力。

②一端固定,一端多根张拉。千斤顶必须同步顶进,保持横梁平行移动,预应力筋均匀受力。分级加载拉至超张拉应力。

③一端单根张拉,一端多根张拉。先张拉单根预应力筋,由延伸量和油表压力读数双控制施加30% ~40%的张拉力,同时使预应力筋受力均匀。先顶锚锚固一端,再张拉多根预应力筋至超张拉应力。

(4)持荷

按预应力筋的类型选定持荷时间,一般为2 ~5min,使预应力筋完成部分徐舒,完成量约为全部量的20% ~25%,以减少钢丝锚固后的应力损失。

(5)锚固

补足或放松预应力筋的拉力至控制应力。测量、记录预应力筋的延伸量,并核对实测值与理论计算值,其误差应在±6%范围内,如不符合规定,则应找出原因及时处理。张拉满足要求后,锚固预应力筋,千斤顶回油至零。

预应力筋张拉锚固后应填写“预应力张拉(先张法)原始记录表”(见附表Ⅱ-3)。

工序五　混凝土浇筑与养生

1. 预应力混凝土配料

预应力混凝土配料除符合普通混凝土有关规定外,尚应符合如下要求。

(1)配制高强度等级的混凝土应选择级配优良的配合比,在构件截面尺寸和配筋允许下,尽量采用大粒径集料、强度高的集料;含砂率不超过0.4;水泥用量不宜超过500kg/m^3,最大不超过550kg/m^3;水灰比不超过0.45;一般可采用低塑性混凝土,坍落度不大于3cm,以减少因徐变和收缩所引起的预应力损失。

(2)在拌和料中可掺入适量的减水剂(塑化剂),以达到易于浇筑、早强、节约水泥的目的,其掺入量可由试验确定,也可参考经验值。拌和料不得掺入氯化钙、氯化钠等氯盐及引气剂,亦不宜掺用引气型减水剂。从混凝土的各种组成材料引进混凝土中的氯离子总含量(折合氯盐含量)不宜超过水泥用量的0.1%,当大于0.1%、小于0.2%时,宜采取防锈措施;对于干燥环境中的小型构件,氯离子含量可提高一倍。值得注意:由于混凝土掺加减水剂后效果显著,目前用于建造预应力混凝土桥梁的高强度混凝土几乎没有不掺加减水剂的,但对它的使用不能掉以轻心,使用不当将会严重影响混凝土的质量。

(3)水、水泥、减水剂用量应准确到 ±1%;集料用量应准确到 ±2%。

(4)预应力混凝土所用的一切材料,必须全面检查,各项指标均应合格。

预应力混凝土选配材料总的发展趋势是提高强度,减轻自重,主要途径是采用多孔的轻质集料。国外用于主体承重结构的 C30 ~ C60 预应力轻质混凝土的重度为 16 ~ 20kN/m³。以轻质混凝土(可较普通混凝土轻 20% ~30%)修桥可大量减少永久作用内力,减少圬工,降低造价。

改善预应力混凝土物理力学性能的另一个重要途径是发展研制改性混凝土,目前研制的主要有纤维混凝土和聚合物混凝土两种。

①纤维混凝土。在混凝土中掺入钢纤维、抗碱玻璃纤维或合成纤维。它可以大幅度地提高混凝土的抗拉强度、断裂韧性,对混凝土的抗压强度、弹性模量的提高亦有作用。

②聚合物混凝土。它研制的配料是有机聚合物与无机材料复合的新型材料,如浸渍混凝土,它不仅将强度可提高 200% ~400%,还可以增进混凝土的耐久性和耐腐蚀性。

目前在桥梁工程上也有配制试用新材料混凝土的,采用改性混凝土可达到超高强度,优越性大,经济效益显著。

2. 混凝土浇筑

混凝土浇筑前除按操作规程检查外,对先张构件还应检查台座受力、夹具、预应力筋数量、位置及张拉吨位是否符合要求等。

混凝土浇筑除按正常操作规程办理外,还应注意以下事项:

(1)尽量采用侧模振捣工艺。

(2)先张构件使用振捣棒振捣时应避免触及力筋,防止发生受振滑移和断筋伤人事故,并不得触及充气胶管。

(3)浇筑混凝时防止充气胶管上浮和偏位,随时检查定位箍筋和压块固定情况。

先张构件的养生方法与普通混凝土梁基本一致,但采用蒸汽养护时,开始时恒温温度应按设计规定执行,不得任意提高,以免造成不可补救的预应力损失。待混凝土强度达到 10MPa 时,可适当提高温度,但不得超过 60℃。

工序六　预应力筋放松

当混凝土达到设计规定的放松强度之后,可在台座上放松受拉预应力筋(称为“放张”),对预制梁施加预应力。当设计无规定时,一般应在大于混凝土设计强度标准值的 75% 时进行。

预应力筋放松的速度不宜太快,以沙箱放松为宜,如采用千斤顶重新张拉法放松,所施加的应力值不得超过原张拉时的控制应力;对钢丝可采用逐根切割、切断、锯断或剪断的方法放松,切断位置宜在两台座之间的中部。当采用单根放松时,应分阶段、对称相互交错地进行,每根预应力筋严禁一次放完,以免最后放松的预应力筋自行崩断。现将几种常见的放松方法介绍如下。

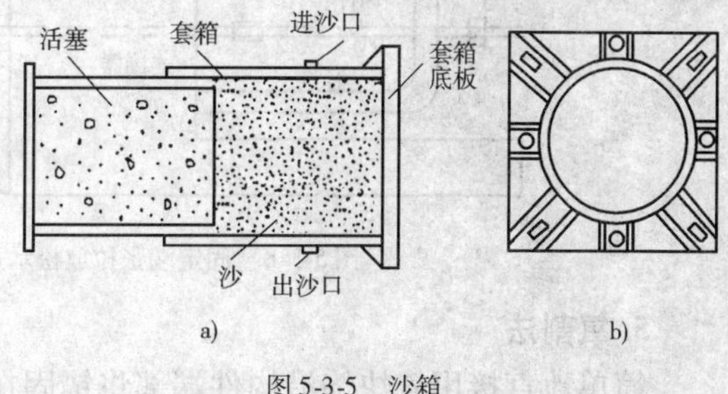

图 5-3-5　沙箱

1. 沙箱放松法

放松的装置在预应力筋张拉前放置在非张拉端。张拉前将沙箱(图 5-3-5)活塞全部拉出,箱内装满干沙，让其顶着横梁。张拉时箱内沙被压实，承受横梁反力。放松预应力筋时，打开出沙口，让沙慢慢流出，活塞缩回，逐渐放松预应力筋。

2. 千斤顶放松法

如图 5-3-6 所示，在台座固定端的承力架与横梁之间张拉前就安放两个千斤顶，待混凝土达到规定放松强度后，即可让两个千斤顶同步回程，使拉紧的力筋慢慢回缩，将力筋放松。

3. 张拉放松法

(1)在张拉端利用连接器、拉杆、双螺母放松预应力筋，如图 5-3-7 所示。施加应力不应超过原张拉时的控制应力，之后将固定在横梁定位板前的双螺母慢慢旋动，同一组放松的预应力筋螺母旋动的距离应相等，然后再将千斤顶回油。张拉，放松螺母，回油，反复进行，慢慢放松预应力筋。

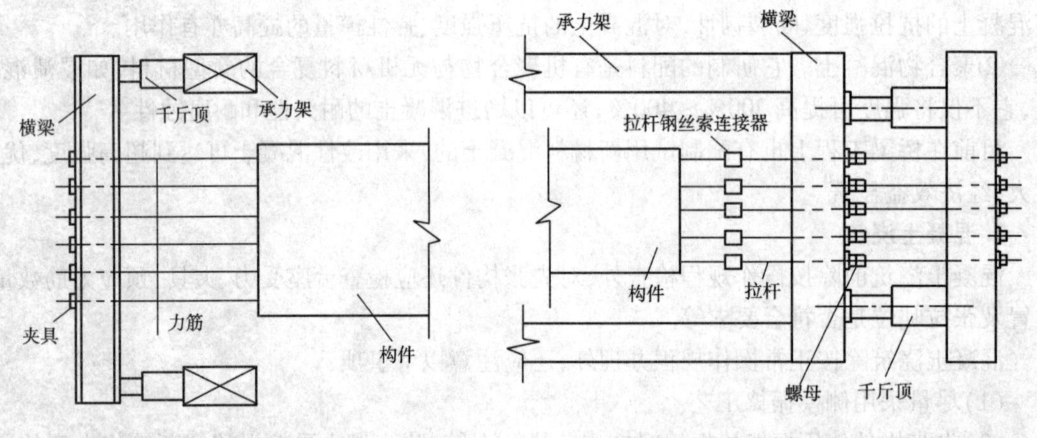

图 5-3-6　千斤顶放张示意图　　图 5-3-7　张拉端张拉放松示意图

(2)在台座固定端设置螺杆和张拉架，张拉架顶紧横梁让预应力筋锚固在张拉架上(图 5-3-8)，放松时，再略微拉紧力筋，让其伸长些，然后拧松螺母，再将千斤顶回油，力筋就慢慢回缩，张拉力即被释放。

4. 滑楔放松法

张拉前将 3 块钢制 U 形滑楔放在台座横梁与螺母之间，如图 5-3-9 所示，在中间滑楔上设置螺杆、螺钉顶住预应力筋。张拉完后，旋松螺钉，因反力作用，而使中间滑楔向上滑动，将预应力筋慢慢放松。

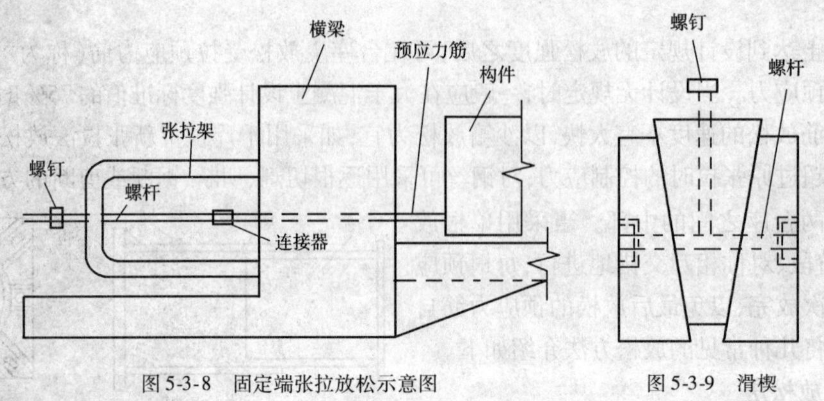

图 5-3-8　固定端张拉放松示意图　　图 5-3-9　滑楔

5. 氧割法

简单地直接用氧炔焰沿构件端部将锚固在台座上的预应力筋切断，这种放松预应力筋的方法对预应力冲击很大,易产生裂缝和造成大批预应力损失。氧割操作人员只允许沿横向站立,严禁站在预应力筋上进行操作。

6. 手工法

即采用各种手工机具将预应力筋沿构件端部锯断或剪断,此法费工费时。

预应力筋全部放松后,可用"乙炔—氧气"烧割或用电弧切割外露钢筋,切割时要防止烧伤端部混凝土,切割后的外露端头,应用砂浆封闭或涂刷防蚀材料,防止生锈。

长线台座上预应力筋的切割顺序,宜由放张端开始,逐次切向另一端。

工序七　梁端封闭及移梁存放

为避免雨水及杂物进入到空心板空心内,在板梁移运前应将空心板端部用砖等封砌,外表用砂浆封闭。对于预埋的横向连接筋等应凿出,并将企口铰部位混凝土凿毛。

待监理工程师对板梁进行检查验收后即可移梁存放,移梁的方法及要求与普通混凝土梁相同。

小结

装配式先张法预应力混凝土梁板主要以空心板或小箱梁为主,在施工中要特别注意预应力钢筋的张拉锚固和力筋的放松两个环节,而对于芯模结构形式的选择要利于安装与拆除。各环节的施工要严格按照施工方案和有关规范操作进行。

实战演练

学生以小组为单位进行,根据某桥的施工设计图进行施工方案编制,并在模拟预制场进行先张法预应力混凝土空心板的预制施工。

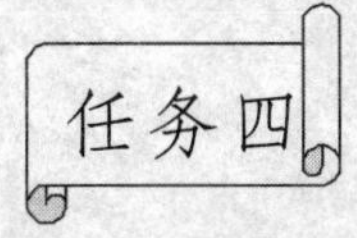

后张法预应力混凝土板梁施工工艺

【知识目标】 后张法施工工艺流程,预制台座的形式及技术要求,梁体制作、预应力钢筋制备、预留孔道、穿束、力筋的张拉与锚固等。

【能力目标】 能够进行先张法预应力混凝土板梁的施工工艺流程设计;能够进行预制台座的设计并进行预应力钢筋张拉控制;能够进行后张法预应力混凝土板梁的施工技术管理。

项目导入:后张法施工工艺是先浇筑留有预应力筋孔道的梁体,待混凝土达到规定强度后,再在预留孔道内穿入预应力筋进行张拉锚固(有时预留孔道内已事先埋束,待梁体混凝土达到规定强度后,再进行预应力筋张拉锚固),最后进行孔道压浆并浇筑梁端封头混凝土。

工序一　施工工艺流程设计

后张法梁施加预应力时,构件的混凝土强度一般不低于设计强度等级的70%。力筋张拉前必须完成梁内预留孔道、制束、制锚、穿束和张拉机具设备的准备工作。但用后张法生产预应力混凝土梁时,不需要大型的张拉台座,因此便于在桥梁工地现场施工,而且又适宜于配置曲线形预应力筋的重、大型构件制作,因此在公路桥梁上应用广泛。后张法施工工艺基本流程如图5-4-1所示。

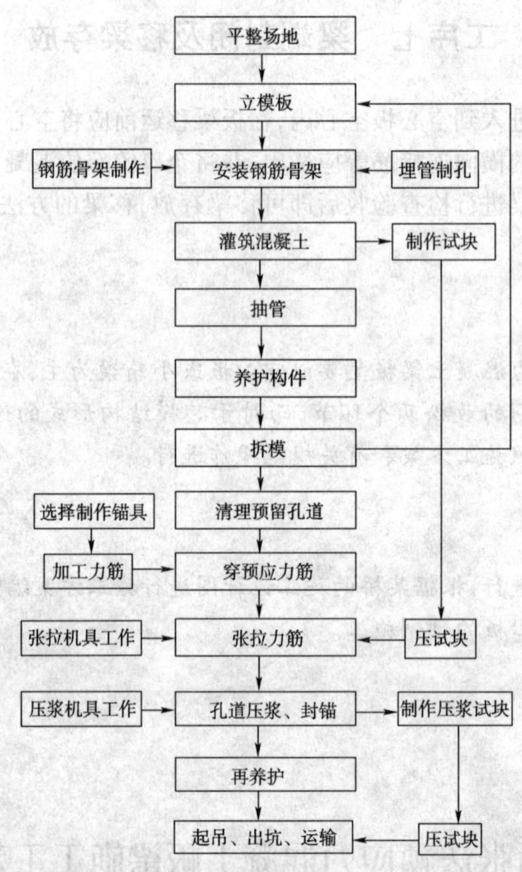

图5-4-1　后张法施工工艺流程图

后张法预应力混凝土梁常用高强碳素钢丝束、钢绞线和冷拉Ⅲ、Ⅳ级粗钢筋作为预应力筋。对于跨径较小的T形梁,也可用冷拔低碳钢丝作为预应力筋。

工序二　预应力筋制备

一、预应力粗钢筋的加工

直径为12~32mm的预应力筋的加工要经过下料、对焊、冷拉、时效及端头镦粗或轧丝加工等工序。

钢筋下料时,应按钢筋的计算长度、工作长度和原材料的试验数据确定下料长度,做到合理配料，尽量减少接头数目。

钢筋的下料长度可按下式计算：

$$L = \frac{l}{1 + \delta_1 - \delta_2} + n \cdot b + L_0 \qquad (5\text{-}4\text{-}1)$$

式中：L——下料长度；

l——计算长度；

δ_1——冷拉伸长率，一般为 2% ~ 4%；

δ_2——弹性回缩率，一般为 0.45%；

n——接头数目；

b——焊接损耗预留量，每个接头的预留量与钢筋直径有关，可取 25 ~ 35mm；

L_0——工作长度，采用轧丝锚时取 0.15m，两端张拉取 0.2m。

由于受到冶金生产和运输上的限制，目前生产的粗钢筋长度最长为 12m，因此使用时常需对钢筋焊接接长。为了保证接头处的各项力学性能指标不低于原材料，焊接质量应严格控制。目前多采用二次闪光对头焊接，其对接焊接的轴线偏差不得大于 2mm 或钢筋直径的 1/10。

在常温下，将热轧钢筋进行拉伸，使其拉伸控制应力超过屈服强度，但小于抗拉极限强度，这样可以提高钢材的屈服强度。冷拉时最好同时控制钢筋应力和延伸率，即所谓“双控”，并以应力控制为主，延伸率控制为辅。在没有测力设备的情况下，可仅单一地控制其延伸率，称为“单控”。单控操作简单，双控操作除需冷拉设备外，还需测力设备，但双控对冷拉质量控制更有保证。需要焊接的钢筋，必须先进行冷却，冷却至正常温度后即可进行冷拉。钢筋冷拉应按操作规程要求进行。

钢筋进行冷拉后，屈服强度提高但脆性增加，为此钢筋冷拉后应进行时效处理。时效的作用是将冷拉后的钢筋置于一定的温度下经过一段时间，使由冷拉引起的钢材晶格的歪曲得到一定程度的恢复，消除钢筋的内应力，使钢筋的屈服强度、抗拉强度比冷拉完成时有所提高，钢筋的弹性模量得到恢复。钢筋时效的时间与温度有关，有条件时可采用人工时效，即将冷拉后的钢筋在 1 000℃的恒温下保持 2h 左右，否则可采用自然时效，当自然气温在 20 ~ 30℃时，至少应放置 24h。无论如何，都应保证预应力的实际强度不低于设计取用的相应强度。

钢筋端头的镦粗及轧丝可在冷拉之前进行，也可在冷拉之后加工。先张法预制板梁的粗钢筋，在冷拉或张拉时，通过连接器和锚具进行，采用镦头钢筋和开孔的垫板可代替锚具或夹具。

粗钢筋采用成束张拉时，应将下料好的钢筋梳理顺直，按适当间隔用铅丝绑扎牢固，防止扭花、弯曲，并在钢筋束两端适当距离内放置空心衬芯（弹簧芯或钢管）并绑扎牢固，使钢筋束端截面和锚具孔对应，以利装锚。

直径为 6 ~ 10mm 的高强钢筋，以盘圆供应，施工中可免去冷拉工序和对焊接长等加工工作，有利于施工。

二、高强钢丝和钢绞线的成束

国产高强钢丝单根直径有 3 ~ 7mm，强度有 1 470 ~ 1 670MPa，甚至可提供直径 7mm、1 770MPa的高强度、低松弛钢丝。钢绞线有 9mm、12mm、15mm 3 种直径，其强度为 1 470 ~ 1 770MPa。如 ϕ^j15mm 的钢绞线，它是由 6 根直径为 5mm 的钢丝，围绕一根直径为 5.15 ~ 5.20mm的钢丝绞捻而成。

高强钢丝和钢绞线经过下料，编束后用于预应力混凝土板、梁的纵向预应力筋。

高强钢丝的来料一般为盘圆，打开后基本呈直线状，无需整直即可下料。如在自由放置的情况下，任意1m长范围内弯曲矢高大于5mm时，需要进行整直后使用。

预应力钢丝、钢绞线的下料长度，应通过计算确定，计算时应考虑构件长度（或台座长度）、锚夹具长度、千斤顶长度、焊接接头或镦头预留量、冷拉伸长量、弹性回缩量、张拉伸长量和外露长度等。采用锥形锚具，双作用千斤顶张拉钢丝时，钢丝的下料长度取用预制梁的预留孔道长度加上每边张拉端0.7～0.8m的工作长度。采用钢丝束镦头锚具时，同束钢丝下料长度的相对差值，当钢丝束长度≤20m时，不宜大于$L/3\,000$；当钢丝束长度>20m时，不宜大于$L/5\,000$。长度为6m及小于6m的先张法构件的钢丝成组张拉时，下料长度的相对差值不得大于2mm。

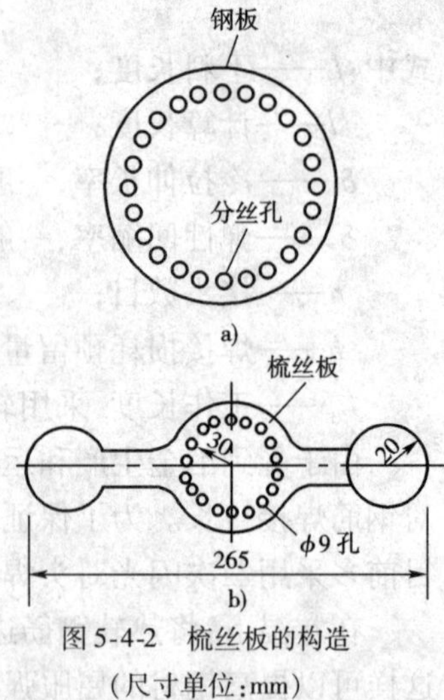

图5-4-2 梳丝板的构造

（尺寸单位：mm）

钢丝成束时，先用梳丝板（图5-4-2）将其理顺，然后每隔1.0～1.5m衬以长3～4cm的螺旋衬圈或短钢管，并在衬圈处用2号铁丝缠绕20～30道。绑扎的铁丝扣应弯入钢丝束内，以免影响穿束。成束时要保持钢丝一端齐平再向另一端进行。绑束完成后，应按设计编号堆放，并挂牌表示，以防错乱。搬运钢束时，支点间跨度不得大于3m，两端悬出不得大于1m。

钢绞线、钢丝、热处理钢筋及冷拉Ⅳ级钢筋的下料，宜采用切割机或砂轮锯，不得使用电弧切割下料。钢绞线切割时，应将切口两端各30～50mm处用铅丝绑扎，切断后将切口焊牢以免松散。钢绞线在编束前应进行预拉，或在梁上张拉前进行。钢绞线成束的编扎方法与钢丝束相同。

工序三　普通钢筋骨架的绑扎与预留孔道

一、普通钢筋骨架的绑扎

后张法预应力混凝土梁中的构造钢筋或普通受力钢筋的加工与普通钢筋相同。对于高、窄、长的钢筋骨架，可分段、分片预制成骨架或钢筋网，在施工现场再装配成整体。如果预制台座能够周转开，梁腹板钢筋骨架在预制底座上绑焊成型。绑扎钢筋时应在底座上标记好钢筋位置及骨架纵向轴线，按位置绑扎钢筋。骨架绑扎完毕，依据管道坐标按设计位置焊接预留孔道定位钢筋，定位必须准确，如有需要应加密定位筋。若预留管道位置与骨架钢筋位置发生冲突，应调整骨架钢筋，保证预留管道位置与设计吻合。对于需切断的钢筋，应在预留管道定位后，用相同型号的钢筋加以焊接，以保证钢筋整体性。同时，要准确安置预应力钢筋锚固端的加强螺旋筋及锚下垫板。

二、预留孔道

梁内预留孔道是通过在浇筑梁体混凝土前，按梁内预应力筋的设计位置先安放制孔器，待梁体混凝土达到一定强度时，抽拔出制孔器（当为抽拔式制孔器时），并通过检查而形成。

制孔器有埋置式和抽拔式两类。埋置式制孔器主要有铁皮管和铝合金波纹管两种，抽拔式制孔器(俗称抽拔管)常用的有橡胶抽拔管、金属伸缩抽拔管和钢管等。后者目前较少采用。

埋置式制孔器在梁体制成后留在梁内,形成孔道壁,对预应力筋的摩阻力小,但加工成本高,不能重复使用,金属材料耗用量大。铁皮管用薄铁皮制作,安放时分段连接。这种制孔器制作时费工、速度慢、接缝和接头处又易漏浆,造成以后穿束和张拉的困难。铝合金波纹管由制管机卷制而成,横向刚度大,不易变形和漏浆,纵向也便于弯成各种线形,与梁混凝土的黏结也较好,故较适用,但在孔道弯制过程中铝合金波纹管易出现裂纹,故目前应用比较多的是PVC 塑料波纹管。

抽拔式制孔器,在梁体混凝土浇筑前,安放在力筋的设计位置上,等终凝后将其拔出,梁体内即具有孔道。用这种方法制孔的最大优点是制孔器能够周转使用,省料而经济,在过去应用较广,目前由于波纹管的普及,已较少采用。

橡胶抽拔管分为夹布胶管和钢丝网胶管两种。通常选用具有 5 ~ 7 层夹布的高压输水(气)管制成,要求管壁牢固,耐磨性能好,能承受 5kN 以上的工作拉力,并且弹性恢复性能好,有良好的挠曲适应性。预应力混凝土 T 梁的预留孔道长度一般不大于 25m,而橡胶管的出厂长度却不到 25m,考虑到制孔器安装和抽拔的方便,故常采用专门的接头。接头要牢固严密,防止浇筑混凝土时脱节或进浆堵塞。为增加胶管的刚度和控制位置的准确性,需在橡胶管内放一圆钢筋(称芯棒),芯棒直径应较胶管内径小 8 ~ 10mm,长度比胶管长 1 ~ 2m,以便于先抽拔芯棒。对于曲线孔道,宜由两段胶管在跨中对接,对接接头处套一段长 0.3 ~ 0.5m 的铁皮管,抽拔胶管时从梁的两端进行,铁皮管则留在梁内。橡胶抽拔管接头如图 5-4-3 所示。

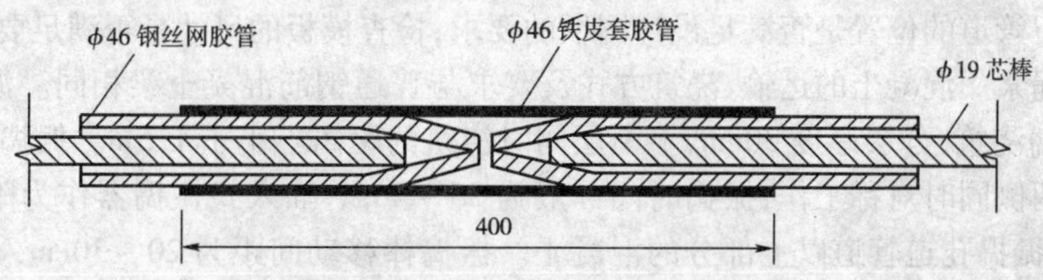

图 5-4-3 橡胶制孔器接头(尺寸单位:mm)

胶管内如利用充气或充水来增加刚度,管内压力不得低于 500kPa,充气(水)后胶管的外径应符合要求的孔道直径。

金属伸缩抽拔管是一种用金属丝编织成的可伸缩网管,具有压缩时直径增大而拉伸时直径减小的特性。为了防止漏浆和增强刚度,网套内可衬以普通橡胶衬管和插入圆钢或 ϕ5mm 钢丝束芯棒。

钢管制孔器是用表面平整光滑的钢管焊接制成,焊接接头应磨平。钢管制孔器抽拔力大,但不能弯曲,仅适用于短而直的孔道。在梁体混凝土浇筑完毕后要定时转动钢管以利抽拔。

无论采用何种制孔器,都应按设计规定或施工需要预留排气、排水和灌浆用的孔眼。

工序四 侧模板安装及顶板钢筋安装

一、侧模安装

侧模安装可采用龙门架配合人工进行。首先,在每个底模上作出标记,侧模安装时按照标记落模安装,人工配合调整就位。模板接缝之间夹5mm厚胶条,以防止漏浆。调整模板底脚螺栓,垂球挂线保证模板轴线位置准确,使侧模高程及轴线满足设计要求。调整模板时注意检查翼板的顺直度。模板位置调正后,紧固下拉杆螺栓,并用木楔子将其他模板立柱支牢。混凝土浇筑前,在梁腹板模板上安装附着式振捣器,同一模板上的附着式振捣器选用同一振幅、同一型号,以免降低使用寿命。

二、顶板钢筋安装

侧模安装后,进行顶板钢筋安装。边梁应注意预埋护栏钢筋(或人行道梁锚固钢筋),伸缩缝端预埋伸缩缝预埋筋,预埋后的钢筋保证线形顺畅,位置准确。钢筋绑扎完毕后,如有预应力筋在梁顶锚固,则焊接顶板预留孔道定位钢筋,安装顶板预留孔道。预留孔道安装后,检查接头连接情况及是否存在孔洞现象。在浇筑混凝土之前,顶板预留孔道内预先穿入直径比波纹管内径小5mm的衬管,以防漏浆堵塞孔道。

工序五　混凝土浇筑与养生

一、混凝土浇筑

混凝土浇筑施工前要详细检查拌和站、供电线路及起重部件的使用状态是否完好,并备用一台发电机,保证在施工中突然停电后能够正常施工;检查钢筋骨架的间距、数量和保护层的距离以及预留管道的位置是否满足设计图纸的要求;检查模板的尺寸是否满足要求、模板接缝是否严密不漏浆。混凝土的运输、浇筑方式及要求与普通钢筋混凝土梁相同。混凝土浇筑由一端向另一端浇筑,分层厚度30cm,上下层同时浇筑的距离不小于1.5m。振捣混凝土时,附着式振捣器两侧同时对称工作,振捣时间一般为25~40s。插入式振捣器作为附着式振捣器的补充,主要振捣孔道管道以上部分的混凝土。振捣棒移动间距为20~30cm,与侧模间距5~10cm,插入下层混凝土5~10cm,每一处振捣完毕边振动边徐徐提出振捣棒,并避免振捣棒碰到模板、钢筋、预留管道及其他预埋件。混凝土浇筑完成后,顶面抹平收光次数不少于2次,抹平后横向拉毛,以保证桥面铺装和梁顶面紧密结合。混凝土浇筑时,应经常串动预留管道内塑料衬管,混凝土初凝后,及时拔出塑料衬管。每片梁按要求制取混凝土试块,以测定梁体混凝土的实际强度等级。

二、梁体养生

混凝土浇筑完成后须及时进行养护。混凝土收浆后立即用土工布或苫布覆盖、养护,覆盖时不得损伤或污染混凝土表面,并派专人经常洒水,使覆盖物始终保持湿润。养护水采用自来水,不污染混凝土表面。混凝土拆模后,继续养护,养护时间不少于7d。

工序六　抽拔制孔器

制孔器的抽拔可由人工逐根进行抽拔,也可用机械(电动卷扬机或手摇绞车)分批进行抽拔。抽拔制孔器的顺序宜先拔下层胶管,后拔上层胶管;先拔早浇筑的半根梁,后拔晚浇筑的半根梁;抽拔时先拔芯棒,后拔管。

梁体混凝土浇筑完后，何时进行抽拔制孔器，这是决定能否顺利进行抽拔和保证成孔质量的关键问题。如抽拔过早，则混凝土容易塌陷而堵塞孔道；如抽拔过迟，则可能拔断胶管。因此，制孔器的抽拔要在混凝土初凝之后与终凝之前，待其抗压强度达到 4 000 ~ 8 000kPa 时方为合适。根据经验，制孔器的抽拔时间可参考表 5-4-1 或按下式估计：

$$H = \frac{100}{T} \tag{5-4-2}$$

式中：H——混凝土浇筑完毕抽拔制孔器的时间(h)；

T——预制梁所处的环境温度(℃)。

制孔器抽拔时间表

表 5-4-1

环境温度(℃)	抽拔时间(h)	环境温度(℃)	抽拔时间(h)
30 以上	3	20 ~ 10	5 ~ 8
30 ~ 20	3 ~ 5	10 以下	8 ~ 12

由于确定可能抽拔时间的幅度较大，在施工中也可通过试验来掌握其规律。

工序七　穿束与预应力筋的张拉锚固

一、穿束

当梁体混凝土强度达到设计强度的 75% 以上时，才可进行穿束张拉。穿束前，可用空压机吹风等方法清除孔道内的污物和积水，以确保孔道畅通。一般可采用人工直接穿束，也可借助一根 ϕ5mm 长钢丝作为引线，用卷扬机牵引较长的束筋进行穿束工作。穿束时钢丝束从一端穿入预留孔道，钢丝束在孔道两端头伸出的长度应大致相等。目前，穿钢绞线束的新方法是用专门的穿束机，将钢绞线从盘架上拉出后从孔道的一端快速地(速度为 3 ~ 5m/s)推送入孔道，当戴有护头的束前端穿出孔道另一端时，用电动切线机按规定伸出长度予以截断，再将新的端头戴上护头穿第二束，直至穿到规定的束数。有时可在浇筑混凝土前预先埋束。

二、预应力力筋的张拉

1. 张拉前的准备工作

力筋张拉前首先检验钢绞线、锚具及夹片的安装工作。夹片必须上紧，防止在张拉过程中出现抽丝现象。必须对千斤顶和油压表进行校验，计算与张拉吨位相应的油压表读数和钢丝伸长量。确定张拉顺序和清孔、穿束等工作，并完成制锚工作。预应力筋的张拉记录格式可参考“预应力张拉(后张法)记录表”(见附表 II-5)。

2. 张拉程序

后张法预制梁，当跨径或长度等于或大于 25m 时，宜用两端同时张拉的工艺；只有短构件可用单端张拉，非张拉端用固定锚具。

后张预应力筋的张拉应符合设计要求，设计无规定时，其张拉程序可参照表 5-4-2 进行。

后张法预应力筋张拉程序 表 5-4-2

预应力筋		张拉程序
钢筋、钢筋束		0→初应力→1.05σ_{con}（持荷 2min）→6σ_{con}（锚固）
钢绞线束	对于夹片式等具有自锚性能的锚具	普通松弛力筋：0→初应力→1.03σ_{con}（锚固） 低松弛力筋：0→初应力→σ_{con}（持荷 2min，锚固）
	其他锚具	0→初应力→1.05σ_{con}（持荷 2min）→σ_{con}（锚固）
钢丝束	对于夹片式等具有自锚性能的锚具	普通松弛力筋：0→初应力→1.03σ_{con}（锚固） 低松弛力筋：0→初应力→σ_{con}（持荷 2min，锚固）
	其他锚具	0→初应力→1.05σ_{con}（持荷 2min）→0→σ_{con}（锚固）
精轧螺纹钢筋	直线配筋时	0→初应力→σ_{con}（持荷 2min，锚固）
	曲线配筋时	0→σ_{con}（持荷 2min）→0（上述程序可反复几次）→初应力→σ_{con}（持荷 2min，锚固）

表中 σ_{con} 为张拉时的控制应力，包括预应力损失值；两端同时张拉时，两端千斤顶升降压、画线、测伸长、插垫等工作应基本一致；梁的竖向预应力筋可一次张拉到控制应力，然后于持荷 5min 后测伸长和锚固；超张拉数值超过最大超张拉应力限值时，应按规范中的有关规定的限值进行张拉。

3. 两次张拉工艺

预应力梁在混凝土强度达到设计强度之前，如达到设计强度的 60% 以上，先张拉一部分力筋，对梁体施加较低的预压应力，使梁体能承受自重荷载，提前将梁移出生产梁位。因为混凝土强度早期发展快，后期强度增长慢，所以采取早期部分施加应力，可大大缩短生产台座使用周期，加快施工进度。预制梁移出生产台座后，继续进行养护，待达到混凝土设计强度后，进行其他力筋的张拉工作。预应力梁进行早期张拉力筋的根数、位置和锚头局部承压应力均需通过验算后确定。

4. 张拉要点

应尽量减小力筋与孔道摩擦，以免造成过大的应力损失或使构件出现裂缝、翘曲变形。力筋的张拉顺序应按设计规定进行，若无规定时，应综合以下两方面因素核算确定：其一避免张拉时构件截面呈过大的偏心受力状态，应使已张拉的合力线处在受压区内，边缘不产生拉应力；其二应计算分批张拉的预应力损失值，分别加到先张拉的力筋控制应力值 σ_{con} 内，但 σ_{con} 不能超过有关规定，否则应在全部张拉后进行第二次张拉，补足预应力损失。对于长度大于或等于 25m 的直线和曲线预应力筋应在两端张拉，若设备不足时可先张拉一端，后张拉另一端。

长度小于 25m 但仍较长的直线预应力筋，也尽量采用两端张拉。张拉时，两端千斤顶升降速度应大致相等，测量伸长的原始空隙、伸长值、插垫等工作应在两端同时进行。千斤顶就位后，应先将主油缸少许充油，使之蹬紧，让预应力筋绷直，在预应力筋拉至规定的初应力时，应停车测原始空隙或画线作标记；为减少压缩应力损失，插垫应尽量增加厚度，并将插口对齐，实测 σ_{con} 值时的空隙量减去放松后的插垫厚度应不大于 1mm，插垫可在张拉应力大于 σ_{con} 时进行。

两端同时张拉成束预应力筋时，为减小应力损失，应先压紧一端锚塞，并在另一端补足至 σ_{con} 值后，再压紧锚塞。

5. 滑丝和断丝处理

在张拉过程中，由于各种原因会引起预应力筋断丝或滑丝，使预应力筋受力不均，甚至使构件不能建立足够的预应力，因此，需要限制预应力筋的断丝和滑丝数量。其控制数参见表5-4-3的规定。

后张预应力筋断丝、滑移限制　　表5-4-3

类　别	检查项目	控制数
钢丝束和钢绞线束	每束钢丝断丝或滑丝	1根
	每束钢绞线断丝或滑丝	1丝
	每个断面断丝之和与该断面钢丝总数之比	1%
单根钢筋	断筋或滑移	不容许

注：1. 钢绞线断丝系指单根钢绞线内钢丝的断丝。

2. 超过表列控制数时，原则上应更换，当不能更换时，在许可的条件下，可采取补救措施。如提高其他束预应力值，但须满足设计上各阶段极限状态的要求。

为此要做好如下工作：

(1)加强对设备、锚具、预应力筋的检查。

①千斤顶和油表需按时进行校正，保持良好的工作状态，保证误差不超过规定；千斤顶的卡盘、楔块尺寸应正确，没有磨损沟槽和污物，以免影响楔紧和退楔。

②锚具尺寸应正确，保证加工精度。锚环、锚塞应逐个地进行尺寸检查，有同符号误差的应配套使用。亦即锚环的大小两孔和锚塞的粗细两端，都只允许同时出现正误差或同时出现负误差，以保证精度正确。

③锚塞应保证规定的硬度值，当锚塞硬度不足或不均时，张拉后有可能产生内缩过大甚至滑丝。为防止锚塞端部损伤钢丝，锚塞头上的导角应做成圆弧形。

④锚环不得有内部缺陷，应逐个进行电磁探伤。锚环太软或刚度不够均会引起锚塞内缩超量。

⑤预应力筋使用前应按规定检查：钢丝截面要圆，粗细、强度、硬度要均匀；钢丝编束时应认真梳理，避免交叉混乱；清除钢丝表面的油污锈蚀，使钢丝正常楔紧和正常张拉。

⑥锚具安装位置要准确：锚垫板承压面以及锚环、对中套等的安装面必须与孔道中心线垂直；锚具中心线必须与孔道中心线重合。

(2)严格执行张拉工艺，防止滑丝、断丝。

①垫板承压面与孔道中线不垂直时，应当在锚圈下垫薄钢板调整垂直度。将锚圈孔对正垫板并点焊，防止张拉时移动。

②锚具在使用前须先清除杂物，刷去油污。

③楔紧钢束的楔块其松紧程度务求一致。

④千斤顶给油、回油工序一般均应缓慢平稳进行，特别是要避免大缸回油过猛，否则会产生较大的冲击振动，易发生滑丝。

⑤张拉操作要按规定进行，防止钢丝受力超限发生拉断事故。

⑥在冬季施工时，特别是在负温条件下钢丝性能发生了变化（钢丝伸长率减少，弹性模量提高，锚具变脆变硬等），故较易产生滑丝与断丝。建议预应力张拉工作应在正温条件下进行。

(3)滑丝与断丝的处理。

滑丝与断丝现象发生在顶锚以后，处理方法可采用如下方法。

①钢丝束放松。将千斤顶按张拉状态装好，并将钢丝在夹盘内楔紧。一端张拉，当钢丝受力伸长时，锚塞销被带出；这时立即用钢钎卡住锚塞螺纹（钢钎可用 ϕ5mm 的钢丝、端部磨尖制成，长 20～30cm），然后主缸缓慢回油，钢丝内缩；锚塞因被卡住而不能与钢丝同时内缩；主缸再次进油，张拉钢丝，锚塞又被带出，再用钢钎卡住，并使主缸回油，如此反复进行直至锚塞退出为止。然后拉出钢丝束更换新的钢丝束和锚具。

②单根滑丝单根补拉。将滑进的钢丝楔紧在卡盘上，张拉达到应力后顶压楔紧。

③人工滑丝放松钢丝束。安装好千斤顶并楔紧各根钢丝，在钢丝束的一端张拉到钢丝的控制应力仍拉不出锚塞时，可打掉一个千斤顶卡盘上钢丝的楔子，迫使 1～2 根钢丝产生抽丝，这时锚塞与锚圈的锚固力就减小了，再次拉锚塞就较易拉出。

6. 安全操作注意事项

(1)张拉现场应有明显标志，与该工作无关的人员严禁入内。

(2)张拉或退楔时，千斤顶后面不得站人，以防预应力筋拉断或锚具、楔块弹出伤人。

(3)油泵运转有不正常情况时，应立即停车检查。在有压情况下，不得随意拧动油泵或千斤顶各部位的螺钉。

(4)作业应由专人负责指挥，操作时严禁摸踩及碰撞力筋；在测量伸长及拧螺母时，应停止开动千斤顶或卷扬机。

(5)冷拉或张拉时，螺钉端杆、套筒螺钉及螺母必须有足够长度，夹具应有足够的夹紧能力，以防锚具夹具不牢滑出。

(6)千斤顶支架必须与梁端垫板接触良好，位置正直对称，严禁多加垫块，以防支架不稳或受力不均倾倒伤人。

(7)在高压油管的接头处应加防护套，以防喷油伤人。

(8)已张拉完而尚未压浆的梁，严禁剧烈振动，以防预应力筋裂断而酿成重大事故。

工序八　孔道压浆和封锚

后张法预应力梁力筋（束）张拉之后，需要进行孔道压浆和封锚，才算完成了梁的预制工作。

压浆的目的是使梁内预应力筋（束）免于锈蚀，并使力筋（束）与混凝土梁体相黏结而形成整体。因此，水泥浆不能含有腐蚀性混合体，并应在施加预应力后，尽可能早地进行灌浆作业。

一、材料要求

1. 水泥

宜采用硅酸盐水泥或普通水泥。采用矿渣水泥时，应加强检验，防止材性不稳定。水泥的强度等级不宜低于 42.5 级。水泥不得含有任何团块。

为使灌浆作业容易进行，水泥浆应具有适当的稠度，且应具有适当的膨胀性和规定的抗压强度和黏着强度。

2. 水

应不含有对预应力筋或水泥有害的成分，每升水不得含 500mg 以上的氯化物离子或任何一种其他有机物。可采用清洁的饮用水。

3. 外加剂

宜采用具有低含水率、流动性好、最小渗出及膨胀性等特性的外加剂，它们应不得含有对预应力筋或水泥有害的化学物质。外加剂的用量应通过试验确定。

水泥浆的强度应符合设计规定，设计无具体规定时，应不低于30MPa。

对截面较大的孔道，水泥浆中可掺入适量的细砂。水泥浆的技术条件应符合下列规定：

(1)水灰比宜为0.40～0.45，掺入适量减水剂时，水灰比可减小到0.35。

(2)水泥浆的泌水率最大不得超过3%，拌和后3h泌水率宜控制在2%，泌水应在24h内重新全部被浆吸回。

(3)通过试验后，水泥浆中可掺入适量膨胀剂，但其自由膨胀率应小于10%。

(4)水泥浆稠度宜控制在14～18s之间，稠度的试验方法见有关规定。

二、压浆工艺

压浆是用压浆机(拌和机加水泥泵)将水泥浆压入孔道，并使孔道从一端到另一端充满水泥浆，且不使水泥浆在凝结前漏掉。为此，需在两端锚具上或锚具附近的预制梁上设置连接带阀压浆嘴的接口和排气孔。

一般在水泥浆中掺加塑化剂(或掺铝粉)，以增加水泥浆的流动性。使用铝粉能使水泥浆凝固时的膨胀稍大于体积收缩，因而使孔道能充分填满。

压浆前应将孔道冲洗洁净、湿润，并用吹风机排除积水；然后从压浆嘴慢慢地、均匀地压入水泥浆，这时另一端的排气孔有空气排出，直至有水泥浆流出为止，再关闭压浆和出浆口的阀门。

压浆时，对曲线孔道和竖向孔道应由最低点的压浆孔压入，由最高点的排气孔排气和泌水。比较集中和附近的孔道，宜尽量连续压浆完成，以免窜到邻孔的水泥浆凝固堵塞孔道。不能连续压浆时，后压浆的孔道应在压浆前用压力水冲洗畅通。

压浆后应从检查孔抽查压浆的密实情况，如有不实，应及时处理和纠正。压浆过程中及压浆后48h内，结构混凝土温度不得低于+5℃，否则应采取保温措施。当气温高于35℃时，压浆宜在夜间进行。

施锚后压浆前须将预应力筋(束)露于锚头外的部分(张拉时的工作长度)截除。当采用分阶段张拉力筋时，应在各阶段分别制取试件，并用标准养护方法及与梁体同条件养护两种方法鉴定其强度。

三、压浆注意事项

(1)水泥浆应在管道内畅通无阻，因此浇筑之前管道应畅通，不塌陷、不堵塞。

(2)搅拌水泥浆应注意配合比检查、计量的准确性、材料往搅拌机掺放的顺序、搅拌时间、水泥浆的流动性。

(3)水泥浆进入压浆泵之前，应通过筛子。压浆时压浆泵应缓慢进行，检查排气孔的水泥浆浓度，尤其在排气孔关闭之后，泵的压力应达到0.5MPa以上，并要保持一定时间。

(4)压浆作业不能中断，应连续地进行。注意检查有没有忘记应灌注的管道。

(5)寒冷季节压浆时，做到压浆前管道周围的温度在5℃以上，水泥浆的温度在10～20℃之间，尽量减小水灰比。

(6)为了避免高温引起水泥浆的温度上升和水泥浆的硬化，一般夏季中午不得进行压浆施工。在夏季压浆前，应先用水湿润管道，尽量避免使用早强硅酸盐水泥，外加材料最好具有缓凝性。水泥浆一经搅拌，就应尽早在短时间内结束作业，防止铝粉过早膨胀。

四、封锚

封锚在可在预制台座上或存梁区内进行。封锚前将梁端凿毛，绑扎封锚钢筋，伸缩缝预埋筋位置要准确，支立封锚模板，保证模板支立牢固、尺寸准确；浇筑混凝土过程中应控制伸缩缝预留槽高度；混凝土施工结束后，覆盖、洒水养生。主梁存放时，使梁两端垫牢，梁两侧用圆木支承，防止大梁倾倒。

封锚混凝土的强度等级应符合设计要求，一般不宜低于梁体混凝土强度等级的 80%，并不宜低于 C30。封端混凝土必须严格控制梁体长度。长期外露的金属锚具，应采取防锈措施。

对于采用先简支后连续施工的连续梁桥的主梁，在预应力钢筋张拉完成并进行孔道压浆后，不用封锚，但要对锚具进行防腐防锈处理，以免在梁存放期间锚具锈蚀。

工序九　移梁存放

当梁体混凝土强度达到设计强度的 75% 以后即可将梁从预制台座上移出运到梁的存放场。由于后张法梁长且重，横向刚度又差，移梁过程中要缓慢、平稳，切忌突然的晃动与摇摆。梁片移到存梁台座后，要用方木支撑牢固。

小结

装配式后张法预应力混凝土梁板主要以简支（或先简支后连续）T 形梁为主，在施工中要特别注意预应力钢筋的张拉锚固的过程控制，预留管道的位置要固定准确，要注意马蹄等部位混凝土的振捣要到位。各环节的施工要严格按照施工方案和有关规范操作进行。

实战演练

学生以小组为单位，根据某桥的施工设计图进行施工方案编制，并在模拟预制场进行后张法预应力混凝土空心板的预制施工。

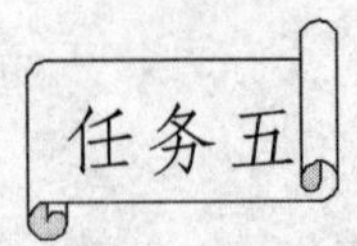

上部结构构件安装

预制梁（板）的安装是预制装配式混凝土梁桥施工中的关键性工序，应结合施工现场条件、工程规模、桥梁跨径、工期要求、架设安装的机械设备条件等具体情况，从安全可靠、经济简单加快施工速度等为原则，合理选择架梁的方法。

对于简支梁（板）的安装设计，一般包括起吊、纵移、横移、落梁（板）就位等工序，从架设的工艺来分有陆地架梁、浮吊架梁和利用安装导梁、塔架、缆索的高空架梁法等方法。《公路施工手册——桥涵》（上、下册）详细介绍了预制梁安装的十几种方法，可供参考，这里简要介绍几种常用的架梁方法的工艺特点。

必须注意的是，预制梁（板）的安装既是高空作业，又需用复杂的机具设备，施工中必须确保施工人员的安全，杜绝工程事故。因此，无论采用何种施工方法，施工前均应详细、具体地研究安装方案，对各承力部分的设备和杆件进行受力分析和计算，采取周密的安全措施，严格执行操作规程，加强施工管理和安全教育，确保安全、迅速地进行架梁工作。同时，安装前应将支座安装就位。

在岸上或浅水区预制梁的安装可采用龙门吊机、汽车吊机及履带吊机安装；水中梁跨常采用浮吊安装及架桥机安装等方法。

方法一、用跨墩龙门吊机安装

跨墩龙门吊机安装（图5-5-1）适用于岸上和浅水滩以及不通航浅水区域安装预制梁。两台跨墩龙门吊机分别设于待安装孔的前、后墩位置，预制梁由平车顺桥向运至安装孔的一侧，移动跨墩龙门吊机上的吊梁平车，对准梁的吊点放下吊架，将梁吊起。当梁底超过桥墩顶面后，停止提升，用卷扬机牵引吊梁平车慢慢横移，使梁对准桥墩上的支座，然后落梁就位。接着准备架设下一根梁。

在水深不超过5m、水流平缓、不通航的中小河流上的小桥孔，也可采用跨墩龙门吊机架梁。这时必须在水上桥墩的两侧架设龙门吊机轨道便桥，便桥基础可用木桩或钢筋混凝土桩。在水浅流缓而无冲刷的河上，也可用木笼或草袋筑岛来作便桥的基础。便桥的梁可用贝雷组拼。

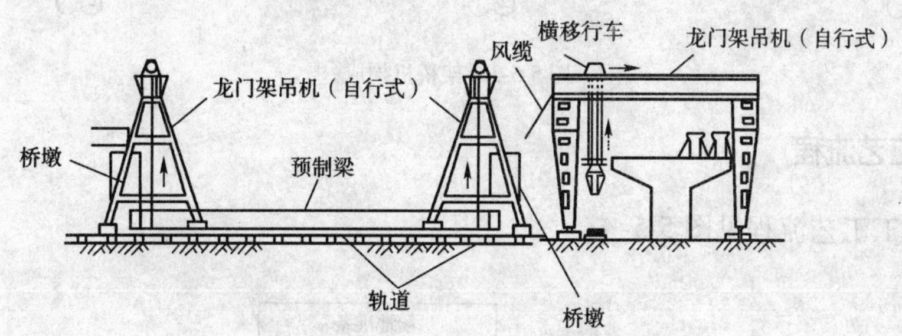

图5-5-1　跨墩龙门吊机安装

方法二、自行式吊车安装

陆地桥梁、城市高架桥预制梁安装常采用自行吊车安装（图5-5-2）。一般先将梁运到桥位处，采用1台或2台自行式汽车吊机或履带吊机直接将梁片吊起就位。此法视吊装质量不同，还可采用单吊（1台吊车）或双吊（2台吊车）2种。其特点是机动性好，不需要动力设备，不需要准备作业，架梁速度快。

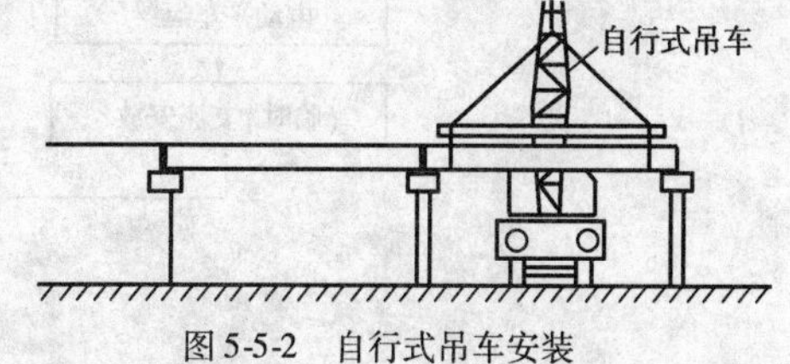

图5-5-2　自行式吊车安装

一般吊装能力为150～1 000kN，国外已出现4 100kN的轮式吊机。

方法三、浮 吊 安 装

预制梁由码头或预制厂直接由运梁驳船运到桥位，浮吊船宜逆流而上，先远后近安装。浮吊船吊装前应下锚定位,航道要临时封锁。

采用浮吊安装预制梁,施工速度快,高空作业较少,是航运河道上架梁常用的办法。

方法四、架桥机安装

一、架桥机组成

架桥机架设桥梁一般在长大河道上采用,公路上采用贝雷梁构件拼装架桥机。架桥机架梁程序:先架两侧边梁,再架中梁,最后中间合龙。架桥机构成如图 5-5-3 所示。

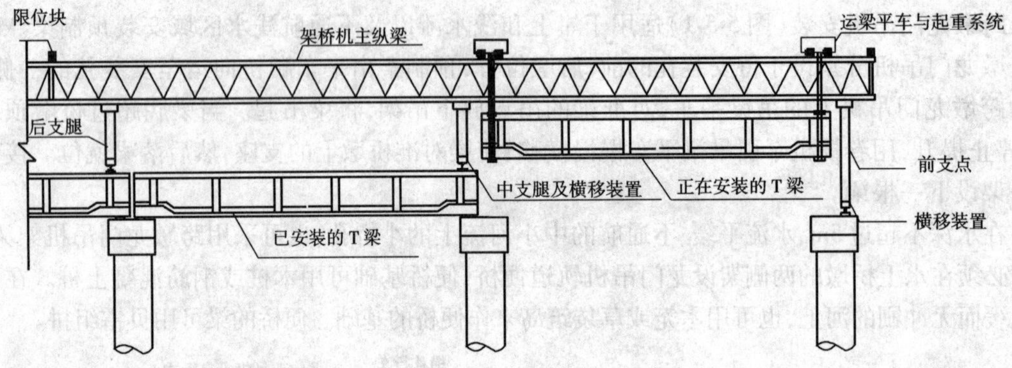

图 5-5-3 架桥机构成

二、施工工艺流程

架桥机施工工艺流程见图 5-5-4。

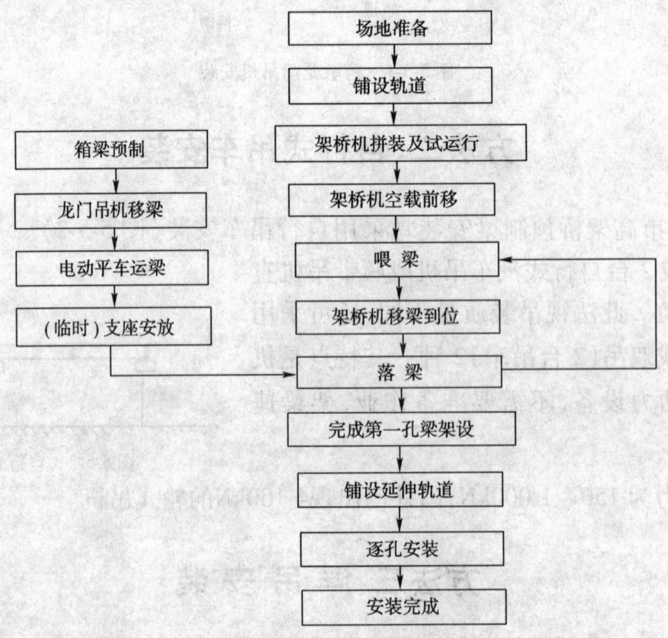

图 5-5-4 架桥机施工工艺流程

三、主要工序施工说明

1. 场地准备

架桥机在桥头路基上完成拼装。路基要求平整、密实,满足架桥机安装荷载要求。架桥机的纵向行走轨道应安装在架设第一孔梁的中轴线上,同时架桥机的两主桁梁间距应满足喂梁及安装的需要。

2. 架桥机拼装及试运行

架桥机拼装程序为:测量定位→平衡对称拼装两侧主桁梁→安装前后联系框架、临时支撑→安装前、中、后支腿及中、后顶高支腿→铺设纵向轨道→安装起吊小车、液压系统、操作台,接通电源→检查调试初步运行。架桥机安装完成以后,应检查各部尺寸是否正确,各系统的运行是否正常,然后试运行。

3. 架桥机前移

架桥机试运行完成后开始架梁,首先架桥机空载前移,两起吊小车退至后支腿附近,收起前支腿就位,在盖梁上铺设横移轨道,然后将行走箱落在轨道上。

4. 喂梁

用自行式电动平车运梁。龙门吊将箱梁吊至电动平车上,再由电动平车将梁运至架桥机后跨内,两起吊小车将梁吊起。

5. 支座安装

测量放线。将支座中心十字线用墨线弹出,按十字线位置安装临时(固定)支座。

6. 落梁

喂梁后,两起吊小车开始运梁,将梁运至架桥机前跨位置,然后横移架桥机,将梁运至待架梁支座的上方,使梁体中心线与支座中心线对正,下落就位。梁体就位后用垂球吊线法检查梁体安装垂直度,合格后再架设第二片梁。

7. 架桥机前移

第一孔梁架设完成后,对架桥机进行检查,确认无故障后,将中、后支腿顶起;中、后行走箱由横向转为纵向,中、后支腿下落使行走箱落至纵向轨道上,两起吊小车退至后支腿附近,收起前支腿,铺设延伸轨道;架桥机前移就位,开始架设下一孔梁。

8. 施工注意事项

(1)架桥机纵向走行轨道要保持水平,轨道应平顺,并严格控制轨道间距。

(2)由于桥梁纵坡使架桥机处于下坡架梁状态时,要有防滑措施,如使用三角楔铁辅助制动等。架桥机就位时,中腿距梁端距离很近,应严格控制其纵移速度。

(3)每孔梁架完后都要对架桥机的各部位进行检查,发现故障及时检修,不能带病作业。

(4)五级以上的大风天气,不能进行架梁作业,以免发生意外事故。

(5)架梁工作要分工明确,统一指挥,设专职的操作员、电工和专职安全员,严密施工组织及措施。

(6)架梁施工过程中,桥下严禁进行任何作业。

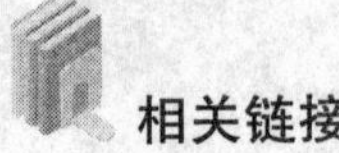

相关链接

一、预制空心板的质量问题与处治

1. 质量问题

施工中预制空心板易出现的质量问题主要有以下几个方面：

(1)跨径16~20m多边形预制空心板底板超厚，顶板厚度不足。

(2)空心板底混凝土不密实，出现渗水、漏水现象。

(3)预制空心板高度控制不严，超过设计高度。

(4)预应力空心板封端对梁板总长控制不严，出现长短不一，有的封端端面不垂直、斜交角大小不一致，增加了伸缩缝安装难度。

(5)预埋件埋设位置有的不正确，有的甚至漏设。

(6)空心预制板顶板横向或底板纵向出现裂纹。

(7)底板钢筋混凝土保护层厚度不足，钢筋被脱模剂污染。

(8)底座平面不平整，板两端安设支座的位置高度不一致，使板产生扭曲力。

2. 主要原因

(1)多边形空心预制板采用一次性装模、一次性浇筑混凝土，由于板较宽(1m)，芯模底面下的底板混凝土不能直接振捣密实，而是两侧的混凝土(有的大部分是水泥砂浆)挤压流动填充空心板的底板。如果混凝土石料规格过大，水灰比不当，就会出现底板混凝土不密实、渗水漏水现象或纵向收缩裂缝。如不处理，底板钢筋易锈蚀，影响桥梁使用寿命。所以，采用先浇底板后装芯模再浇底板以上混凝土的工艺流程，施工质量容易得到保证。

(2)空心预制板的芯模固定不牢，混凝土振捣时因挤压力的作用使芯模上浮，造成空心板底面超厚，顶板厚度不足。有的施工单位为了保证顶板厚度，人为加大了板高的尺寸，影响到桥面铺装层的厚度。采用充气胶囊作空心板芯模的空心板虽装脱模较方便，但胶囊固牢难度大，加之胶囊本身材质问题，上浮和局部鼓包的现象更易发生，所以除特殊结构非用不可的情况下采用充气胶囊作芯模，一般采用钢模板作芯模为佳。

(3)预制空心板混凝土顶板出现横向裂缝，底板出现纵向裂缝的主要原因：出现横向裂缝的主要原因，一是水泥用量过大、温差过大或养生不及时等易出现干缩裂缝，二是底座不牢、沉降不均匀出现横向断裂，三是吊装或堆码受力支点不当出现断裂；底板出现纵向裂缝的主要原因是振捣不到位的混凝土不密实，水泥砂浆或水泥聚集在一起，出现干缩裂缝造成底板渗水漏水。

(4)预制空心板几何尺寸与设计的几何尺寸不相符(主要是长度)、底座平面不平整的主要原因是：施工马虎，施工前、施工中、施工后没有进行工序检测所致。

3. 处治方法

(1)对于空心板混凝土强度不合格或整片梁顶板厚度小于8cm的，或横向断裂缝宽超过规范规定的，应报废重新制作。

(2)对空心板顶板厚度(局部)小于7cm的，应进行局部开仓处理，将厚度不足部分凿除，重装芯模，并增加补强筋，浇筑比原混凝土强度等级高一级的混凝土，使顶板厚达到设计标准；在顶板上的桥面铺装层应加设10cm×10cmϕ12mm钢筋网，此网应与相邻空心板湿接缝钢筋焊牢。

(3)对空心板底板不密实出现渗水漏水、纵向局部裂缝或钢筋混凝土保护层不足的，如混凝土强度合格，静载试验没有问题，可采用防水措施，用防水材料喷涂在不密实的混凝土底板顶面上，经过渗透化学作用，提高混凝土密实度和强度，起到防水、防空气侵蚀钢筋作用。

(4)预制空心板建筑高度超过设计标准，将直接影响桥面铺装层的厚度，凡桥面铺装厚度达不到设计要求的，可以采取调整墩台帽或垫石高度或凿除超厚顶板部分的方法处理；如果上部结构已安装，墩台帽及垫石无法调整的，可采用调整纵坡的方法处理。

(5)空心板预制长短不一，安装时梁端伸缩处有的没有伸缩空隙，有的呈锯齿状，增加伸缩缝安装难度，对于此类问题，在安装就位前应将超长部分锯(或凿除)整齐。

(6)空心预制板底板不在一个平面上，支座点高程不一致，支座受力不均时，应用支座垫块(不锈钢)调整支座高程，使其受力一致。

二、混凝土工程施工常见质量通病及防治措施

在梁板预制混凝土工程施工过程中，经常出现一些混凝土质量通病，影响工程内在质量和外观质量，为了实现"开工必优、一次成优"的目标，必须对施工中存在的质量通病进行有效克服。常见质量通病的现象、原因分析及相应预防措施如下。

1. 掉角

现象：混凝土局部掉块，不规整，棱角有缺陷。

原因分析：

拆模时受外力作用或重物撞击，棱角被碰掉。

预防措施：

①拆模时用力不能过猛、过急，注意保护棱角。易被撞击的混凝土阳角，拆模后应加以保护。

②混凝土浇筑完毕，做好保温覆盖工作。

2. 蜂窝

现象：局部混凝土砂浆、石子多，石子之间出现空隙，形成蜂窝状的孔洞。

原因分析：

①混凝土配合比不准确，砂石、水泥材料计量不准确，或用水量不准，造成砂浆少、卵石多。

②混凝土搅拌时间短，没有拌和均匀，混凝土和易性差，振捣不密实。

③未按操作规程浇筑混凝土，造成混凝土离析。

④混凝土一次下料过多，没有分段、分层浇筑，振捣不实或下料与振捣配合不好，因漏振造成蜂窝。

⑤模板空隙未堵好或模板不牢固，振捣混凝土时模板移位，造成严重漏浆，形成蜂窝。

预防措施：

①混凝土配料时严格按配合比计量，经常检查计量系统和自控制系统。

②混凝土拌和均匀，颜色一致，最短搅拌时间符合规定。

③混凝土自由倾落高度不得超过2m。

④混凝土分层振捣。浇筑层的厚度不得超过振捣器作用部分长度的1.25倍。

⑤振捣混凝土拌和物时，插入式振捣器移动间距不大于其作用半径的1.5倍；振捣器至模板的距离不大于振捣器有效半径的1/2。为保证上下混凝土结合良好，振捣棒插入下层混凝土5~10cm。

⑥混凝土振捣时，必须掌握好振捣时间，振捣到混凝土不再显著下沉、不再出现气泡为止。

3. 麻面

现象：混凝土表面局部缺浆，或有许多小凹坑，但无钢筋和石子外漏。

原因分析：

①模板表面粗糙或清理不干净，黏有干硬水泥砂浆等杂物，拆模后，出现麻面。

②钢模板脱模剂涂刷不均匀，拆模时混凝土表面与模板黏结，引起麻面。

③模板接缝不严实，浇筑混凝土时缝隙漏浆，出现麻面。

④混凝土振捣不密实，混凝土中的气泡未排出，一部分气泡停留在模板表面，形成麻点。

预防措施：

①模板面清理干净，不得黏有干硬水泥砂浆等杂物。

②采用钢模板，使模板拼接严密，如有缝隙，应实施填堵，防止漏浆。

③脱模剂要涂刷均匀，不得漏刷。

④混凝土必须按操作规程分层均匀振捣密实，严防漏振。

4. 孔洞

现象：混凝土结构内有空隙或蜂窝特别大。

原因分析：

①在钢筋密集处或预埋件处，混凝土浇筑不密实，未充满模板而形成孔洞。

②未按顺序振捣混凝土，产生漏振。

③混凝土离析，卵石成堆或严重跑浆，形成特大蜂窝。

④未按施工顺序和施工工艺认真操作，造成孔洞。

⑤有木块和杂物等掉入混凝土中。

⑥不按规定下料，一次下料过多，振捣器振动作用半径达不到，出现特大蜂窝和孔洞。

预防措施：

①在钢筋密集处，采用细石混凝土浇筑，并认真振捣密实。机械振捣有困难时，采用人工捣固配合。

②采用正确的振捣方法，严防漏振：

a. 插入式振捣器应采用垂直振捣方法，即振捣棒与混凝土表面垂直。斜向振捣时，振捣棒与混凝土表面成约40°~45°。

b. 振捣器插点应均匀排列，可采用行列式或交错式顺序移动，以免漏振。每次移动距离不大于振捣棒作用半径的1.5倍。振捣器操作时快插慢拔。

③控制好下料。要保证混凝土浇筑时不产生离析，混凝土自由倾落高度不超过2m，大于2m时要用溜槽、串筒。

④加强施工技术管理和质量检查工作。

5. 露筋

现象：钢筋混凝土结构内的主筋外露。

原因分析：

①混凝土浇筑时，个别砂浆垫块移位或垫块太少甚至漏放，钢筋紧贴模板，致使拆模后露筋。

②钢筋混凝土结构断面较小，钢筋过密，如遇大石子卡在钢筋上，混凝土不能充满钢筋周围，使钢筋密集处产生露筋。

③混凝土产生离析，浇注部位缺水泥浆或模板严重漏浆，造成露筋。

④混凝土振捣时，振捣棒撞击钢筋，使钢筋移位，造成露筋。

⑤混凝土保护层振捣不密实，混凝土表面失水过多，或拆模过早等，拆模时混凝土缺棱掉角，造成露筋。

预防措施：

①浇筑混凝土前，检查钢筋位置和保护层厚度是否准确。

②为保证混凝土保护层的厚度，固定好砂浆垫块。

③钢筋较密集时，选配合适的卵石。卵石最大颗粒尺寸不超过结构截面最小尺寸的1/4，同时不大于钢筋净距的3/4。结构截面较小、钢筋较密时，采用细石混凝土浇筑。

④为防止钢筋移位，严禁振捣棒撞击钢筋。在钢筋密集处，采用小直径振捣棒振捣。保护层混凝土振捣密实。

⑤混凝土自由下落高度超过2m时，用串筒或溜槽。

⑥拆模时间要根据试件试验结果确定，防止过早拆模。

小结

预制梁(板)的安装是预制装配式混凝土梁桥施工中的关键性工序，应结合施工现场条件、工程规模、桥梁跨径、工期要求、架设安装的机械设备条件等具体情况，从安全可靠、经济简单、加快施工速度等方面考虑，合理选择架梁方法。

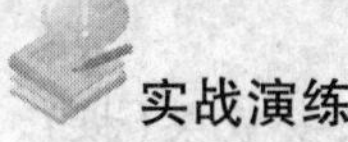

实战演练

学生以小组为单位，根据某桥的施工设计图进行预制梁架设施工方案编制，并提交施工方案报告。

学习情境6

上部构件预制及安装质量检验与评定

情境导入:从桥位放样到每一工序和结构部位的完成,均需通过试验检测判定其是否符合质量标准要求,否则,就需采取补救措施或返工。上部构件预制及安装的质量现场检验是评价桥涵工程质量缺陷和鉴定事故的手段,通过试验检测为质量缺陷或事故判定提供实测数据,以便准确判别缺陷或事故的性质、范围和程度。同时,通过质量检验工作推动我国桥梁的建设水平,确保桥涵施工质量,提高建设投资效益,保障人民生命财产安全。

学习目标

【知识目标】 学习钢筋加工及安装、预应力筋加工及张拉、预制及安装梁(板)、模板、支架及拱架制作与安装、钢梁的制作与安装、水泥混凝土抗压强度评定等施工过程中的质量检验的要求及评定方法,会填写质量检验单。

【能力目标】 能够对施工过程中各阶段的工程质量进行检测评定,正确完成工程内业资料。

情境设计

【实施时间】 施工过程中。

【实施地点】 施工现场。

【实施人员】 工程部技术员、施工员。

【实施内容】 各施工阶段施工质量检验。

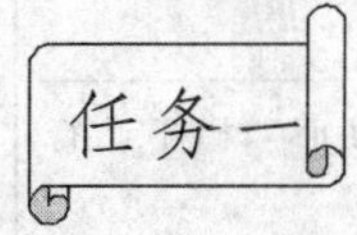

任务一

基础知识

一、桥涵工程质量检验评定的依据

公路工程质量检验和等级评定是依据交通部❶颁布的《公路工程质量检验评定标准》(JTG F80/1—2004)(下文简称《质量检评标准》)进行的,该标准是公路桥梁工程质量等级评定的标准尺度,是公路质量监督部门进行质量检查鉴定、监理工程师进行质量检查认定与施工单位质量自检和工程竣工验收质量评定的依据。对于部分省依据部《质量检评标准》结合自己省实际情况制订的本省"公路工程质量检验评定标准",质量检验评定时应同时满足省《质量检评标准》的规定。

按照《质量检评标准》对公路桥涵进行质量检验时,具体试验检测还要以设计文件和《公路桥涵施工技术规范》(JTJ 041—2000)的有关规定为依据。设计文件中对桥涵各部分结构尺寸、材料强度的要求是试验检测的基本依据,结构施工过程的工艺要求、施工阶段结构材料强度、结构内力和变形控制要以技术规范的有关规定为依据。

对于新结构或采用新材料、新工艺的桥梁,在《质量检评标准》缺乏适宜的技术规定时,在确保工程质量的前提下,可参照相关标准(国外行业或国内行业的标准规范)或按照实际情况制订相应的技术规范,并按规定报主管部门批准。

二、桥涵工程质量检验评定的方法

1. 桥涵质量等级评定单元的划分

《质量检评标准》按桥涵工程建设规模大小、结构部位和施工工序将建设项目划分为单位工程、分部工程和分项工程,逐级进行工程质量等级评定。

单位工程:在建设项目中,根据签订的合同,具有独立施工条件的工程。

分部工程:在单位工程中,应按结构部位、路段长度及施工特点或施工任务划分为若干个分部工程。

分项工程:在分部工程中,应按不同的施工方法、材料、工序及路段长度等划分为若干个分项工程。

表 6-1-1 中给出了《质量检评标准》中关于公路桥涵一般建设项目质量等级评定单元划分的规定,其中小桥和涵洞被划分为路基单位工程中的分部工程。

2. 工程质量评分方法

工程质量检验评分以分项工程为单元,采用 100 分制进行。在分项工程评分的基础上,逐级计算各相应分部工程、单位工程、合同段和建设项目评分值。

工程质量评定等级分为合格与不合格,应按分项、分部、单位工程、合同段和建设项目逐级评定。

❶交通部现已更名为交通运输部。

一般建设项目的工程划分 表 6-1-1

单位工程	分部工程	分项工程
路基工程（每 10km 或每标段）	小桥及符合小桥标准的通道*，人行天桥，渡槽（每座）	基础及下部构造*，上部构造预制、安装或浇筑*，桥面*，栏杆，人行道等
	涵洞、通道（1～3km 路段）	基础及下部构造*，主要构件预制、安装或浇筑*，填土，总体等
	砌筑防护工程（1～3km 路段）	挡土墙*，墙背填土，抗滑桩*，锚喷防护*，锥、护坡，导流工程，石笼防护等
	大型挡土墙*，组合式挡土墙*（每处）	基础*，墙身*，墙背填土，构件预制*，构件安装*，筋带，锚杆、拉杆，总体*等
桥梁工程（特大、大、中桥）	基础及下部构造*（每桥或每墩、台）	扩大基础，桩基*，地下连续墙*，承台，沉井*，桩的制作*，钢筋加工及安装，墩台身（砌体）浇筑*，墩台身安装，墩台帽*，组合桥台*，台背填土，支座垫石和挡块等
	上部构造预制和安装*	主要构件预制*，其他构件预制，钢筋加工及安装，预应力筋的加工和张拉*，梁板安装，悬臂拼装*，顶推施工梁*，拱圈节段预制，拱的安装，转体施工拱*，劲性骨架拱肋安装*，钢管拱肋制作*，钢管拱肋安装*，吊杆制作和安装*，钢梁制作*，钢梁安装，钢梁防护*等
	上部构造现场浇筑*	钢筋加工及安装，预应力筋的加工和张拉*，主要构件浇筑*，其他构件浇筑，悬臂浇筑*，劲性骨架混凝土拱*，钢管混凝土拱*等
	总体、桥面系和附属工程	桥梁总体*，桥面防水层施工，桥面铺装*，钢桥面铺装*，支座安装，搭板，伸缩缝安装，大型伸缩缝安装*，栏杆安装，混凝土护栏，人行道铺设，灯柱安装等
	防护工程	护坡，护岸*，导流工程*，石笼防护，砌石工程等
	引道工程	路基*，路面*，挡土墙*，小桥*，涵洞*，护栏等
互通立交工程	桥梁工程*（每座）	桥梁总体，基础及下部构造*，上部构造预制、安装或浇筑*，支座安装，支座垫石，桥面铺装*，护栏，人行道等

注：1. 表内标注 * 号者为主要工程，评分时权值为 2；不带 * 号者为一般工程，权值为 1。

2. 按路段长度划分的分部工程，高速公路、一级公路宜取低值，二级及二级以下公路可取高值。

施工单位应对各分项工程按《质量检评标准》所列基本要求、实测项目和外观鉴定进行自检，按附表 III-1 中“分项工程质量检验评定表”及相关施工技术规范提交真实、完整的自检资料，对工程质量进行自我评定。工程监理单位应按规定要求对工程质量进行独立抽检，对施工单位检评资料进行签认，对工程质量进行评定。建设单位根据对工程质量的检查及平时掌握的情况，对工程监理单位所做的工程质量评分及等级进行审定。质量监督部门、质量检测机构可依据本标准对公路工程质量进行检测评定。

（1）分项工程质量评分

分项工程质量检验内容包括基本要求、实测项目、外观鉴定和质量保证资料 4 个部分。只有在其使用的原材料、半成品、成品及施工工艺符合基本要求的规定，且无严重外观缺陷和质量保证资料真实并基本齐全时，才能对分项工程质量进行检验评定。

分项工程的评分值满分为 100 分，按实测项目采用加权平均法计算。存在外观缺陷或资料不全时，须予减分。

$$\text{分项工程得分} = \frac{\sum[\text{检查项目得分} \times \text{权值}]}{\sum \text{检查项目权值}}$$

$$分项工程评分值 = 分项工程得分 - 外观缺陷减分 - 资料不全减分$$

①基本要求检查

分项工程所列基本要求,对施工质量优劣具有关键作用,应按基本要求对工程进行认真检查。经检查不符合基本要求规定时,不得进行工程质量的检验和评定。

②实测项目计分

对规定检查项目采用现场抽样方法,按照规定频率和下列计分方法对分项工程的施工质量直接进行检测计分。

检查项目除按数理统计方法评定的项目以外,均应按单点(组)测定值是否符合标准要求进行评定,并按合格率计分。

$$检查项目合格率(\%) = \frac{检查合格的点(组)数}{该检查项目的全部检查点(组)数} \times 100$$

$$检查项目得分 = 检查项目合格率 \times 100$$

涉及结构安全和使用功能的重要实测项目为关键项目(在文中以"△"标识),其合格率不得低于90%(属于工厂加工制造的桥梁金属构件不低于95%,机电工程为100%),且检测值不得超过规定极值,否则必须进行返工处理。

实测项目的规定极值是指任一单个检测值都不能突破的极限值,不符合要求时该实测项目为不合格。

③外观缺陷减分

对工程外表状况应逐项进行全面检查,如发现外观缺陷,应进行减分。对于较严重的外观缺陷,施工单位须采取措施进行整修处理。

④资料不全减分

分项工程的施工资料和图表残缺,缺乏最基本的数据,或有伪造涂改者,不予检验和评定。资料不全者应予减分,减分幅度视资料不全情况,每款减1~3分。质量保证资料应包括以下6个方面:

a. 所用原材料、半成品和成品质量检验结果;

b. 材料配比、拌和加工控制检验和试验数据;

c. 地基处理、隐蔽工程施工记录和大桥、隧道施工监控资料;

d. 各项质量控制指标的试验记录和质量检验汇总图表;

e. 施工过程中遇到的非正常情况记录及其对工程质量影响分析;

f. 施工过程中如发生质量事故,经处理补救后,达到设计要求的认可证明文件等。

(2)分部工程和单位工程质量评分

进行分部工程和单位工程评分时,采用加权平均值计算法确定相应的评分值。

$$分部(单位)工程评分值 = \frac{\sum[分项(分部)工程评分值 \times 相应权值]}{\sum 分项(分部)工程权值}$$

(3)合同段和建设项目工程质量评分

合同段和建设项目工程质量评分值按《公路工程竣(交)工验收办法》计算。

3. 工程质量等级评定

(1)分项工程质量等级评定

分项工程评分值不小于75分者为合格,小于75分者为不合格;机电工程、属于工厂加工制造的桥梁金属构件不小于90分者为合格,小于90分者为不合格。

评定为不合格的分项工程，经加固、补强或返工、调测，满足设计要求后，可以重新评定其质量等级，但计算分部工程评分值时按其复评分值的90%计算。

(2)分部工程质量等级评定

所属各分项工程全部合格，则该分部工程评为合格；所属任一分项工程不合格，则该分部工程为不合格。

(3)单位工程质量等级评定

所属各分部工程全部合格，则该单位工程评为合格；所属任一分部工程不合格，则该单位工程为不合格。

4. 合同段和建设项目质量等级评定

合同段和建设项目所含单位工程全部合格，其工程质量等级为合格；所属任一单位工程不合格，则合同段和建设项目为不合格。

小结

通过学习，要求学生掌握桥梁上部结构构件预制及安装质量检验与评定的主要依据，以及工程质量等级评定方法，对施工过程中的质量检验有一个轮廓性的认识，为以后的学习做好准备。

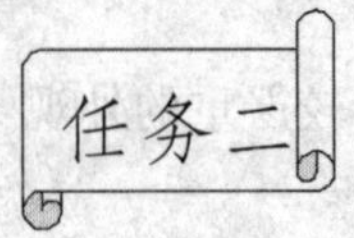

质量检测与评定

【知识目标】 掌握上部构件预制与安装各施工阶段质量检验与评定的方法，熟悉结构内业的组成与填写方法。

【能力目标】 能够对施工过程中各阶段施工工序的工程质量进行检测评定，正确填写工程内业资料。

项目导入：预制安装是钢筋混凝土和预应力混凝土梁桥上部结构的常见施工方法。预制与安装施工的优点是上下部结构可同时施工，工期短；混凝土收缩徐变的影响小，质量易于控制；有利于大规模工业化制造；有利于组织文明生产。

近年来，随着吊运设备能力的不断提高以及预应力工艺的日趋完善，预制安装施工方法已在国内得到了普遍推广。但同时需要可靠保证原材料的制备质量，需要掌握较复杂的施工工艺。所以，在施工过程中应采取必要的安全技术措施，防止事故发生。

一、钢筋的加工及安装

1. 基本要求

(1)钢筋、机械连接器、焊条等的品种、规格和技术性能应符合国家现行标准规定和设计要求。

(2)冷拉钢筋的机械性能必须符合规范要求，钢筋平直，表面不应有裂皮和油污。

(3)受力钢筋同一截面的接头数量、搭接长度、焊接和机械接头质量应符合施工技术规范要求。

(4)钢筋安装时,必须保证设计要求的钢筋根数。

(5)受力钢筋应平直,表面不得有裂纹及其他损伤。

2. 实测项目

(1)安装钢筋的允许偏差

钢筋的级别、直径、根数和间距均应符合设计要求。绑扎或焊接的钢筋网和钢筋骨架不得有变形、松脱和开焊,钢筋位置的偏差不得超过表 6-2-1 的规定。质量检验后应填写“钢筋安装质量检验评定表”,见附表 III-2。

钢筋安装实测项目 表 6-2-1

项次	检查项目			规定值或允许偏差	检查方法和频率	权值
1	受力钢筋间距(mm)	两排以上排距		±5	尺量:每构件检查 2 个断面	3
		同排	梁、板、拱肋	±10		
			基础、锚碇、墩台、柱	±20		
		灌注桩		±20		
2	箍筋、横向水平钢筋、螺旋筋间距(mm)			±10	尺量:每构件检查 5 ~ 10 个间距	2
3	钢筋骨架尺寸(mm)	长		±10	尺量:按骨架总数 30% 抽查	1
		宽、高或直径		±5		
4	弯起钢筋位置(mm)			±20	尺量:每骨架抽查 30%	2
5	保护层厚度(mm)	柱、梁、拱肋		±5	尺量:每构件沿模板周边检查 8 处	3
		基础、锚碇、墩台		±10		
		板		±3		

注:1. 小型构件的钢筋安装按总数抽查 30%。

2. 在海水或腐蚀环境中,保护层厚度不应出现负值。

(2)焊接钢筋的验收和允许偏差

①焊接钢筋的质量验收内容和标准应参照学习情景 2“原材料试验及混凝土配合比设计”相关内容。

②焊接钢筋网的偏差不得超过表 6-2-2 的规定。

质量检验后应填写“钢筋网质量检验评定表”,见附表 III-3。

钢筋网实测项目 表 6-2-2

项次	检查项目	规定值或允许偏差	检查方法和频率	权值
1	网的长、宽(mm)	±10	尺量:全部	1
2	网眼尺寸(mm)	±10	尺量:抽查 3 个网眼	1
3	对角线差(mm)	15	尺量:抽查 3 个网眼对角线	1

注:在海水或腐蚀环境中,保护层厚度不应出现负值。

(3)机械接头的施工现场检验与验收

①应用钢筋机械连接时,应提交有效的型式检验报告,型式检验应符合现行《钢筋机械连接通用技术规程》(JGJ 107—2003)的规定。

②钢筋连接开始前及施工过程中,应对每批进场钢筋进行接头工艺检验,工艺检验应符合下列要求:

a. 每种规格钢筋的接头试件不应少于 3 根。

b. 对接头试件的钢筋母材应进行抗拉强度试验。

c. 3 根接头试件的抗拉强度均应满足相关规范的强度要求。试件抗拉强度尚应大于等于 0.95 倍钢筋母材的实际抗拉强度。计算实际抗拉强度时，应采用钢筋的实际横截面面积。

③现场检验应符合现行《钢筋机械连接通用技术规程》(JGJ 107—2003)、《钢筋锥螺纹接头技术规程》(JGJ 109—1996)、《带肋钢筋套筒挤压连接技术规程》(JGJ 108—1996)的规定。

3. 外观鉴定

(1)钢筋表面无铁锈及焊渣。不符合要求时减 1 ~ 3 分。

(2)多层钢筋网要有足够的钢筋支撑，保证骨架的施工刚度。不符合要求时减 1 ~ 3 分。

二、预应力筋的加工和张拉

1. 基本要求

(1)预应力筋的各项技术性能必须符合国家现行标准规定和设计要求。

(2)预应力束中的钢丝、钢绞线应梳理顺直，不得有缠绞、扭麻花现象，表面不应有损伤。

(3)单根钢绞线不允许断丝，单根钢筋不允许断筋或滑移。

(4)同一截面预应力筋接头面积不超过预应力筋总面积的 25%，接头质量应满足施工技术规范的要求。

(5)预应力筋张拉或放张时混凝土强度和龄期必须符合设计要求，严格按照设计规定的张拉顺序进行操作。

(6)预应力钢丝采用镦头锚时，镦头应头形圆整，不得有斜歪或破裂现象。

(7)制孔管道应安装牢固，接头密合，弯曲圆顺，锚垫板平面应与孔道轴线垂直。

(8)千斤顶、油表、钢尺等器具应经检验校正。

(9)锚具、夹具和连接器应符合设计要求，按施工技术规范的要求经检验合格后方可使用。

(10)压浆工作在 5℃以下进行时，应采取防冻或保温措施。

(11)孔道压浆的水泥浆性能和强度应符合施工技术规范要求，压浆时排气、排水孔应有水泥原浆溢出后方可封闭。

(12)按设计要求浇筑封锚混凝土。

2. 实测项目

预应力筋张拉的实测项目见表 6-2-3 ~ 表 6-2-5，质量检验后填写相关质量检验评定表，见附表 III-4 及附表 III-5。

钢丝、钢绞线先张法实测项目 表 6-2-3

项次	检查项目		规定值或允许偏差	检查方法和频率	权值
1	镦头钢丝同束长度相对差(mm)	$L>20$m	L/5 000 及 5	尺量：每批抽查 2 束	2
		$20\leq L\leq 6$m	L/3 000		
		$L<6$m	2		
2△	张拉应力值		符合设计要求	查油压表读数，每束	3
3△	张拉伸长率		符合设计规定，设计未规定时为 ±6%	尺量：每束	3
4	同一构件内断丝根数不超过钢丝总数的百分数		1%	目测：每根(束)检查	3

注：L——钢束长度。

粗钢筋先张法实测项目 表 6-2-4

项次	检查项目	规定值或允许偏差	检查方法和频率	权值
1	冷拉钢筋接头在同一平面内的轴线偏位(mm)	2 及 1/10 直径	拉线用尺量:抽查 30%	3
2	中心偏位(mm)	4% 短边及 5	尺量:全部	1
3△	张拉应力值	符合设计要求	查油压表读数:全部	3
4△	张拉伸长率	符合设计规定,无设计规定时为 ±6%	尺量:全部	3

后张法实测项目 表 6-2-5

项次	检查项目		规定值或允许偏差	检查方法和频率	权值
1	管道坐标(mm)	梁长方向	±30	尺量:抽查 30%,每根查 10 个点	1
		梁高方向	±10		
2	管道间距(mm)	同排	10	尺量:抽查 30%,每根查 5 个点	1
		上下层	10		
3△	张拉应力值		符合设计要求	查油压表读数:全部	4
4△	张拉伸长率		符合设计规定,无设计规定时为 ±6%	尺量:全部	3
5	断丝滑丝数	钢束	每束 1 根,且每断面不超过钢丝总数的 1%	目测:每根(束)	3
		钢筋	不允许		

3. 外观鉴定

预应力筋表面应保持清洁,不应有明显的锈迹。不符合要求时减 1 ~ 3 分。

相关链接

一、锚具、夹具和连接器的质量检验

锚具是在后张法预应力结构或构件中为保持预应力筋的张拉力将其传递到混凝土上所用的永久性锚固装置。

夹具是先张法预应力混凝土结构或构件施工时,为保持预应力筋的拉力并将其固定在张拉台座(或设备)上的临时性锚固装置;或者为后张法预应力结构或构件施工时,能将千斤顶(或其他张拉设备)的张拉力传递到预应力筋上的临时性锚固装置(又称工具锚)。

连接器为用于连接预应力筋的装置。

1. 常规检测项目及抽样方法

(1)常规检测项目有外观、硬度和静载锚固性能试验。

(2)同一类产品、同一原材料,用同一种工艺一次投料生产的产品为一组批,每个抽检组不得超过 1 000 套。外观检测抽取 10%,且不少于 10 套。对其中有硬度要求的零件做硬度检验,硬度检验抽取 5%。静载锚固性能检验抽取 3 套试件的锚具、夹具和连接器。

(3)疲劳试验和周期性荷载试验及辅助性试验各抽取 3 套试件。

预应力锚具按锚固性能分为Ⅰ类和Ⅱ类两种,Ⅰ类锚具用于承受动、静载作用的预应力混凝土结构,Ⅱ类锚具仅用于黏结的预应力混凝土结构中预应力筋应力变化不大的部位。

2. 检测结果判定

(1)外观检验

如表面无裂缝,影响锚固能力的尺寸符合设计要求,应判定为合格;如此尺寸有一套结果记录表格超过允许偏差,应另取双倍数量的试件重做检验,如仍有一套试件不符合要求,则应逐套检查,合格者方可使用。如发现一套有裂纹,即应对全部产品进行逐件检验,合格者方可使用。

(2)硬度检验

硬度检验每个零件测试3点,当硬度值符合设计要求的范围应判为合格。如有1个零件不合格,则应另取双倍数量的零件重做检验;如仍有1个零件不合格,则应逐个检验,合格者方可使用。

(3)静载锚固能力检验

静载试验应连续进行3个组装件的试验,全部试验结果均应作出记录,并计算锚具、夹具或连接器的锚固效率系数和相应的总应变。三个结果均应满足规定,不得进行平均。若有一个试件不符合要求,则另取双倍数量的零件重做检验;如仍有一个试件不合格,则该批为不合格品。

(4)辅助性试验为观测项目,不做合格与否的判定。

二、张拉设备的校验

常用的张拉设备由油压千斤顶和配套的高压油泵、压力表以及外接油管等组成。

1. 张拉设备校验时间的规定

(1)新千斤顶初次使用前。

(2)油压表指针不能退回零时。

(3)千斤顶、油压表和油管更换或维修后。

(4)当千斤顶使用超过6个月或张拉超过200次以上。

(5)在使用过程中出现其他不正常现象。

2. 用长柱压力试验机校验

压力试验机的精度不得低于±2%。校验时,应采取被动校验法,即在校验时用千斤顶顶试验机,这样活塞运行方向、摩阻力的方向与实际工作时相同,校验比较准确。

用压力试验机校验的步骤如下:

(1)千斤顶就位,当校验穿心式千斤顶时,将千斤顶放在试验机台面上,千斤顶活塞面或撑套与试验机压板紧密接触,并使千斤顶与试验机的受力中心线重合。

(2)校验千斤顶开动油泵,千斤顶进油,使活塞杆上升,顶试验机上压板。在千斤顶顶试验机的平缓增加负荷的过程中(此时不得用试验机压千斤顶),自零位到最大吨位将试验机被动标定的结果逐点标定到千斤顶的油压表上。

标定点应均匀地分布在整个测量范围内,且不少于5点,当采用最小二乘法回归分析千斤顶的标定经验公式时需10~20点。各标定点应重复标定3次,取平均值,并且只测读进程,不得读回程。

(3)对千斤顶校验数值采用标准表记录,并可根据校验结果绘制千斤顶校验曲线供预应力筋钢材张拉时使用，亦可采用最小二乘法求出千斤顶校验的经验公式，供预应力筋张拉时使用。

3. 用标准测力计校验

用水银压力计、测力环、弹簧拉力计等标准测力计校验千斤顶，是一种简单可靠的方法。校验时，开动油泵，千斤顶进油，活塞杆推出，顶压测力计。当测力计达到一定吨位 T_1 时，立即读出千斤顶油压表相应读数 P_1，同样方法可得 T_2、P_2、T_3、P_3；此时 T_1、T_2、T_3……即为相应于油压表读数 P_1、P_2、P_3……的实际作用力。将测得的各值绘成曲线，实际使用时，即可由此曲线找出要求的 T 值和相应的 P 值。

4. 用电测传感器校验

传感器是在金属弹性元件表面贴上电阻应变片所组成的一个测力装置。当金属元件受外力作用变形后，电阻片也相应变形而改变其电阻值。改变的电阻值通过电阻应变仪测定出来，即可从预先标定的数据中查出外力的大小。将此数据再标定到千斤顶油压表上，即可用以进行作用力的控制。

三、梁（板）的预制和安装

1. 基本要求

（1）所用的水泥、砂、石、水、外掺剂及混合材料的质量和规格必须符合有关规范的要求，按规定的配合比施工，具体要求参见学习情境2“原材料试验及混凝土配合比设计”。

（2）梁（板）不得出现露筋和空洞现象。

（3）空心板采用胶囊施工时，应采取有效措施防止胶囊上浮。

（4）梁（板）在吊移出预制底座时，混凝土的强度不得低于设计所要求的吊装强度；梁（板）在安装时，支承结构（墩台、盖梁、垫石）的强度应符合设计要求。

（5）梁（板）安装前，墩、台支座垫板必须稳固。

（6）梁（板）就位后，梁两端支座应对位，梁（板）底与支座以及支座底与垫石顶须密贴，否则应重新安装。

（7）两梁（板）之间接缝填充材料的规格和强度应符合设计要求。

2. 实测项目

梁（板）预制与安装的实测项目见表6-2-6及表6-2-7，质量检验后填写相关质量检验评定表，见附表III-6及附表III-7。

梁（板）预制实测项目 表6-2-6

<table>
<tr><th>项次</th><th colspan="3">检 查 项 目</th><th>规定值或允许偏差</th><th>检查方法和频率</th><th>权值</th></tr>
<tr><td>1</td><td colspan="3">混凝土强度（MPa）</td><td>在合格标准内</td><td>按《公路工程质量检验评定标准》（JTG F80/1—2004）附录D检查</td><td>3</td></tr>
<tr><td>2</td><td colspan="3">梁（板）长度（mm）</td><td>+5，−10</td><td>尺量：每梁（板）</td><td>1</td></tr>
<tr><td rowspan="4">3</td><td rowspan="4">宽度（mm）</td><td colspan="2">干接缝（梁翼缘、板）</td><td>±10</td><td rowspan="4">尺量：检查3处</td><td rowspan="4">1</td></tr>
<tr><td colspan="2">湿接缝（梁翼缘、板）</td><td>±20</td></tr>
<tr><td rowspan="2">箱梁</td><td>顶宽</td><td>±30</td></tr>
<tr><td>底宽</td><td>±20</td></tr>
</table>

续上表

项次	检查项目		规定值或允许偏差	检查方法和频率	权值
4	高度(mm)	梁、板	±5	尺量:检查2处	1
		箱梁	+0,-5		
5	断面尺寸(mm)	顶板厚	+5,0	尺量:检查3个断面	2
		底板厚			
		腹板或梁肋			
6	平整度(mm)		5	2m直尺:每侧面每10m梁长测1处	1
7	横系梁及预埋件位置(mm)		5	尺量:每件	1

梁(板)安装实测项目　　表6-2-7

项次	检查项目		规定值或允许偏差	检查方法和频率	权值
1	支座中心偏位(mm)	梁	5	尺量:每孔抽查4~6个支座	3
		板	10		
2	倾斜度		1.2%	吊垂线:每孔检查3片梁	2
3	梁(板)顶面纵向高程(mm)		+8,-5	水准仪:抽查每孔2片,每片3点	2
4	相邻梁(板)顶面高差(mm)		8	尺量:每相邻梁(板)	1

3. 外观鉴定

(1)混凝土表面平整,颜色一致,无明显施工接缝。不符合要求减1~3分。

(2)混凝土表面不得出现蜂窝麻面,如出现必须修整,并减1~2分。

(3)混凝土表面出现非受力裂缝,减1~3分。裂缝宽度超过设计规定或设计未规定时超过0.15mm必须处理。

(4)封锚混凝土应密实、平整,不符合要求时减2~4分。

(5)梁、板的填缝应平整密实,不符合要求时减1~3分。

(6)梁体内不应遗留建筑垃圾、杂物、临时预埋件等。不符合要求时减1~2分,并应清理干净。

四、模板、支架及拱架的制作与安装

1. 制作

模板、支架和拱架制作应根据设计要求确定模板的形式及精度要求,在设计无规定时,可按表6-2-8执行。

2. 安装

模板、支架和拱架安装的允许偏差,在设计无要求时,应符合表6-2-9之规定。

模板、支架及拱架制作时的允许偏差　　表 6-2-8

<table>
<tr><th colspan="3">项　目</th><th>允许偏差(mm)</th></tr>
<tr><td rowspan="8">木模板制作</td><td colspan="2">模板的长度和宽度</td><td>±5</td></tr>
<tr><td colspan="2">不刨光模板相邻两板表面高低差</td><td>3</td></tr>
<tr><td colspan="2">刨光模板相邻两板表面高低差</td><td>1</td></tr>
<tr><td rowspan="2">平板模板表面最大的局部不平</td><td>刨光模板</td><td>3</td></tr>
<tr><td>不刨光模板</td><td>5</td></tr>
<tr><td colspan="2">拼合板中木板间的缝隙宽度</td><td>2</td></tr>
<tr><td colspan="2">支架、拱架尺寸</td><td>±5</td></tr>
<tr><td colspan="2">榫槽嵌接紧密度</td><td>2</td></tr>
<tr><td rowspan="8">钢模板制作</td><td rowspan="2">外形尺寸</td><td>长和高</td><td>0,-1</td></tr>
<tr><td>肋高</td><td>±5</td></tr>
<tr><td colspan="2">面板端偏斜</td><td>≤0.5</td></tr>
<tr><td rowspan="3">连接配件(螺栓、卡子等)的孔眼位置</td><td>孔中心与板面的间距</td><td>±0.3</td></tr>
<tr><td>板端中心与板端的间距</td><td>0,-0.5</td></tr>
<tr><td>沿板长、宽方向的孔</td><td>±0.6</td></tr>
<tr><td colspan="2">板面局部不平</td><td>1.0</td></tr>
<tr><td colspan="2">板面和板侧挠度</td><td>±1.0</td></tr>
</table>

注:1. 木模板中第 5 项已考虑木板干燥后在拼合板中发生缝隙的可能。2mm 以下的缝隙,可在浇筑前浇湿模板,使其密合。

2. 板面局部不平用 2m 靠尺、塞尺检测。

模板、支架及拱架安装的允许偏差　　表 6-2-9

<table>
<tr><th colspan="2">项　目</th><th>允许偏差(mm)</th></tr>
<tr><td rowspan="3">模板高程</td><td>基础</td><td>±15</td></tr>
<tr><td>柱、墙和梁</td><td>±10</td></tr>
<tr><td>墩台</td><td>±10</td></tr>
<tr><td rowspan="3">模板内部尺寸</td><td>上部构造的所有构件</td><td>+5,0</td></tr>
<tr><td>基础</td><td>±30</td></tr>
<tr><td>墩台</td><td>±20</td></tr>
<tr><td rowspan="4">轴线偏位</td><td>基础</td><td>15</td></tr>
<tr><td>柱或墙</td><td>8</td></tr>
<tr><td>梁</td><td>10</td></tr>
<tr><td>墩台</td><td>10</td></tr>
<tr><td colspan="2">装配式构件支承面的高程</td><td>+2,-5</td></tr>
<tr><td colspan="2">模板相邻两板表面高低差</td><td>2</td></tr>
<tr><td colspan="2">模板表面平整</td><td>5</td></tr>
<tr><td colspan="2">预埋件中心线位置</td><td>3</td></tr>
<tr><td colspan="2">预留孔洞中心线位置</td><td>10</td></tr>
<tr><td colspan="2">预留孔洞截面内部尺寸</td><td>+10,0</td></tr>
<tr><td rowspan="2">支架和拱架</td><td>纵轴的平面位置</td><td>跨度的 1/1 000 或 30</td></tr>
<tr><td>曲线形拱架的高程(包括建筑拱度在内)</td><td>+20,-10</td></tr>
</table>

五、钢梁的制作与安装

1. 钢梁制作

（1）基本要求

①钢梁（梁段）采用的钢材和焊接材料的品种规格、化学成分及力学性能必须符合设计和有关技术规范的要求，具有完整的出厂质量合格证明，并经制作厂家和监理工程师复检合格后方可使用。

②钢梁（梁段）元件、临时吊点和养护车轨道吊点等的加工尺寸和钢梁（梁段）预拼装精度应符合设计和有关技术规范的要求，并经监理工程师分阶段检查验收签字认可后，方可进行下一道工序。

③钢梁（梁段）制作前必须进行焊接工艺评定试验，评定结果应符合技术规范的要求并经监理工程师签字认可，制定实施性焊接施工工艺。施焊人员必须具有相应的焊接资格证和上岗证。

④同一部位的焊缝返修不能超过2次，返修后的焊缝应按原质量标准进行复验，并且合格。

⑤高强螺栓连接摩擦面的抗滑移系数应进行检验，检验结果须符合设计要求。

⑥钢梁梁段必须进行试组装，并按设计和有关技术规范要求进行验收。工地安装施工人员应参加试组装及验收。验收合格后填发梁段产品合格证，方可出厂安装。

⑦钢梁（梁段）元件和钢梁（梁段）的存放，应防止变形、碰撞损伤和损坏漆面，不得采用变形元件。

⑧排水设施、灯座、护栏、路缘石、栏杆柱预埋件和剪力键等均应按设计图纸安装完成，无遗漏且位置准确。

（2）实测项目

钢板梁及钢箱梁制作的实测项目见表6-2-10、表6-2-11。

钢板梁制作实测项目 表6-2-10

<table>
<tr><th>项次</th><th colspan="3">检查项目</th><th>规定值或允许偏差</th><th>检查方法和频率</th><th>权值</th></tr>
<tr><td rowspan="4">1</td><td rowspan="4">梁高（mm）</td><td colspan="2">主梁≤2m</td><td>±2</td><td rowspan="4">尺量：检查两端腹板处高度</td><td rowspan="4">2</td></tr>
<tr><td colspan="2">主梁>2m</td><td>±4</td></tr>
<tr><td colspan="2">横梁</td><td>±1.5</td></tr>
<tr><td colspan="2">纵梁</td><td>±1.0</td></tr>
<tr><td>2</td><td colspan="3">跨度（mm）</td><td>±8</td><td>全站仪或尺量：测量两支座中心距离</td><td>1</td></tr>
<tr><td rowspan="3">3</td><td rowspan="3">梁长（mm）</td><td colspan="2">全长</td><td>±15</td><td>全站仪或钢尺量：中心线处</td><td>1</td></tr>
<tr><td colspan="2">纵梁</td><td>+0.5，-1.5</td><td rowspan="2">尺量：检查两端角钢背与背之间的距离</td><td rowspan="2">1</td></tr>
<tr><td colspan="2">横梁</td><td>±1.5</td></tr>
<tr><td>4</td><td colspan="3">纵、横梁旁弯（mm）</td><td>3</td><td>梁立置时在腹板一侧距主焊缝100mm处拉线测量：检查中部1处</td><td>1</td></tr>
<tr><td rowspan="3">5</td><td rowspan="3">拱度（mm）</td><td rowspan="2">主梁</td><td>不设拱度</td><td>+3，0</td><td rowspan="2">梁卧置时在下盖板外侧拉线测量：检查中部1处</td><td rowspan="2">1</td></tr>
<tr><td>设拱度</td><td>+10，-3</td></tr>
<tr><td colspan="2">两片主梁拱度差</td><td>4</td><td>分别测量两片主梁拱度，求差值</td><td>1</td></tr>
</table>

续上表

项次	检查项目		规定值或允许偏差	检查方法和频率	权值
6	平面度(mm)	主梁腹板	$<\frac{s}{350}$,且≤8	平尺或拉线:测量中部1处	1
		纵、横梁腹板	$\frac{s}{500}$,且≤5		
7	主梁、纵横梁盖板对腹板的垂直度(mm)	有孔部位	0.5	角尺:测量3~5处	1
		其余部位	1.5		
8	连接	焊缝尺寸	符合设计要求	量规:检查全部	2
		焊缝探伤		超声:检查全部 射线:按设计规定,设计未规定时按10%抽查	3
		高强螺栓扭矩	±10%	测力扳手:检查5%,且不少于2个	

注:s——加劲肋与加劲肋之间的距离。

钢箱梁制作实测项目 表6-2-11

项次	检查项目		规定值或允许偏差	检查方法和频率	权值
1	梁高 h(mm)	$h\leqslant 2$m	±2	尺量:检查两端腹板处高度	2
		$h>2$m	±4		
2	跨度 L(mm)		$\pm(5+0.15L)$	全站仪或钢尺:测两支座中心距离	1
3	全长(mm)		±15	全站仪或钢尺	1
4	腹板中心距(mm)		±3	尺量:检查两腹板中心距	2
5	盖板宽度(mm)		±4	尺量:检查两端断面	1
6	横断面对角线差(mm)		4	尺量:检查两端断面	1
7	旁弯(mm)		$3+0.1L$	拉线用尺量:检查跨中	1
8	拱度(mm)		+10,-5	拉线用尺量:检查跨中	1
9	腹板平面度(mm)		$<\frac{s}{250}$,且≤8	平尺或拉线:检查跨中	1
10	扭曲(mm)		每米≤1,且每段≤10	置于平台,四角中有三角接触平台,用尺量另一角与平台间隙	1
11△	连接	焊缝尺寸	符合设计要求	量规:检查全部	2
		焊缝探伤		超声:检查全部 射线:按设计规定,设计未规定时按10%抽查	3
		高强螺栓扭矩	±10%	测力扳手:检查5%,且不少于2个	

注:1. L 以m计。

2. s——加劲肋与加劲肋之间的距离。

(3)外观鉴定

①钢箱梁内外表面不得有凹陷、划痕、焊疤、电弧擦伤等缺陷，外露边缘应无毛刺。不符合要求时，每处减0.5～1分，并应修整。

②焊缝均应平滑，无裂纹、未熔合、夹渣、未填满弧坑、焊瘤等外观缺陷，预焊件的装焊符合设计要求。发现不合格时，每处减0.5～2分，并须处理。

2. 钢梁安装

(1)基本要求

①所使用的焊接材料和紧固件必须符合设计和技术规范的要求。

②应按设计规定的程序进行安装。

③工地安装焊缝应事先进行焊接工艺评定试验，施焊应按监理工程师批准的焊接工艺方案进行。施焊人员必须具有相应的焊接资格证和上岗证。

④同一部位的焊缝返修不能超过两次，返修后的焊缝应按原质量标准进行复验，并且合格。

⑤高强螺栓连接摩擦面的抗滑移系数应对随梁发送的试板进行检验，检验结果须符合设计要求。

⑥钢梁运输、吊装过程中应采取可靠措施防止构件变形、碰撞或损坏漆面，严禁在工地安装具有变形构件的钢梁。

(2)实测项目

钢梁安装的实测项目见表6-2-12。

钢梁安装实测项目　　表6-2-12

项次	检查项目		规定值或允许偏差	检查方法和频率	权值
1	轴线偏位(mm)	钢梁中线	10	经纬仪：测量2处	2
		两孔相邻横梁中线相对偏位	5		
2	梁底高程(mm)	墩台处梁底	±10	水准仪：每支座1处，每横梁2处	2
		两孔相邻横梁相对高差	5		
3	连接	焊缝尺寸	符合设计要求	量规：检查全部	2
		焊缝探伤		超声：检查全部 射线：按设计规定，设计未规定时按10%抽查	3
		高强螺栓扭矩	±10%	测力扳手：检查5%，且不少于2个	

(3)外观鉴定

①线形平顺，无明显折变，不符合要求时减1～3分。

②焊缝均应平滑，无裂纹、未熔合、夹渣、未填满弧坑、焊瘤等外观缺陷。发现不合格时，每处减0.5～2分，并须处理。

六、水泥混凝土抗压强度评定

构件混凝土强度等级，通常以立方体试件的抗压强度来反映。强度等级是以边长15cm的立方体试件，按标准方法制作和试验，28d龄期且具有95%保证率的抗压强度。当对检验内容有怀疑时,通常需要采用无损检测的方法进行专项检验。无损检测的方法包括钻芯法、回弹法等。

1. 立方体试块

评定水泥混凝土抗压强度应该尽可能采用更加科学合理的数理统计评定方法。只要强度相同,龄期相同,材料来源、生产工艺条件和配合比相同,都应采用数理统计评定方法,以求能较真实地反映实际情况。

(1)取样原则

评定水泥混凝土的抗压强度,应以标准养生28d龄期的试件为准。试件为边长150mm的立方体。试件3件为1组,制取组数应符合下列规定:

①不同强度等级及不同配合比的混凝土应在浇筑地点或拌和地点分别随机制取试件。

②浇筑一般体积的结构物(如基础、墩台等)时,每一单元结构物应制取2组。

③连续浇筑大体积结构时,每$80\sim200m^3$或每一工作班应制取2组。

④上部结构,主要构件长16m以下应制取1组,16~30m制取2组,31~50m制取3组,50m以上者不少于5组。小型构件每批或每工作班至少应制取2组。

⑤每根钻孔桩至少应制取2组;桩长20m以上者不少于3组;桩径大、浇筑时间很长时,不少于4组。如换工作班时,每工作班应制取2组。

⑥构筑物(小桥涵、挡土墙)每座、每处或每工作班制取不少于2组。当原材料和配合比相同并由同一拌和站拌制时,可几座或几处合并制取2组。

⑦应根据施工需要,另制取几组与结构物同条件养生的试件,作为拆模、吊装、张拉预应力、承受荷载等施工阶段的强度依据。

(2)水泥混凝土抗压强度评定

①试件≥10组时,应以数理统计方法按下述条件进行评定:

$$\bar{R}_n - K_1 S_n \geqslant 0.9R \tag{6-2-1}$$

$$R_{min} \geqslant K_2 R \tag{6-2-2}$$

式中:n——同批混凝土试件组数;

$\bar{R}_n$——同批n组试件强度的平均值(MPa);

S_n——同批n组试件强度的标准差(MPa),当$S_n<0.06R$时,取$S_n=0.06R$;

R——混凝土设计强度等级(MPa);

R_{min}——n组试件中强度最低的一组的值(MPa);

K_1、K_2——合格判定系数,见表6-2-13。

K_1、K_2的值 表6-2-13

N	10~14	15~24	≥25
K_1	1.70	1.65	1.60
K_2	0.9	0.85	

②试件<10组时,可用非统计方法按下述条件进行评定:

$$\bar{R}_n \geqslant 1.15R \tag{6-2-3}$$

$$R_{min} \geqslant 0.95R \tag{6-2-4}$$

③实测项目中,水泥混凝土抗压强度评为不合格时,相应分项工程为不合格。

2. 钻芯取样法

用钻取芯样来检测混凝土强度,可按中国工程建设标准化委员会的《钻芯法检测混凝土强度技术规程》(CECS:0388)进行。

钻芯取样法检测混凝土强度,指从混凝土结构物中钻取芯样,测定混凝土的劈裂抗拉强度或抗压强度,作为评定结构品质的主要指标,具有直观、精度高等特点。但是由于结构或构件部位的条件、所处位置及受力状态的影响,钻取芯样的数量通常比较少,在一定程度上此法可作为抽检混凝土抗压强度、均匀性和内部缺陷的指标的方法。其检测原则如下:

(1)芯样钻取

在钻取芯样前应考虑由于钻芯可能导致对结构的不利影响,应尽可能避免在靠近混凝土构件的接缝或边缘钻取,且基本上不应带有钢筋。

芯样直径应为混凝土所有集料最大粒径的3倍,一般为150mm或100mm。任何情况下不小于集料最大粒径的2倍。

钻出后的每个芯样应立即清楚地标上记号,并记录芯样在混凝土结构中钻取的位置。

钻取的芯样数量应满足下列规定:

①按单个构件检验时,每个构件钻取芯样不少于3个,对较小构件至少应钻取2个。

②对构件局部区域检验时,应由要求检验的单位确定取芯位置及数量。

(2)钻取芯样检查

每个芯样应详细描述有关裂缝、分层、麻面或离析等,并估计集料的最大粒径、形状种类及粗细集料的比例与级配,检查并记录存在的气孔的位置、尺寸与分布情况,必要时应进行拍照。

在芯样的中间及两端1/4处按两个垂直方向测量3对数值,确定芯样的平均直径d,精确至0.5mm。

取芯样直径两端侧面测定钻取后芯样的长度及端面加工后的长度,其尺寸误差应在0.25mm之内,取平均值作为试件平均长度L,精确至1.0mm。

如有必要,应测定芯样的表观密度。

(3)试件的制作

抗压试验用的试件长度(端部加工后)和直径之比应在1~2之间。芯样端面必须平整,必要时应磨平或用补平等方法处理。

芯样两端平面应与轴线垂直,误差不应大于1°。

(4)芯样抗压强度式f_{cu}^{c}按下式计算:

$$f_{cu}^{c}=\alpha\cdot\frac{P}{A}=\alpha\cdot\frac{4P}{\pi d^{2}} \tag{6-2-5}$$

式中:f_{cu}^{c}——混凝土芯样抗压强度(MPa);

P——极限荷载(N);

A——受压面积(mm^2);

d——芯样截面的平均直径(mm);

α——不同高径比芯样试件混凝土强度换算系数,见《钻芯法检测混凝土强度技术规程》(CECS:0388)中表6.0.2。

结果计算精确至0.1MPa。

3. 回弹法

(1)回弹法的基本原理

回弹法是采用回弹仪的弹簧驱动重锤,通过弹击杆弹击混凝土表面,并以重锤被反弹回的距离(称回弹值,指反弹距离与弹簧初始长度之比)作为强度相关指标来推算混凝土强度的一种方法。

(2)回弹法检测混凝土强度的原则

回弹法检测混凝土强度是对常规检验的一种补充。当对构件有怀疑时,例如,试件与结构中混凝土质量不一致,对试件的检验结果有怀疑或供检验用的试件数量不足时,可采用回弹法检测,并将检测结果作为处理混凝土质量问题的一个主要依据。

另外,施工阶段,如构件拆模、预应力张拉或移梁、吊装时,回弹法可作为评估混凝土强度的依据。

回弹法的使用前提是要求被测结构或构件混凝土的内外质量基本一致。因此,当混凝土表层与内部质量有明显差异,例如遭受化学腐蚀或火灾时,不能用回弹法评定混凝土强度。

(3)碳化深度的测量

①回弹值测量完毕后,应选择不小于构件数30%的测区数在有代表性的位置上测量碳化深度值;当碳化深度值大于2.0mm,应在每一测区测量碳化深度值。

②碳化深度值的测量方法:

采用合适的工具在测区表面形成直径约15mm的孔洞,其深度大于混凝土的碳化深度。然后除净孔洞中的粉末和碎屑后(不得用水冲洗),立即用浓度为1%酚酞酒精溶液滴在孔洞内壁的边缘处,再用深度测量工具测量已碳化与未碳化混凝土交界面到混凝土表面的垂直距离,测量不应少于3次,取其平均值,该距离即为混凝土的碳化深度值。每次读数精确至0.5mm。

(4)回弹值的计算和测区混凝土强度的计算

①计算测区平均回弹值时,应从该测区的16个回弹值中剔除3个最大值和3个最小值,然后将余下的10个回弹值按下列公式计算:

$$R_{m} = \frac{\sum_{i=1}^{10} R_{i}}{10} \tag{6-2-6}$$

式中:R_m——测区平均回弹值,精确至0.1;

R_i——第i个测点的回弹值。

②回弹仪非水平方向检测混凝土浇筑侧面时,应按下列公式修正:

$$R_{m} = R_{ma} + R_{aa} \tag{6-2-7}$$

式中:R_{ma}——非水平方向检测时测区平均回弹值,精确至0.1;

R_{aa}——非水平方向检测时回弹值的修正值,按《回弹法检测混凝土抗压强度技术规程》(JGJ/T 23—2001)中查用。

③回弹值水平方向检测混凝土浇筑表面时,应按下列公式修正:

$$R_{m} = R_{m}^{t} + R_{a}^{t} \tag{6-2-8}$$

$$R_{m} = R_{m}^{b} + R_{a}^{b} \tag{6-2-8$'$}$$

式中:R_m^t、R_m^b——水平方向检测混凝土表面、底面时,测区的平均回弹值,精确至0.1;

R_a^t、R_a^b——混凝土浇筑表面、底面回弹值的修正值,按《回弹法检测混凝土抗压强度技术规程》(JGJ/T 23—2001)中查用。

④如检测时仪器处于非水平方向且测试面非混凝土的浇筑侧面,应先对回弹值进行角度修正,然后再对修正后的值进行浇筑面修正。

⑤结构或构件第 i 个测区混凝土强度换算值,可按式(6-2-6)、式(6-2-7)或式(6-2-8)求得的平均回弹值 R_m 及求得的平均碳化深度值 d_m 由《回弹法检测混凝土抗压强度技术规程》(JGJ/T 23—2001)中附录 A 查得。表中未列入的测区强度值可用内插法求得。有地区或专用测强曲线时,混凝土强度换算值应按地区或专用测强曲线换算得出。

(5)混凝土强度的计算

①由各测区的混凝土强度换算值可计算得出结构或构件混凝土的强度平均值。当测区数不少于 10 个时,还应计算强度标准差。平均值及标准差应按下列公式计算:

$$m_{f^c_{cu}} = \frac{\sum_{i=1}^{n} f^c_{cu,i}}{n} \tag{6-2-9}$$

$$S_{f^c_{cu}} = \sqrt{\frac{\sum_{i=1}^{n}(f^c_{cu,i})^2 - n(mf^c_{cu})^2}{n-1}} \tag{6-2-10}$$

式中:$m_{f^c_{cu}}$——构件混凝土强度平均值(MPa),精确至 0.1MPa;

n——对于单个检测的构件,取一个构件的测区数;对于批量检测的构件,取被抽取构件测区数之和;

$S_{f^c_{cu}}$——构件混凝土强度标准差(MPa),精确至 0.01MPa。

②构件混凝土强度推定值 $f_{cu,e}$ 的确定:

a. 当按单个构件检测时,以最小值作为该构件的混凝土强度推定值:

$$f_{cu,e} = f^c_{cu,min} \tag{6-2-11}$$

b. 当按批量检测时,应按下面公式计算:

$$f_{cu,e1} = m_{f^c_{cu}} - 1.645S_{f^c_{cu}} \tag{6-2-12}$$

$$f_{cu,e2} = m_{f^c_{ci,min}} \tag{6-2-13}$$

式中:$f_{cu,e2}$——该批每个构件中最小的测区混凝土强度换算值的平均值(MPa),精确至 0.1MPa。

取公式(6-2-7)或式(6-2-8)中的较大值为该批构件的混凝土强度推定值。

c. 对于按批量检测的构件,当该批构件混凝土强度标准差出现下列情况之一时,则该批构件应全部按单个构件检测:

当该批构件混凝土强度平均值小于 25MPa 时:

$$S_{f^c_{cu}} > 4.5\text{MPa} \tag{6-2-14}$$

当该批构件混凝土强度平均值不小于 25MPa 时:

$$S_{f^c_{cu}} > 5.5\text{MPa} \tag{6-2-15}$$

七、桥梁施工总体质量检测

1. 基本要求

(1)桥梁施工应严格按照设计图纸、施工技术规范和有关技术操作规程要求进行。

(2)桥下净空不得小于设计要求。

(3)特大跨径桥梁或结构复杂的桥梁,必要时应进行荷载试验。

2. 实测项目

桥梁总体质量检验的实测项目见表 6-2-14,质量检验后应填写“桥梁总体质量检验评定表”,见附表 III-8。

桥梁总体实测项目 表 6-2-14

项次	检查项目		规定值或允许偏差	检查方法和频率	权值
1	桥面中线偏位(mm)		20	全站仪或经纬仪:检查 3 ~ 8 处	2
2	桥宽(mm)	车行道	±10	尺量:每孔 3 ~ 5 处	2
		人行道	±10		
3	桥长(mm)		+300,-100	全站仪或经纬仪、钢尺:检查中心线	1
4	引道中心线与桥梁中心线的衔接(mm)		20	尺量:分别将引道中心线和桥梁中心线延长至两岸桥长端部,比较其平面位置	2
5	桥头高程衔接(mm)		±3	水准仪:在桥头搭板范围内顺延桥面纵坡,每米 1 点测量高程	2

3. 外观鉴定

(1)桥梁的内外轮廓线条应顺滑清晰,无突变、明显折变或反复现象。不符合要求时减 1 ~ 3 分。

(2)栏杆、防护栏、灯柱和缘石的线形顺滑流畅,无折弯现象。不符合要求时减 1 ~ 3 分。

(3)踏步顺直,与边坡一致。不符合要求时减 1 ~ 2 分。

小结

装配式普通钢筋混凝土梁(板)桥在公路工程当中是最为常见的桥型之一,其施工工艺及各工序的技术要求也是其他桥梁的基础。施工过程中各阶段的工程质量检验与评定,其目的在于严格控制施工工艺,保证质量合格,措施安全,防止事故发生。各施工工序质量检验与评定方法要严格按照《公路工程质量检验评定标准》(JTG F80/1—2004)等相关规范进行。

实战演练

学生以小组为单位,根据设计文件及相关规范要求对某桥各施工工序进行质量检验与评定,并填写内业资料。

附表Ⅰ

铰接板荷载分布影响线竖标表

说明:

1. 本表适用于横向铰接的梁或板,各片梁或板的截面是相同的。

2. 表头的两个数字表示所要查的梁或板号,其中第一个数字表示该梁或板是属于几片梁或板铰接而成的体系,第二个数字表示该片梁或板在这个体系中从左到右的序号。

3. 横向分布影响线竖标以 η_{ij} 表示,第一个脚标 i 表示所要求的梁或板号,第二个脚标 j 表示受单位荷载作用的那片梁或板号。表中 η_{ij} 下的数字前者表 i ,后者表示 j, η_{ij} 的竖标应绘在梁或板的中轴线处。

4. 表中的 η_{ij} 值为小数点后的 3 位数字,例如 278 即为 0.278,006 即为 0.006。

5. 表值按弯扭参数 γ 给出:

$$\gamma = 5.8\frac{I}{I_T}\left(\frac{b}{l}\right)^2$$

式中:l——计算跨径;

b——一片梁或板的宽度;

I——梁或板的抗弯惯性矩;

I_T——梁或板的抗扭惯性矩。

铰 接 板 3-1

γ	η_{ij}			γ	η_{ij}			γ	η_{ij}		
	11	12	13		11	12	13		11	12	13
0.00	333	333	333	0.08	434	325	241	0.40	626	294	080
0.01	348	332	319	0.10	454	323	223	0.60	683	278	040
0.02	363	331	306	0.15	496	317	186	1.00	750	250	000
0.04	389	329	282	0.20	531	313	156	2.00	829	200	-029
0.06	413	327	260	0.30	585	303	112				

铰 接 板 3-2

γ	η_{ij}			γ	η_{ij}			γ	η_{ij}		
	21	22	23		21	22	23		21	22	23
0.00	333	333	333	0.08	325	351	325	0.40	294	412	294
0.01	332	336	332	0.10	323	355	323	0.60	278	444	278
0.02	331	338	331	0.15	317	365	317	1.00	250	500	250
0.04	329	342	329	0.20	313	375	313	2.00	200	600	200
0.06	327	346	327	0.30	303	394	303				

铰 接 板 4－1

γ	η_{ij}				γ	η_{ij}			
	11	12	13	14		11	12	13	14
0.00	250	250	250	250	0.15	484	295	139	082
0.01	276	257	238	229	0.20	524	298	119	060
0.02	300	263	227	210	0.30	583	296	089	033
0.04	341	273	208	178	0.40	625	291	066	018
0.06	375	280	192	153	0.60	682	277	035	005
0.08	405	285	178	132	1.00	750	250	000	000
0.10	431	289	165	114	2.00	828	201	－034	005

铰 接 板 4－2

γ	η_{ij}				γ	η_{ij}			
	21	22	23	24		21	22	23	24
0.00	250	250	250	250	0.15	295	327	238	139
0.01	257	257	248	238	0.20	298	345	238	119
0.02	263	264	246	227	0.30	296	375	240	089
0.04	273	276	243	208	0.40	291	400	243	066
0.06	280	287	241	192	0.60	277	441	247	035
0.08	285	298	239	178	1.00	250	500	250	000
0.10	289	307	239	165	2.00	201	593	240	－034

铰 接 板 5－1

γ	η_{ij}					γ	η_{ij}				
	11	12	13	14	15		11	12	13	14	15
0.00	200	200	200	200	200	0.15	481	291	130	061	036
0.01	237	216	194	180	173	0.20	523	295	114	045	023
0.02	269	229	188	163	151	0.30	583	296	087	026	010
0.04	321	249	178	136	116	0.40	625	291	066	015	004
0.06	362	263	168	115	092	0.60	682	277	035	004	001
0.08	396	273	158	099	073	1.00	750	250	000	000	000
0.10	425	281	150	085	059	2.00	828	201	－034	006	-001

铰 接 板 5－2

γ	η_{ij}					γ	η_{ij}				
	21	22	23	24	25		21	22	23	24	25
0.00	200	200	200	200	200	0.15	291	320	222	105	061
0.01	216	215	202	187	180	0.20	295	341	227	091	045
0.02	229	228	204	176	163	0.30	296	374	235	070	026
0.04	249	249	207	158	136	0.40	291	399	240	055	015
0.06	263	267	211	144	115	0.60	277	440	246	031	004
0.08	273	281	214	133	099	1.00	250	500	250	000	000
0.10	281	294	216	123	085	2.00	201	593	241	－041	006

铰接板5-3

γ	η_{ij}					γ	η_{ij}				
	31	32	33	34	35		31	32	33	34	35
0.00	200	200	200	200	200	0.15	130	222	295	222	130
0.01	194	202	208	202	194	0.20	114	227	318	227	114
0.02	188	204	215	204	188	0.30	087	235	357	235	087
0.04	178	207	230	207	178	0.40	066	240	389	240	066
0.06	168	211	243	211	168	0.60	135	246	437	246	135
0.08	158	214	256	214	158	1.00	000	250	500	250	000
0.10	150	216	268	216	150	2.00	-034	241	586	241	-034

铰接板6-1

γ	η_{ij}						γ	η_{ij}					
	11	12	13	14	15	16		11	12	13	14	15	16
0.00	167	167	137	167	167	067	0.15	481	290	129	058	027	016
0.01	214	192	168	151	140	135	0.20	523	295	113	043	010	009
0.02	252	212	168	138	119	110	0.30	583	295	086	025	008	003
0.04	312	239	165	117	090	077	0.40	625	291	065	015	003	001
0.06	358	257	159	101	069	055	0.60	682	277	035	004	001	000
0.08	394	270	152	088	055	041	1.00	750	250	000	000	000	000
0.10	423	278	146	078	044	031	2.00	828	201	-034	006	-001	000

铰接板6-2

γ	η_{ij}						γ	η_{ij}					
	21	22	23	24	25	26		21	22	23	24	25	26
0.00	167	167	167	167	167	167	0.15	290	319	219	098	046	027
0.01	192	190	175	157	146	140	0.20	295	340	226	087	035	017
0.02	212	209	182	149	129	119	0.30	295	373	234	069	021	008
0.04	239	238	192	137	105	090	0.40	291	399	240	054	012	003
0.06	257	295	200	127	087	069	0.60	277	440	246	031	004	001
0.08	270	276	206	119	074	055	1.00	250	500	250	000	000	000
0.10	278	291	210	112	064	044	2.00	201	593	241	-041	007	-001

铰接板6-3

γ	η_{ij}						γ	η_{ij}					
	31	32	33	34	35	36		31	32	33	34	35	36
0.00	167	167	167	167	167	167	0.15	129	219	288	208	098	058
0.01	168	175	179	170	157	151	0.20	113	226	314	217	087	043
0.02	168	182	190	173	149	138	0.30	086	234	356	230	069	025
0.04	165	192	210	179	137	117	0.40	065	240	388	238	054	015
0.06	159	200	227	186	127	101	0.60	035	246	437	246	031	004
0.08	152	206	243	191	119	088	1.00	000	250	500	250	000	000
0.10	146	210	257	197	112	078	2.00	-034	241	586	243	-041	006

铰接板 7－1

γ	η_{ij}							γ	η_{ij}						
	11	12	13	14	15	16	17		11	12	13	14	15	16	17
0.00	143	143	143	143	143	143	143	0.15	480	290	128	057	025	012	007
0.01	200	177	152	133	120	111	107	0.20	523	295	113	043	017	007	003
0.02	244	202	157	125	102	088	082	0.30	583	295	086	025	007	002	001
0.04	309	235	159	109	078	059	051	0.40	625	291	065	015	003	001	000
0.06	356	255	156	096	061	042	034	0.60	682	277	035	004	001	000	000
0.08	293	268	151	085	049	031	023	1.00	750	250	000	000	000	000	000
0.10	423	278	144	076	040	023	016	2.00	828	201	－034	006	－001	000	000

铰接板 7－2

γ	η_{ij}							γ	η_{ij}						
	21	22	23	24	25	26	27		21	22	23	24	25	26	27
0.00	143	143	143	143	143	143	143	0.15	290	318	219	097	043	020	012
0.01	177	175	158	139	125	115	111	0.20	295	340	225	086	033	013	007
0.02	202	198	170	135	111	096	088	0.30	295	373	234	068	020	006	002
0.04	235	232	185	127	091	069	059	0.40	291	399	240	054	012	003	001
0.06	255	256	196	121	077	053	042	0.60	277	440	246	031	004	001	000
0.08	268	275	203	115	067	041	031	1.00	250	500	250	000	000	000	000
0.10	278	290	209	109	058	033	023	2.00	201	593	241	－041	007	－001	000

铰接板 7－3

γ	η_{ij}							γ	η_{ij}						
	31	32	33	34	35	36	37		31	32	33	34	35	36	37
0.00	143	143	143	143	143	143	143	0.15	128	219	287	205	092	043	025
0.01	152	158	161	150	134	125	120	0.20	113	225	314	216	083	033	017
0.02	157	170	176	156	128	111	102	0.30	086	234	356	229	067	020	007
0.04	159	185	201	167	119	091	078	0.40	065	240	388	237	053	012	003
0.06	156	196	222	176	112	077	061	0.60	035	246	437	246	031	004	001
0.08	151	203	239	184	107	067	049	1.00	000	250	500	250	000	000	000
0.10	144	209	255	191	102	058	040	2.00	－034	241	586	243	－042	007	－001

铰接板 7－4

γ	η_{ij}							γ	η_{ij}						
	41	42	43	44	45	46	47		41	42	43	44	45	46	47
0.00	143	143	143	143	143	143	143	0.15	057	097	205	282	205	097	057
0.01	133	139	150	157	150	139	133	0.20	043	086	216	310	216	086	043
0.02	125	135	156	169	156	135	125	0.30	025	068	229	354	229	068	025
0.04	109	127	167	193	167	127	109	0.40	015	054	237	387	237	054	015
0.06	096	121	176	213	176	121	096	0.60	004	031	246	436	246	031	004
0.08	085	115	184	231	184	115	085	1.00	000	000	250	500	250	000	000
0.10	076	101	191	248	191	109	076	2.00	006	－041	243	586	243	－041	006

铰 接 板 8 – 1

γ	η_{ij}							
	11	12	13	14	15	16	17	18
0.00	125	125	125	125	125	125	125	125
0.01	191	168	142	122	107	096	089	085
0.02	239	197	151	117	093	076	066	061
0.04	307	233	156	106	073	052	040	034
0.06	355	254	155	094	058	037	025	020
0.08	392	268	150	084	048	028	017	013
0.10	423	277	144	075	039	021	012	008
0.15	480	290	128	057	025	011	005	003
0.20	523	295	113	043	016	006	003	001
0.30	583	295	086	025	007	002	001	000
0.40	625	291	065	015	003	001	000	000
0.60	682	277	035	004	001	000	000	000
1.00	750	250	000	000	000	000	000	000
2.00	828	201	–034	006	–001	000	000	000

铰 接 板 8 – 2

γ	η_{ij}							
	21	22	23	24	25	26	27	28
0.00	125	125	125	125	125	125	125	125
0.01	168	165	148	127	111	100	092	089
0.02	197	193	163	127	101	083	071	066
0.04	233	230	182	123	085	060	046	040
0.06	254	255	194	119	073	047	032	025
0.08	268	274	202	113	064	037	023	017
0.10	277	290	208	108	057	030	017	012
0.15	290	318	219	097	043	019	009	005
0.20	295	340	225	086	033	013	005	003
0.30	295	373	234	068	020	006	002	001
0.40	291	399	240	054	012	003	001	000
0.60	277	440	246	031	004	001	000	000
1.00	250	500	250	000	000	000	000	000
2.00	201	593	241	–041	007	–001	000	000

铰接板8－3

γ	η_{ij}							
	31	32	33	34	35	36	37	38
0.00	125	125	125	125	125	125	125	125
0.01	142	148	150	137	120	108	100	096
0.02	151	163	168	147	116	096	083	076
0.04	156	182	197	162	111	079	060	052
0.06	155	194	219	173	107	068	047	037
0.08	150	202	238	182	103	060	037	028
0.10	144	208	254	190	099	053	030	021
0.15	128	219	287	205	091	041	019	011
0.20	113	225	314	215	082	032	013	006
0.30	086	234	356	229	067	020	006	002
0.40	065	240	388	237	053	012	003	001
0.60	035	246	437	246	031	004	001	000
1.00	000	250	500	250	000	000	000	000
2.00	－034	241	586	243	－042	007	－001	000

铰接板8－4

γ	η_{ij}							
	41	42	43	44	45	46	47	48
0.00	125	125	125	125	125	125	125	125
0.01	122	127	137	143	134	120	111	107
0.02	117	127	147	158	142	116	101	093
0.04	106	123	162	185	156	111	085	073
0.06	094	119	173	208	168	107	073	058
0.08	084	113	182	227	178	103	064	048
0.10	075	108	190	245	186	099	057	039
0.15	057	097	205	281	203	091	043	025
0.20	043	086	215	310	214	082	033	016
0.30	025	068	229	354	229	067	020	007
0.40	015	054	237	387	237	053	012	003
0.60	004	031	246	436	246	031	004	001
1.00	000	000	250	500	250	000	000	000
2.00	006	－041	243	286	243	－042	007	－001

铰接板 9－1

γ	η_{ij}								
	11	12	13	14	15	16	17	18	19
0.00	111	111	111	111	111	111	111	111	111
0.01	185	162	136	115	098	086	077	072	069
0.02	236	194	147	113	088	070	057	049	046
0.04	306	232	155	104	070	048	035	026	023
0.06	355	254	154	094	057	035	023	015	012
0.08	392	268	150	084	047	027	015	010	007
0.10	423	277	144	075	039	020	011	006	004
0.15	480	290	128	057	025	011	005	002	001
0.20	523	295	113	043	016	006	002	001	000
0.30	583	295	086	025	007	002	001	000	000
0.40	625	291	065	015	003	001	000	000	000
0.60	682	277	035	004	001	000	000	000	000
1.00	750	250	000	000	000	000	000	000	000
2.00	828	201	-034	006	-001	000	000	000	000

铰接板 9－2

γ	η_{ij}								
	21	22	23	24	25	26	27	28	29
0.00	111	111	111	111	111	111	111	111	111
0.01	162	158	141	119	102	090	081	075	072
0.02	194	189	160	122	095	075	062	053	049
0.04	232	229	181	121	082	057	040	031	026
0.06	254	255	194	118	072	044	028	019	015
0.08	268	274	202	113	063	036	021	013	010
0.10	277	290	208	108	056	029	016	009	006
0.15	290	318	219	097	043	019	008	004	002
0.20	295	340	225	086	033	013	005	002	001
0.30	295	373	234	068	020	006	002	001	000
0.40	291	399	240	054	012	003	001	000	000
0.60	277	440	246	031	004	001	000	000	000
1.00	250	500	250	000	000	000	000	000	000
2.00	201	593	241	-041	007	-001	000	000	000

铰接板 9-3

γ	η_{ij}								
	31	32	33	34	35	36	37	38	39
0.00	111	111	111	111	111	111	111	111	111
0.01	136	141	142	129	111	097	087	081	077
0.02	147	160	164	141	110	087	072	062	057
0.04	155	181	195	159	108	074	053	040	035
0.06	154	194	219	172	105	065	041	028	023
0.08	150	202	237	182	102	058	033	021	015
0.10	144	208	254	190	099	052	028	016	011
0.15	128	219	287	205	090	040	018	008	005
0.20	113	225	314	215	082	031	012	005	002
0.30	086	234	356	229	067	020	006	002	001
0.40	065	240	388	237	053	012	003	001	000
0.60	035	246	431	246	031	004	001	000	000
1.00	000	250	500	250	000	000	000	000	000
2.00	−034	240	586	243	−042	007	−001	000	000

铰接板 9-4

γ	η_{ij}								
	41	42	43	44	45	46	47	48	49
0.00	111	111	111	111	111	111	111	111	111
0.01	115	119	129	133	123	108	097	090	086
0.02	113	122	141	152	134	106	087	075	070
0.04	104	121	159	182	151	104	074	057	048
0.06	094	118	172	206	165	102	065	044	035
0.08	084	113	182	226	176	099	058	036	027
0.10	075	108	190	244	185	097	052	029	020
0.15	057	097	205	281	202	089	040	019	011
0.20	043	086	215	310	214	082	031	013	006
0.30	025	068	229	354	229	067	020	006	002
0.40	015	054	237	387	237	053	012	003	001
0.60	004	031	246	436	246	031	004	001	000
1.00	000	000	250	500	250	000	000	000	000
2.00	006	−041	243	586	243	−042	007	−001	000

铰接板 9－5

γ	η_{ij}								
	51	52	53	54	55	56	57	58	59
0.00	111	111	111	111	111	111	111	111	111
0.01	098	102	111	123	131	123	111	102	098
0.02	088	095	110	134	148	134	110	095	088
0.04	070	082	108	151	178	151	108	082	070
0.06	057	072	105	165	203	165	105	072	057
0.08	047	063	102	176	224	176	102	063	047
0.10	039	056	099	185	242	185	099	056	039
0.15	025	043	090	202	280	202	090	043	025
0.20	016	033	082	214	309	214	082	033	016
0.30	007	020	067	229	354	229	067	020	007
0.40	003	012	053	237	387	237	053	012	003
0.60	001	004	031	246	436	244	031	004	001
1.00	000	000	000	250	500	250	000	000	000
2.00	－001	007	－042	243	586	243	－042	007	－001

铰接板 10－1

γ	η_{ij}								
	11	12	13	14	15	16	17	18	19	1,10
0.00	100	100	100	100	100	100	100	100	100	100
0.01	181	158	131	110	093	080	070	063	058	056
0.02	234	192	146	111	085	066	052	043	037	034
0.04	306	232	155	103	069	047	032	023	018	015
0.06	355	254	154	094	057	035	021	014	009	007
0.08	392	268	150	084	047	026	015	009	005	004
0.10	423	277	144	075	039	020	011	006	003	002
0.15	480	290	128	057	025	011	005	002	001	001
0.20	523	295	113	043	016	006	002	001	000	000
0.30	583	295	086	025	007	002	001	000	000	000
0.40	625	291	065	015	003	001	000	000	000	000
0.60	682	277	035	004	001	000	000	000	000	000
1.00	750	250	000	000	000	000	000	000	000	000
2.00	828	201	－034	006	－001	000	000	000	000	000

铰接板 10－2

γ	η_{ij}									
	21	22	23	24	25	26	27	28	29	2,10
0.00	100	100	100	100	100	100	100	100	100	100
0.01	158	154	137	114	097	083	073	065	060	058
0.02	192	188	157	120	092	071	056	046	040	037
0.04	232	229	181	121	081	055	038	027	020	018
0.06	254	255	193	117	071	044	027	017	012	009
0.08	268	274	202	113	063	035	020	012	007	005
0.10	277	290	208	108	056	029	015	008	005	003
0.15	290	318	219	097	043	019	008	004	002	001
0.20	295	340	225	086	033	013	005	002	001	000
0.30	295	373	234	068	020	006	002	001	000	000
0.40	291	399	240	054	012	003	001	000	000	000
0.60	277	440	246	031	004	001	000	000	000	000
1.00	250	500	250	000	000	000	000	000	000	000
2.00	201	593	241	－041	007	－001	000	000	000	000

铰接板 10－3

γ	η_{ij}									
	31	32	33	34	35	36	37	38	39	3,10
0.00	100	100	100	100	100	100	100	100	100	100
0.01	131	137	137	123	104	090	078	070	065	063
0.02	146	157	162	138	106	082	065	054	046	043
0.04	155	181	195	158	106	072	049	035	027	023
0.06	154	193	218	171	104	064	039	025	017	014
0.08	150	202	237	181	101	057	032	019	012	009
0.10	144	208	254	189	098	051	027	014	008	006
0.15	128	219	287	205	090	040	018	008	004	002
0.20	113	225	314	215	082	031	012	005	002	001
0.30	086	234	356	229	067	020	006	002	001	000
0.40	065	240	388	237	052	012	003	001	000	000
0.60	035	246	437	246	031	004	001	000	000	000
1.00	000	250	500	250	000	000	000	000	000	000
2.00	－034	241	586	243	－042	007	－001	000	000	000

铰接板 10-4

γ	η_{ij}									
	41	42	43	44	45	46	47	48	49	4,10
0.00	100	100	100	100	100	100	100	100	100	100
0.01	110	124	123	127	116	100	087	078	073	070
0.02	111	120	138	148	129	100	080	065	056	052
0.04	103	121	158	180	149	101	069	049	038	032
0.06	094	117	171	205	163	100	062	039	027	021
0.08	084	113	181	226	175	098	056	032	020	015
0.10	075	108	189	244	185	096	050	027	015	011
0.15	057	097	205	281	202	089	040	018	008	005
0.20	043	086	215	310	214	082	031	012	005	002
0.30	025	068	229	354	229	067	020	006	002	001
0.40	015	054	237	387	237	053	012	003	001	000
0.60	004	031	246	436	246	031	004	001	000	000
1.00	000	000	250	500	250	000	000	000	000	000
2.00	006	−041	243	586	243	−042	007	−001	000	000

铰接板 10-5

γ	η_{ij}									
	51	52	53	54	55	56	57	58	59	5,10
0.00	100	100	100	100	100	100	100	100	100	100
0.01	093	097	104	126	123	114	100	090	083	080
0.02	085	092	106	129	142	126	100	082	071	066
0.04	069	081	106	149	175	146	101	072	055	047
0.06	057	071	104	163	201	162	100	064	044	035
0.08	047	063	101	175	223	174	098	057	035	026
0.10	039	056	098	185	241	184	096	051	029	020
0.15	025	043	090	202	280	201	089	040	019	011
0.20	016	033	082	214	309	214	082	031	013	006
0.30	007	020	067	229	354	229	067	020	006	002
0.40	003	012	053	237	387	237	053	012	003	001
0.60	001	004	031	246	436	246	031	004	001	000
1.00	000	000	000	250	500	250	000	000	000	000
2.00	−001	007	−042	243	586	243	−042	007	−001	000

附表Ⅱ

桥梁施工记录用表

说明：

1. 本表为桥梁施工单位施工时主要工序记录用表，表中的内容可根据业主要求及桥梁施工的有关要求进行调整。

2. “混凝土施工原始记录表”及“钢筋施工原始记录表”适用于各种混凝土及钢筋的施工，表内各项有则填写，无则空白。

3. 根据装配式桥梁上部结构施工工序，本教材列出主要施工记录用表如下：

附表Ⅱ-1　混凝土施工原始记录表

附表Ⅱ-2　钢筋施工原始记录表

附表Ⅱ-3　预应力张拉(先张法)原始记录表

附表Ⅱ-4　构件压浆原始记录表

附表Ⅱ-5　预应力张拉(后张法)记录表

附表Ⅱ-6　梁板安装原始记录表

附表Ⅱ-7　钢筋网片检查记录表

附表Ⅱ-8　模板、支架安装检查记录表

混凝土施工原始记录表

附表 II-1

承包单位：　　　　合同段号：　　　　日期：

工程名称：　　　　分项工程名称：　　　　细部工程编号：

<table>
<tr><td rowspan="27">施工情况</td><td colspan="2">工作项目</td><td>实际情况</td></tr>
<tr><td colspan="2">灌注起止时间</td><td></td></tr>
<tr><td colspan="2">混凝土强度等级</td><td></td></tr>
<tr><td colspan="2">施工气温(℃)</td><td></td></tr>
<tr><td colspan="2">水灰比</td><td></td></tr>
<tr><td colspan="2">配合比</td><td></td></tr>
<tr><td rowspan="6">混凝土单位用量(kg/m³)</td><td>水泥</td><td></td></tr>
<tr><td>粗(中)砂</td><td></td></tr>
<tr><td>0.5～2cm 碎石</td><td></td></tr>
<tr><td>2～4cm 碎石</td><td></td></tr>
<tr><td>碎石</td><td></td></tr>
<tr><td>卵石</td><td></td></tr>
<tr><td colspan="2">水泥品种强度等级</td><td></td></tr>
<tr><td rowspan="4">外掺剂</td><td>种类</td><td></td></tr>
<tr><td>数量</td><td>水泥用量的　%</td></tr>
<tr><td>种类</td><td></td></tr>
<tr><td>数量</td><td>水泥用量的　%</td></tr>
<tr><td colspan="2">坍落度或工作度</td><td></td></tr>
<tr><td colspan="2">振捣方法</td><td></td></tr>
<tr><td colspan="2">导管直径</td><td></td></tr>
<tr><td rowspan="2">孔道拔管</td><td>温度</td><td></td></tr>
<tr><td>浇注后时间</td><td></td></tr>
<tr><td rowspan="3">混凝土用量(m³)</td><td>设计</td><td></td></tr>
<tr><td>实际</td><td></td></tr>
<tr><td>增减</td><td></td></tr>
<tr><td rowspan="2">养生</td><td>方法</td><td></td></tr>
<tr><td>时间</td><td></td></tr>
</table>

<table>
<tr><td rowspan="31">质量检查标准</td><td colspan="2" rowspan="2">工作项目</td><td rowspan="2">检查结果</td><td colspan="2">误差(mm)</td></tr>
<tr><td>容许</td><td>实际</td></tr>
<tr><td colspan="2">设计强度(MPa)</td><td></td><td></td><td></td></tr>
<tr><td rowspan="2">设计强度(MPa)</td><td>标准养生</td><td></td><td></td><td></td></tr>
<tr><td>同条件养生</td><td></td><td></td><td></td></tr>
<tr><td rowspan="2">顶面高程(m)</td><td>设计</td><td></td><td></td><td></td></tr>
<tr><td>实际</td><td></td><td></td><td></td></tr>
<tr><td rowspan="2">底面高程(m)</td><td>设计</td><td></td><td></td><td></td></tr>
<tr><td>实际</td><td></td><td></td><td></td></tr>
<tr><td rowspan="2">直径(m)</td><td>设计</td><td></td><td></td><td></td></tr>
<tr><td>实际</td><td></td><td></td><td></td></tr>
<tr><td rowspan="2">长度(m)</td><td>设计</td><td></td><td></td><td></td></tr>
<tr><td>实际</td><td></td><td></td><td></td></tr>
<tr><td rowspan="2">宽度(m)</td><td>设计</td><td></td><td></td><td></td></tr>
<tr><td>实际</td><td></td><td></td><td></td></tr>
<tr><td rowspan="2">厚度(m)</td><td>设计</td><td></td><td></td><td></td></tr>
<tr><td>实际</td><td></td><td></td><td></td></tr>
<tr><td rowspan="2">高度(m)</td><td>设计</td><td></td><td></td><td></td></tr>
<tr><td>实际</td><td></td><td></td><td></td></tr>
<tr><td rowspan="2">横向坡</td><td>设计</td><td></td><td></td><td></td></tr>
<tr><td>实际</td><td></td><td></td><td></td></tr>
<tr><td colspan="2">中线偏差(mm)</td><td></td><td></td><td></td></tr>
<tr><td colspan="2">支座位置偏差(mm)</td><td></td><td></td><td></td></tr>
<tr><td colspan="2">支座高程</td><td></td><td></td><td></td></tr>
<tr><td colspan="2">支座平整度</td><td></td><td></td><td></td></tr>
<tr><td colspan="2">孔道形成质量</td><td></td><td></td><td></td></tr>
<tr><td colspan="2">裂纹情况</td><td></td><td></td><td></td></tr>
<tr><td colspan="2">横隔梁间距偏差</td><td></td><td></td><td></td></tr>
<tr><td colspan="2">平整度</td><td></td><td></td><td></td></tr>
<tr><td colspan="2">外观质量</td><td></td><td></td><td></td></tr>
<tr><td colspan="2">伸缩缝质量</td><td></td><td></td><td></td></tr>
</table>

<table>
<tr><td>工序交接签字</td><td>交接意见：
交接检查负责人：
质量检查员：
交工工长：
接工工长：
交工作业队长：
接工作业队长：</td></tr>
</table>

施工技术负责人：　　　　工程内业：

注：本记录适用于各种混凝土施工，表内各项有则编写，无则空白。

钢筋施工原始记录表

附表 II-2

承包单位：　　　　合同段号：　　　　日期：

工程名称：　　　　分项工程名称：　　　　细部工程编号：

工作项目			容许误差（cm）	各点检查结果					
									平均
施工情况	主筋根数	设计							
		实际							
	主筋规格	设计							
		实际							
	箍筋规格	设计							
		实际							
	构造筋规格	设计							
		实际							
	焊接方法								
	骨架固定程度								
	骨架底高程								
	骨架顶高程								
质量标准检查	主筋试件强度								
	焊接试件强度								
	骨架长度	设计							
		实际							
	骨架宽度	设计							
		实际							
	骨架高度	设计							
		实际							
	骨架直径	设计							
		实际							
	主筋间距误差								
	主筋搭接长度								
	焊缝质量								
	箍筋间距误差								
	保护层误差								
	孔道位置误差								
	垫板位置误差								
工序交接签证	交接意见： 交接检查负责人： 质量检查员： 交工工长： 接工工长： 交工作业队长： 接工作业队长：								

施工技术负责人：　　　　工程内业：

注：本记录适用于各种钢筋施工，表内各项有则编写，无则空白。

预应力张拉(先张法)原始记录表　　附表 II-3

工程名称:　　　　　　　　　　梁号:

<table>
<tr><td colspan="2" rowspan="2">工作项目</td><td colspan="8">钢 丝 束 编 号</td></tr>
<tr><td>1</td><td>2</td><td>3</td><td>4</td><td>5</td><td>6</td><td>7</td><td>8</td></tr>
<tr><td colspan="2">钢丝根数</td><td></td><td></td><td></td><td></td><td></td><td></td><td></td><td></td></tr>
<tr><td rowspan="2">设计张拉力(kN)</td><td>张拉力</td><td></td><td></td><td></td><td></td><td></td><td></td><td></td><td></td></tr>
<tr><td>顶锚塞力</td><td></td><td></td><td></td><td></td><td></td><td></td><td></td><td></td></tr>
<tr><td rowspan="2">使用机员编号</td><td>拉伸机</td><td></td><td></td><td></td><td></td><td></td><td></td><td></td><td></td></tr>
<tr><td>油表</td><td></td><td></td><td></td><td></td><td></td><td></td><td></td><td></td></tr>
<tr><td rowspan="2">初张拉</td><td>张拉力(kN)</td><td></td><td></td><td></td><td></td><td></td><td></td><td></td><td></td></tr>
<tr><td>油表读数</td><td></td><td></td><td></td><td></td><td></td><td></td><td></td><td></td></tr>
<tr><td rowspan="2">超张拉</td><td>张拉力(kN)</td><td></td><td></td><td></td><td></td><td></td><td></td><td></td><td></td></tr>
<tr><td>油表读数</td><td></td><td></td><td></td><td></td><td></td><td></td><td></td><td></td></tr>
<tr><td rowspan="2">锚固张拉</td><td>张拉力(kN)</td><td></td><td></td><td></td><td></td><td></td><td></td><td></td><td></td></tr>
<tr><td>油表读数</td><td></td><td></td><td></td><td></td><td></td><td></td><td></td><td></td></tr>
<tr><td rowspan="2">顶锚塞</td><td>顶力(kN)</td><td></td><td></td><td></td><td></td><td></td><td></td><td></td><td></td></tr>
<tr><td>油表读数</td><td></td><td></td><td></td><td></td><td></td><td></td><td></td><td></td></tr>
<tr><td colspan="2">钢丝理论伸长值(mm)</td><td></td><td></td><td></td><td></td><td></td><td></td><td></td><td></td></tr>
<tr><td rowspan="3">钢丝伸长值(mm)
$\Delta_1 = L_2 - L_1$</td><td>L_1</td><td></td><td></td><td></td><td></td><td></td><td></td><td></td><td></td></tr>
<tr><td>L_2</td><td></td><td></td><td></td><td></td><td></td><td></td><td></td><td></td></tr>
<tr><td>Δ_1</td><td></td><td></td><td></td><td></td><td></td><td></td><td></td><td></td></tr>
<tr><td rowspan="3">钢丝伸长值(mm)
$\Delta_2 = L_4 - L_3$</td><td>L_3</td><td></td><td></td><td></td><td></td><td></td><td></td><td></td><td></td></tr>
<tr><td>L_4</td><td></td><td></td><td></td><td></td><td></td><td></td><td></td><td></td></tr>
<tr><td>Δ_2</td><td></td><td></td><td></td><td></td><td></td><td></td><td></td><td></td></tr>
<tr><td rowspan="4">钢丝实际伸长值(mm)</td><td>系端 $\Delta = \Delta_1 + \Delta_2$</td><td></td><td></td><td></td><td></td><td></td><td></td><td></td><td></td></tr>
<tr><td>他端 $\Delta = \Delta_1 + \Delta_2$</td><td></td><td></td><td></td><td></td><td></td><td></td><td></td><td></td></tr>
<tr><td>初应力推算伸长值 Δ_3</td><td></td><td></td><td></td><td></td><td></td><td></td><td></td><td></td></tr>
<tr><td>合计</td><td></td><td></td><td></td><td></td><td></td><td></td><td></td><td></td></tr>
<tr><td rowspan="2">滑丝</td><td>根数</td><td></td><td></td><td></td><td></td><td></td><td></td><td></td><td></td></tr>
<tr><td>总滑数量(mm)</td><td></td><td></td><td></td><td></td><td></td><td></td><td></td><td></td></tr>
<tr><td colspan="2">断丝根数</td><td></td><td></td><td></td><td></td><td></td><td></td><td></td><td></td></tr>
<tr><td colspan="2">张拉后大梁拱度值(mm)</td><td></td><td></td><td></td><td></td><td></td><td></td><td></td><td></td></tr>
<tr><td>检查意见</td><td colspan="9">技术负责人:</td></tr>
</table>

施工单位:　　　　　　　　日期:　　年　　月　　日

施工负责人:　　　　　施工员:　　　　　记录员:

附表 II-4

构件压浆原始记录表

工程名称：

施工单位：　　　　　　　　日期：　　年　　月　　日

构件编号						压浆断面编号					
孔道编号	第一次压浆					停冒时间（min）	第二次压浆				
	压浆方向	时间起止	压力（MN）	通过	冒浆情况		压浆方向	时间起止	压力（MN）	通过	冒浆情况
水泥名称及强度等级			空气温度				压浆顺序草图：				
剂量名称及剂量			水灰比								
水泥浆流动度			水温		泌水率						
压浆温度			构件水泥（压浆）用量								

施工负责人：　　　　　　　　施工员：　　　　　　　　记录员：

附表 II-5

预应力张拉（后张法）记录表

工程名称：

施工单位：　　　　构件名称：　　　　第　　页共　　页

张拉端面号：________　张拉端锚固形式：________　拉伸机编号：________　钢丝束长度：________（m）

锚固端断面号：________　锚固端锚固形式：________　油压表编号：________　摩阻系数：________

钢丝强度：________　设计控制应力：________（MPa）　计算伸长值：________（cm）　超张拉油表读数：________（MPa）

钢丝束规格：________　超张拉应力：________（%）　安装油表读数：________（MPa）

钢丝束编号	初读数	超张拉%			安　装		滑丝情况 断丝	镦头检查情况	备　注
		读数	伸长值	持压时间	读数	伸长值			

编号示意图　顶板

腹板

底板

张拉日期：　年　月　日

施工负责人：　　施工员：　　油泵操作手：　　记录员：

梁板安装原始记录表 附表 II-6

工程名称： 孔号： 安装方法：

施工单位： 支座类型及尺寸： 安装日期： 年 月 日

工作项目 \ A / B	1	2	3	4	5	6	7	8	9	10
B										
接缝填充混凝土强度等级										
支座垫板高程(m)										
支座垫板尺寸(mm)										
垫板轴向偏差(mm)										
垫板横向偏差(mm)										
支座垫板平整度(mm)										
横梁错位误差(mm)										
连接板位置偏差(mm)										
连接板焊缝质量										
支座垫板间隙										
检查意见	技术负责人：									

注：此表表头中 *A* 代表主梁安装编号，*B* 代表主梁预制编号。

施工负责人： 施工员： 记录员：

附表 II-7

钢筋网片检查记录表

工程名称：　　　　　施工单位：　　　　　使用部位：　　　　　年　　月　　日

网片		设计值（cm）	实测值（cm）		允许差值（mm）	实量最大差值（mm）	附注
			最大	最小			
长							
宽							
网眼							
保护层厚度（mm）	基础板墙						
不同型号直径编号		直径（mm）		型号（级别）		取样试验	
		设计值	实测值	设计值	实测值	结果	
纵向							
横向							
质量描述	接头焊						
	整直						
	擦锈						
	断面接头数量						
	点焊						

检查意见：

技术负责人：

施工负责人：　　　　　质检员：　　　　　记录员：

模板、支架安装检查记录表

附表 II-8

工程名称：　　　　施工单位：　　　　年　　月　　日

项次	检查项目		设计值（mm）	实测值（mm）	允许偏差（mm）	备注
1	相邻两板表面高差	木模			3	
		钢模			2	
2	表面平整度	木模			3	
		钢模			3	
3	轴线偏位	基础（承台）			10	
		墩台身帽梁墙			7	
4	模内长宽尺寸	基础（承台）			±15	
		墩、台身			±10	
		梁板、墙			±5	
5	垂直度或坡度	墩、台身			0.15%×高	
		柱、墙			1.0%×高	
6	预埋件	位置			10	
7	榫槽度	接紧密度			2	
8	拱架和支架	纵轴线平面位置			跨度的±1/1 000 ±30	
		曲线形拱架的高程			±20 −10	

检查意见：

技术负责人：

施工负责人：　　　　质检员：　　　　记录员：

附表Ⅲ

桥梁施工质量评定记录用表

说明：

1. 本表为桥梁施工质量评定记录用表，表中的内容可根据业主要求及桥梁施工的有关要求进行调整。

2. 本记录表可为监理工程师对各部施工质量评定用表，也可作为业主或有关部门对工程质量的评定用表。

3. 根据装配式桥梁上部结构施工工序，本教材列出主要施工质量评定记录用表如下：

附表Ⅲ-1　分项工程质量检验评定表

附表Ⅲ-2　钢筋安装质量检验评定表

附表Ⅲ-3　钢筋网质量检验评定表

附表Ⅲ-4　钢丝、钢绞线先张法质量检验评定表

附表Ⅲ-5　后张法质量检验评定表

附表Ⅲ-6　预制梁（板）质量检验评定表

附表Ⅲ-7　梁、（板）安装质量检验评定表

附表Ⅲ-8　桥梁总体质量检验评定表

附表Ⅲ-1

分项工程质量检验评定表

分项工程名称： 所属分部工程名称： 所属建设项目：

工 程 部 位： 施工单位： 监理单位：

（桩号、墩台号、孔号）

基本要求																	
实测项目	项次	检查项目	规定值或允许偏差	实测值或实测偏差值										质量评定			
				1	2	3	4	5	6	7	8	9	10	平均、代表值	合格率(%)	权值	得分
	合计																
外观鉴定							减分							监理意见			
质量保证资料							减分										
工程质量等级评定	评分：													质量等级：			

检验负责人： 检测： 记录： 复核： 日期： 年 月 日

注：机电工程的功能试验检查项目，规定值或允许偏差是指功能或试验要求；实测值或实测偏差是指检查结果，即“通过”或“不通过”。

附表 III-2

钢筋安装质量检验评定表

项目名称：　　合同段：　　单位工程名称：　　（子）分部名称：　　（子）分项名称：

监理单位：　　施工单位：

项次	检查项目			规定值或允许偏差	检查方法和频率	权值	设计值	检查实测值	得分
1△	受力钢筋间距（mm）	两排以上排距		±5	尺量：每构件检查 2 个断面	3			
		同排	梁、板、拱肋	±10					
			基础、锚碇、墩台、柱	±20					
		灌注桩		±20					
2	箍筋、横向水平钢筋、螺旋筋间距（mm）			±10	尺量：每构件检查 5 ~ 10 个间距	2			
3	钢筋骨架尺寸（mm）	长		±10	尺量：按骨架总数 30% 抽查	1			
		宽、高或直径		±5					
4	弯起钢筋位置（mm）			±20	尺量：每骨架抽查 30%	2			
5△	保护层厚度（mm）	柱、梁、拱肋		±5	尺量：每构件沿模板周边检查 8 处	3			
		基础、锚碇、墩台		±10					
		板		±3					
6	分项工程得分					11			
7	外观质量			钢筋表面无铁锈及焊渣，不符合要求时，减 1 ~ 3 分		检查结果			
				多层钢筋网要有足够的钢筋支撑，保证骨架的施工刚度，不符合要求时，减 1 ~ 3 分					
8	内业资料			资料、图表残缺，缺乏最基本数据，有伪造涂改者，不予检验和评定，资料不全者，视情况每款减 1 ~ 3 分					
9	分项工程评分								
10	质量等级								

监理工程师：　　日期：　　检测人：　　日期：　　承包人：　　日期：

附表 III-3

钢筋网质量检验评定表

项目名称：　　合同段：　　单位工程名称：　　（子）分部名称：　　（子）分项名称：

监理单位：　　施工单位：

项次	检 查 项 目	规定值或允许偏差	检查方法和频率	权值	设计值	检查实测值	得分
1	网的长、宽（mm）	±10	尺量：全部	1			
2	网眼尺寸（mm）	±10	尺量：抽查3个网眼	1			
3	对角线差（mm）	15	尺量：抽查3个网眼对角线	1			
4	分项工程得分			3			
5	外观质量	钢筋表面无铁锈，无焊渣，不符合要求减1～3分		检查结果			
		多层钢筋网要有足够钢筋支撑，保证骨架的施工刚度，不符合要求减1～3分					
6	内业资料	资料、图表残缺，缺乏最基本数据，有伪造涂改者，不予检验和评定，资料不全者，视情况每款减1～3分					
7	分项工程评分						
8	质量等级						

监理工程师：　　日期：　　检测人：　　日期：　　承包人：　　日期：

附表 III-4

钢丝、钢绞线先张法质量检验评定表

项目名称：　　合同段：　　单位工程名称：　　（子）分部名称：　　（子）分项名称：

监理单位：　　施工单位：

项次	检 查 项 目		规定值或允许偏差（mm）	检查方法和频率	权值	设计值	检查实测值	得分
1	镦头钢丝同束长度相对差（mm）	束长 >20m	L/5 000，并不大于 5	尺量：每批抽查 2 束	2			
		6m≤束长≤20m	L/3 000，并不大于 4					
		束长 <6m	2					
2△	张拉应力值		符合设计要求	查张拉记录	3			
3△	张拉伸长率		±6%	查张拉记录	3			
4	同一构件内断丝根数不超过钢丝总数的百分数		1%	查张拉记录	3			
5	分项工程得分				11			
6	外观质量		预应力筋表面应保持清洁，不应有明显的锈迹，不符合要求时，减 1～3 分		检查结果			
7	内业资料		资料、图表残缺，缺乏最基本数据，有伪造涂改者，不予检验和评定，资料不全者，视情况每款减 1～3 分					
8	分项工程评分							
9	质量等级							

监理工程师：　　日期：　　检测人：　　日期：　　承包人：　　日期：

附表 III-5

后张法质量检验评定表

项目名称： 合同段： 单位工程名称： （子）分部名称： （子）分项名称：

监理单位： 施工单位：

项次	检查项目		规定值或允许偏差	检查方法和频率	权值	设计值	检查实测值	得分
1	管道坐标（mm）	梁长方向	±30	尺量：抽查 30%，每根检查 10 个点	1			
		梁高方向	±10					
2	管道间距（mm）	同排	10	尺量：抽查 30%，每根检查 5 个点	1			
		上下层	10					
3△	张拉应力值		符合设计要求	查张拉记录	4			
4△	张拉伸长率		±6%	查张拉记录	3			
5	断丝滑丝数	钢束	每束 1 根，且每断面不超过钢丝总数的 1%	查张拉记录	3			
		钢筋	不允许					
5	分项工程得分				12			
7	外观质量		预应力筋表面应保持清洁，不应有明显的锈迹，不符合要求时，减 1～3 分		检查结果			
8	内业资料		资料、图表残缺，缺乏最基本数据，有伪造涂改者，不予检验和评定，资料不全者，视情况每款减 1～3 分					
9	分项工程评分							
10	质量等级							

监理工程师： 日期： 检测人： 日期： 承包人： 日期：

附表 III-6

预制梁（板）质量检验评定表

项目名称：　　　合同段：　　　单位工程名称：　　　（子）分部名称：　　　（子）分项名称：

监理单位：　　　施工单位：

项次	检查项目			规定值或允许偏差	检查方法和频率	权值	设计值	检查实测值	平均值代表值	得分
1△	混凝土强度（MPa）			在合格标准内	按《公路工程质量检验评定标准》（JTG F80/1—2004）附录 D 检查	3				
2	梁（板）长度（mm）			+5，-10	尺量：每梁（板）	1				
3	宽度（mm）	干接缝（梁翼缘、板）		±10	尺量：检查 3 处	1				
		湿接缝（梁翼缘、板）		±20						
		箱梁	顶宽	±30						
			底宽	±20						
4△	高度（mm）	梁、板		±5	尺量：检查 2 个断面	1				
		箱梁		0，-5						
5△	断面尺寸（mm）		顶板厚	+5，0	尺量：检查 2 个断面	2				
			底板厚							
			腹板或梁肋							
6	平整度（mm）			5	2m 直尺：每侧面每 10m 梁长测 1 处	1				
7	横系梁及预埋件位置（mm）			5	尺量：每件	1				
8	分项工程得分					10				
9	外观质量	混凝土表面平整，颜色一致，无明显施工接缝。不符合要求时，减 1～3 分				检查结果				
		混凝土表面不得出现蜂窝、麻面，出现时必须修整，并减 1～2 分								
		混凝土表面无非受力裂缝，出现非受力裂缝减 1～3 分。缝宽超过设计规定或设计未规定时超过 0.15 mm 者必须处理								
		封锚混凝土应密实、平整，不符合要求时，减 2～4 分								
		梁、板的填缝应平整密实，不符合要求时，减 1～3 分								
		梁体内不应遗留建筑垃圾、杂物、临时预埋件等，不符合要求时，减 1～2 分，并应清理干净								
10	内业资料	资料、图表残缺，最基本数据缺乏、伪造涂改，不予检验和评定资料不全者，视情况每款减 1～3 分								
11	分项工程评分									
12	质量等级									

监理工程师：　　　日期：　　　检测人：　　　日期：　　　承包人：　　　日期：

附表 III-7

梁、(板)安装质量检验评定表

项目名称：　　合同段：　　单位工程名称：　　(子)分部名称：　　(子)分项名称：

监理单位：　　施工单位：

项次	检查项目		规定值或允许偏差	检查方法和频率	权值	设计值	检查实测值	得分
1△	支座中心偏位(mm)	梁	5	尺量：每孔抽查4～6个支座	3			
		板	10					
2	倾斜度(%)		1.2	吊垂线：每孔检查3片梁	2			
3	梁、(板)顶面纵向高程(mm)		+8，-5	水准仪：抽查每孔3片，每片3点	2			
4	相邻梁(板)顶面高差(mm)		8	尺量：每相邻梁(板)	1			
5	分项工程得分				8			
6	外观质量		混凝土表面平整，颜色一致，无明显施工接缝。不符合要求时，减1～3分		检查结果			
			混凝土表面无蜂窝、麻面，如出现必须修整，并减1～2分					
			混凝土表面无非受力裂缝，出现非受力裂缝减1～3分，裂缝宽度超过设计规定或设计未规定时超过0.15mm者必须处理					
			封锚混凝土应密实、平整，不符合要求时，减2～4分					
			梁、板的填缝应平整密实，不符合要求时，减1～3分					
			梁体内不应遗留建筑垃圾、杂物、临时预埋件等，不符合要求时，减1～2分，并应清理干净					
7	内业资料		资料、图表残缺，缺乏最基本数据，有伪造涂改者，不予检验和评定资料不全者，视情况每款减1～3分					
8	分项工程评分							
9	质量等级							

监理工程师：　　日期：　　检测人：　　日期：　　承包人：　　日期：

附表 III-8

桥梁总体质量检验评定表

项目名称：　　合同段：　　单位工程名称：　　（子）分部名称：　　（子）分项名称：

监理单位：　　施工单位：

项次	检查项目		规定值或允许偏差	检查方法和频率	权值	设计值	检查实测值	得分
1	桥面中线偏位(mm)		20	全站仪或经纬仪:检查3~8处	2			
2	桥宽(mm)	车行道	±10	尺量:每孔3~5处	2			
		人行道	±10					
3	桥长(mm)		+300,-100	全站仪或经纬仪、钢尺:检查中心线	1			
4	引道中心线与桥梁中心线的衔接(mm)		20	尺量:分别将引道中心线和桥梁中心线延长至两岸桥长端部,比较其平面位置	2			
5	桥头高程衔接(mm)		±3	水准仪:在桥头搭板范围内顺延桥面纵坡,每米测量一个点的高程	2			
6	分项工程得分				9			
7	外观质量		桥梁的内外轮廓线条应顺滑清晰,无突变、明显折变或反复现象。不符合要求时,减1~3分		检查结果			
			栏杆、防护栏、灯柱和缘石的线形顺滑流畅,无折弯现象。不符合要求时,减1~3分					
			踏步顺直,与边坡一致,不符合要求时,减1~2分					
8	内业资料		资料、图表残缺,缺乏最基本数据,有伪造涂改者,不予检验和评定资料不全者,视情况每款减1~3分					
9	分项工程评分							
10	质量等级							

监理工程师：　　日期：　　检测人：　　日期：　　承包人：　　日期：

参考文献

[1] 中华人民共和国行业标准.公路工程技术标准(JTG B01—2003)[S].北京:人民交通出版社,2004.

[2] 中华人民共和国行业标准.公路工程质量检验评定标准(JTG F80/1—2004)[S].北京:人民交通出版社,2004.

[3] 中华人民共和国行业标准.公路桥涵设计通用规范(JTG D60—2004)[S].北京:人民交通出版社,2004.

[4] 中华人民共和国行业标准.公路钢筋混凝土及预应力混凝土桥涵设计规范(JTG D62—2004)[S].北京:人民交通出版社,2004.

[5] 中华人民共和国行业标准.公路桥涵施工技术规范(JTJ 041—2000)[S]. 北京:人民交通出版社,2000.

[6] 田克平,张志新,张铁成.桥梁施工组织设计与实例[M].北京:人民交通出版社,2002.

[7] 李自光.桥梁施工成套机械设备[M].北京:人民交通出版社,2003.

[8] 邬晓光.桥梁施工及组织管理[M].北京:人民交通出版社,2008.

[9] 中交第一公路工程局有限公司.公路工程施工工艺标准(桥涵)[M].北京:人民交通出版社,2007.

[10] 张辉.桥梁工程技术[M].沈阳:东北大学出版社,2006.

[11] 交通部第一公路工程总公司.公路施工手册　桥涵(上、下册)[M].北京:人民交通出版社,2000.

[12] 中华人民共和国国家标准.用于水泥和混凝土中的粉煤灰(GB/T 1596—2005)[S].中华人民共和国国家质量监督检验检疫总局、中国国家标准化管理委员会发布.2005.

[13] 中华人民共和国国家标准.混凝土外加剂(GB 8076—2008)[S].中华人民共和国国家质量监督检验检疫总局、中国国家标准化管理委员会发布.2008.

[14] 中华人民共和国国家标准.钢筋混凝土用钢(GB 1499.3—2002)[S].中华人民共和国国家质量监督检验检疫总局、中国国家标准化管理委员会发布.2002.

[15] 中华人民共和国行业标准.公路土工试验规程(JTG E40—2007)[S].北京:人民交通出版社,2007.

[16] 中华人民共和国行业标准.公路工程水泥及水泥混凝土试验规程(JTG E30—2005)[S].北京:人民交通出版社,2005.

[17] 中华人民共和国国家标准.冷轧带肋钢筋(GB 13788—2008)[S].中华人民共和国国家质量监督检验检疫总局、中国国家标准化管理委员会发布.2008.

[18] 中华人民共和国国家标准.钢筋混凝土用钢　第2部分:热轧带肋钢筋(GB 1499.2—2007)[S].中华人民共和国国家质量监督检验检疫总局、中国国家标准化管理委员会发布.2007.

[19] 中华人民共和国国家标准.钢筋混凝土用钢　第1部分:热轧光圆钢筋(GB 1499.1—2008)[S].中华人民共和国国家质量监督检验检疫总局、中国国家标准化管理委员会发布.2007.